Alexandra Weiss/Erika Thurner (Hg.)

Johanna Dohnal und die Frauenpolitik der Zweiten Republik

Dokumente zu einer Pionierin des österreichischen Feminismus

Bibliografische Information der Deutschen Bibliothek
Die Deutsche Bibliothek verzeichnet diese Publikation in der Deutschen Nationalbibliografie; detaillierte bibliografische Daten sind im Internet über http://dnb.ddb.de abrufbar

Homepage: www.mediashop.at

Lektorat: Karin Ballauff
Covergestaltung: Gisela Scheubmayr
Buchgestaltung: Jo Schedlbauer
Druck: Finidr, Lípová
Printed in Czech Republic
ISBN 978-3-85371-454-6

Fordern Sie einen Gesamtprospekt des Verlages an:
Promedia Verlag, Wickenburggasse 5/12
A-1080 Wien, Tel: 0043/1/405 27 02
E-Mail: promedia@mediashop.at

Alexandra Weiss / Erika Thurner (Hg.)

Johanna DOHNAL

und die Frauenpolitik der Zweiten Republik

Dokumente zu einer Pionierin des österreichischen Feminismus

PROMEDIA

Die Herausgeberinnen

Erika Thurner, geb. 1952 in Bregenz, Politikwissenschafterin und Historikerin, bis Dezember 2016 Professorin am Institut für Politikwissenschaft der Universität Innsbruck. Forschungsschwerpunkte und Publikationen zu Nationalsozialismus, Minderheiten, Ethnizität und Migration; Feminismus- und Biographie-Forschung, Politische Theorien, System- und Milieuforschung. Zahlreiche wissenschaftliche Auszeichnungen, u. a. zwei Bruno-Kreisky-Preise – einen gemeinsam mit Alexandra Weiss für die Herausgabe von Johanna Dohnals Innsbrucker Vorlesungen.

Alexandra Weiss, geb. 1971 in Kitzbühel, Politikwissenschafterin; Lektorin und freie Wissenschafterin; Koordinatorin im Büro für Gleichstellung und Gender Studies der Universität Innsbruck; wissenschaftliche Auszeichnungen: Johanna-Dohnal-Stipendium 2007, Bruno-Kreisky-Preis 2009 gemeinsam mit Erika Thurner und Käthe-Leichter-Preis 2010. Forschung und Publikationen zu Arbeit und Geschlechterverhältnisse, Armut und Sozialpolitik, Kapitalismusanalyse, soziale Bewegungen und Demokratie, Regulierung von Sexualität. https://a-weiss.net

Inhalt

Vorwort

Johanna Dohnal (1939–2010) war eine Ausnahmepolitikerin und Pionierin der Frauenpolitik in Österreich. 2019 gibt es gleich zwei Anlässe, um an Johanna Dohnal zu erinnern. Im Februar 2019 jährt sich ihr Geburtstag zum 80. Mal und im Oktober darf die institutionelle österreichische Frauenpolitik auf 40 Jahre ihres Bestandes zurückschauen. Und diese emanzipatorische Frauenpolitik ist untrennbar mit dem Namen Dohnal verbunden. Anlass genug, Johanna Dohnals Verständnis von Politik, insbesondere von Frauenpolitik, und ihr Engagement – als Staatssekretärin für allgemeine Frauenfragen und als erste österreichische Frauenministerin – ins Bewusstsein zu rufen.

Grundlage unserer Publikation sind ihre Vorlesungen, die sie an der Universität Innsbruck im Wintersemester 2006/2007 hielt. Johanna Dohnals Aufstieg zur SPÖ-Spitzenpolitikerin in den 1970er-Jahren fiel mit dem Aufbruch der Zweiten Frauenbewegung zusammen, ihr Politikverständnis ging über ein traditionell parteipolitisch geprägtes hinaus. Austausch und Kooperation sowohl mit den Aktivistinnen der Frauenbewegung als auch der entstehenden feministischen Wissenschaft brachten neue Ansätze politischen Denkens und Handelns hervor, die Johanna Dohnal mit initiierte.

Ihren eigenen Überlegungen und Ausführungen wird in diesem Buch eine zeithistorisch-politikwissenschaftliche Kontextualisierung ihrer Biographie vorangestellt. Die Erfahrungen der Armut, des Krieges, der nationalsozialistischen Herrschaft, aber auch der Entmündigung der Frauen durch ein Familien- und Eherecht, das auf den Beginn des 19. Jahrhunderts datierte und erst in den 1970er-Jahren reformiert werden sollte, waren prägend für sie.

Aufgrund ihrer Herkunft hatte Johanna Dohnal keine Chance auf höhere Bildung, dennoch entpuppte sie sich – kurz nach Eintritt in die SPÖ – als politisches Ausnahmetalent. Bücher und Zeitschriften waren die einzige Quelle für Wissenserwerb und Weltaneignung in ihrer Jugend gewesen. Als junge SPÖ-Funktionärin griff sie in den 1960er-Jahren nach

Bildungs- und Weiterbildungsmöglichkeiten, erkannte aber auch eigene milieuspezifische Erfahrungswerte. Johanna Dohnal verfügte über eine ausgeprägte soziale Intelligenz, die ihr in der politischen Arbeit zugutekam. In den 1970er-Jahren stand sie im Zentrum von Reformbestrebungen rund um die Einführung der Fristenregelung und ein partnerschaftliches Familienmodell. Damals entwickelte sich Dohnal zur Feministin – in den für sie befruchtenden Auseinandersetzungen mit Vertreterinnen der Neuen Frauenbewegung. Johanna Dohnals Vision des Feminismus war vor diesem Hintergrund untrennbar mit einer Kritik gegenüber autoritären, patriarchalen Strukturen, einer Verbindung von Sozial- und Geschlechterpolitik und mit einem demokratischen Sozialismus verbunden.

Im Anschluss an Johanna Dohnals Dokumente erörtert eine politikwissenschaftliche Analyse die Frage nach den gesellschaftlichen und ökonomischen Bedingungen, vor deren Hintergrund sich die Neue Frauenbewegung und die Institutionalisierung von Frauenpolitik entwickelten. Der sozialstaatlich regulierte Nachkriegskapitalismus basierte auf sozialer Inklusion und Gleichheit – allerdings war dies eindeutig ein männliches Modell sozialer Gerechtigkeit. Dennoch lieferte es Ansatzpunkte dafür, Gleichheit und Gerechtigkeit nicht nur auf das Klassenverhältnis, sondern auch auf das Geschlechterverhältnis anzuwenden. Diese Möglichkeiten ergriffen Proponentinnen sowohl aus der autonomen als auch institutionalisierten Frauenpolitik, um ihre Gerechtigkeitsansprüche durchzusetzen.

Bereits ab den 1980er-Jahren veränderte sich jedoch das Gesicht des Kapitalismus. Der Übergang vom sozialstaatlich regulierten hin zu einem neoliberalen Kapitalismus schränkte die politischen Handlungsmöglichkeiten ein. Frauenpolitik wurde in neoliberale Politikkonzepte integriert und sukzessive von ihren „sozialistischen Bestandteilen" abgetrennt. Der Preis dafür war hoch. Eine schwarz-blaue Regierung Anfang der 2000er-Jahre machte schließlich Antifeminismus auf Regierungsebene salonfähig. Die Debatte über soziale Ungleichheit zwischen den Geschlechtern wurde aus dem politischen Diskurs weitgehend verdrängt, von Johanna Dohnal und ihren Nachfolgerinnen geplante Reformen wurden gestoppt.

Aktuell sieht sich Frauenpolitik angesichts der Rede von der vollendeten Gleichberechtigung der Geschlechter immer mehr mit einem Rechtfertigungsdruck konfrontiert – selbst wenn nur ein Blick in Armuts-, Einkommens- oder Gewaltstatistiken genügen würde, um diese Aussagen Lügen zu strafen. Feminismus und Frauenpolitik befinden sich heute in einer widersprüchlichen Situation – zwischen neoliberaler Vereinnahmung und antifeministischer Dämonisierung. Um dem entgegenzutreten, wird es wesentlich sein, eine neue Version der „alten" sozialen Frage im Sinne Johanna Dohnals wiederzubeleben, damit kritischer Feminismus eine Befreiungsstrategie für Frauen und für eine geschlechtergerechte, menschliche Gesellschaft werden kann.

Alexandra Weiss und Erika Thurner
Innsbruck/Salzburg im Jänner 2019

Ich denke, es ist Zeit, daran zu erinnern:
Die Vision des Feminismus ist nicht eine weibliche Zukunft.
Es ist eine menschliche Zukunft.

Ohne Rollenzwänge, ohne Macht- und Gewaltverhältnisse,
ohne Männerbündelei und Weiblichkeitswahn.

Johanna Dohnal

„Johanna Dohnal – eine Frau, die was in Bewegung bringt!“

Biographisch-gesellschaftspolitische Prägungen und Karriereverlauf

Erika Thurner

Vorangestellt: zwei Schlüsselerlebnisse

Johanna wächst in einer Frauenfamilie auf, hat keine direkten Erfahrungen mit patriarchalen Verhältnissen oder geschlechtsspezifischen Rollenzuordnungen. Bereits mit 16 Jahren ist sie verlobt, wird von ihrem zukünftigen Mann, Franz Dohnal, umworben. Zwei Jahre später, 1957, starten sie in ein gemeinsames Eheleben. Doch ein Sonntagsspaziergang trübt die Zweisamkeit. Ihr Mann wirkt mürrisch und signalisiert Ansprüche. Fehlende Knöpfe an seinem Hemd sind der Auslöser. Johanna kann mit seinem Unmut ihr gegenüber nichts anfangen: Was gehen sie seine Knöpfe an? Sie will die ihr und Frauen zugeordnete Rundumversorgung für den Partner, den Ehemann, nicht verstehen, nicht akzeptieren. Sie wird trotz Ehe und Kinder widerständig bleiben und daraus als spätere Politikerin Konsequenzen ziehen: Angestrebte, auch materielle Unabhängigkeit und gelebte, solidarische Partnerschaft werden zu absoluten Prioritäten ihres politischen Programms![1]

Mit zwölf Jahren erlebt Johanna zum ersten Mal den großen 1.-Mai-Aufmarsch in Wien. Bis dahin wusste sie nicht, dass es so etwas gibt. Sie ist beeindruckt – von den vielen Menschen, der festlichen Stimmung, den geschmückten Fahrrädern, Transparenten und Fahnen. Allein aus Penzing, ihrem Wohnbezirk, marschieren 3.700 Männer, Frauen und Kinder in die Innenstadt zum Rathausplatz. Dieses Gemeinschaftserlebnis berührt sie tief, löst Zugehörigkeitsgefühle bei ihr aus.

Von da an war diese Fest- und Demonstrationsveranstaltung der Sozialistischen Partei Jahr für Jahr für sie ein Fixtermin. Mit Gleichgesinnten marschierte sie als begeisterte Fahnenträgerin ganz vorne mit und demonstrierte proletarisches Bewusstsein.

1 *Susanne Feigl, langjährige Chefredakteurin der SPÖ-Wochenzeitung „die frau", publizierte 2002 ihre Dohnal-Biographie: Was gehen mich seine Knöpfe an? Johanna Dohnal. Eine Biographie, Wien 2002. Diese bildet eine Hauptinformationsquelle des vorliegenden Bandes – neben anderen einschlägigen Publikationen und Parteidokumenten und eigenen Gesprächen mit Johanna Dohnal im Mai 1991.*

Kindheit und Jugend im Wien der 1940er- und 1950er-Jahre

Johanna Dohnal wurde am 14. Februar 1939 in Wien als Johanna Diez geboren – ein halbes Jahr vor Beginn des Zweiten Weltkrieges. Das „sozialdemokratische Rote Wien" war damals bereits Vergangenheit, durch den Bürgerkrieg im Februar 1934 und den nachfolgenden Austrofaschismus abgewürgt. Seit März 1938 „regierten" in Österreich und auch in Wien die Nationalsozialisten.

Johanna entstammte einer „Dynastie lediger Mütter" und sie wuchs behütet als Einzelkind auf. Sie galt als uneheliches Kind, wie auch ihre Mutter und die Großmutter. Ohne Vater, d. h. ohne gesetzlichen männlichen Vertreter, war sie als Amtsmündel dem Fürsorgeamt unterstellt. Das damals geltende, patriarchale Kindschafts- und Vormundschaftsrecht verweigerte unverheirateten Müttern eine Vormundschaft (vgl. Flossmann/Lehner 1986, 157–167).[2]

Johannas Mutter, Johanna-Luise, nahm kurz nach der Geburt der Tochter ihre Erwerbstätigkeit als angelernte Radiomonteurin wieder auf. Sie überließ ihrer Mutter weitgehend die Betreuung des Kleinkindes sowie später die Erziehungsfunktion für die Enkelin. Auch die Großmutter, Karoline Diez, war ihr Leben lang berufstätig, vor Johannas Geburt als Mantel- und Kostümschneiderin. Aber sie konnte diesen Beruf auch in Heimarbeit ausüben, sogar dann noch, als das NS-Regime sie zwangsverpflichtete und aus ihr eine Uniform-Näherin machte.

Entgegen dem ursprünglich propagierten Modell der NS-Volksgemeinschaft – das die Rolle der Mutter und Hausfrau idealisierte – mussten

2 *Laut Allgemeines Bürgerliches Gesetzbuch (ABGB) aus 1811 war das „weibliche Geschlecht ein absoluter Unfähigkeitsgrund zur Vormundschaftsführung". Partielle Bemühungen – Reformvorschläge zum gesamten Familienrecht zur Verwirklichung eines partnerschaftlichen Prinzips – liegen aus der Zwischenkriegszeit vor. Erneuerte Reformvorhaben nach dem Zweiten Weltkrieg, ab 1951, zogen sich hin und wurden „erstaunlicherweise durch die UN-Konvention über die politischen Rechte der Frau, aufgelegt in New York 1953, vorangetrieben". Dieses UN-Übereinkommen wurde für Österreich am 17. Juli 1969 ratifiziert, entsprechende Bestimmungen hatten in Österreich erst ab 30. Juni 1977 – mit der Neuordnung des Kindschaftsrechtes – Rechtskraft (vgl. Flossmann/Lehner 1986, 157–167).*

Johanna als Zehnjährige, 1949

viele Frauen außer Haus arbeiten, trotz Kinder und Haushalt. In den frühen Regime-Jahren wurde durch Ehestandskredite und Mutterkreuzverleihungen die „Politik der vollen Wiegen“ in Gang gesetzt, doch mit Andauer des Krieges und dem Knappwerden der Männer an der „Heimatfront“ erfuhr das Berufs- und Einsatzspektrum von Frauen eine enorme Ausweitung. Diese parallele Rollenzuweisung samt weiblicher Arbeitszwangsverpflichtung bekamen die unteren, nicht privilegierten Gesellschaftsschichten besonders zu spüren. Nicht alle Mehrfach-Mütter waren begeisterte Nationalsozialistinnen, manche entzogen sich unangenehmen Arbeitsverpflichtungen durch Schwangerschaft und Kinderbetreuung. Andere wiederum ergriffen diese „Umkehr von Verhältnissen“ als Chance, um in neuen Berufsfeldern tätig werden zu „dürfen“. Zwei, drei Jahre über das Kriegsende hinaus durften Frauen auch weiterhin in Berufen und Tätigkeiten aktiv sein, in denen Männer fehlten. Sie ersetzten Gefallene, Kriegsversehrte und vermisste Soldaten. Doch mit der Rückkehr und Gesundung kriegsgefangener österreichischer Männer wurden ab 1947/48 (nicht nur) begehrte Arbeitsplätze knapp und Frauen und Mädchen wieder in traditionelle Räume verwiesen – ob in der Arbeitswelt oder in der Privatsphäre. Auch die während des Krieges in breiten Teilen der Bevölkerung existierenden Frauenfamilien bzw. Mutter-Kind/er/familien gerieten nach und nach mit der Rückkehr der überlebenden Männer aus Krieg und Kriegsgefangenschaft – zum Minderheitsmodell. Allerdings nicht friktionsfrei. Bei vielen Kleinkindern löste das plötzliche Eindringen kaum oder unbekannter Väter Verunsicherungen aus. Größere (männliche) Kinder wollten sich die teilweise eingenommene väterliche Ersatzfunktion nicht streitig machen lassen. In anderen Familien erschütterten im Krieg geborene Kinder mit unklarer Vaterschaft eine unbeschwerte Rückkehr ins Privatleben. Und nicht wenige (jüngere) Frauen sahen die „eigenen Männer“ als Verlierer, dagegen Angehörige der Befreiungs- bzw. Besatzungsmächte als Sieger und damit als attraktive Verehrer oder sogar als (potentielle) Partner – und dies nicht nur aus ökonomischem Interesse. All diese Entwicklungen belasteten – neben materiellen Nöten – den Start in die Friedenszeit. Scheidungsraten und Wieder-Verehelichungen schnellten damals in die Höhe (Thurner 1988).

Entsprechende Aufregungen blieben Johanna im großmütterlichen Haushalt erspart. Ihre frühkindlichen Erinnerungen kreisen um Verlassenheits- und Überlebensängste. Die traumatisierenden Bombardements endeten im Frühjahr 1945, doch die einengenden Verhältnisse und die materielle Beschränktheit auf das Allernötigste überdauerten das Kriegsende und auch die Wiederaufbaujahre. Das „österreichische Wirtschaftswunder" stellte sich bei Familie Diez nicht ein. Armutserfahrungen und Defizite begleiteten Johanna bis ins Erwachsenenalter. Sie lernte zudem früh unterschiedliche Ausformungen und Abstufungen von Armut und Bedürftigkeit kennen.

Die Wohnung der Großmutter lag im östlichen Penzing, dem 14. Wiener Gemeindebezirk, in der Cumberlandstraße. Ab und zu, vorübergehend, wohnte auch Johannas Mutter im gemeinsamen Haushalt – in Küche, Zimmer, Kabinett, mit WC und Fließwasser am Gang. Trotz erfolgreicher Sozial- und Wohnbaupolitik des Roten Wiens in der Zwischenkriegszeit war diese Wohnform auch noch im ersten Nachkriegsjahrzehnt und z. T. darüber hinaus durchaus üblich für fast die Hälfte der Wiener Bevölkerung. Die Abqualifizierung zum „Substandard" für diesen Wohntypus sollte erst ab den 1960er-Jahren einsetzen (vgl. Hautmann/Hautmann 1984, Feigl 2000, 16).

Das Wohnviertel, in dem Johanna aufwuchs, wies dörfliche Strukturen auf, die Häuser ein- und zweistöckig repräsentierten keineswegs den typischen Stil großer Wiener Gemeindebauten. In diesem „Grätzl" zwischen Westbahn und Wienfluss spielte sich hauptsächlich das Leben von Großmutter und Johanna ab. Ein relativ begrenztes Bekanntschafts- und Freundschaftsnetz formierte sich aus Nachbarn und Menschen der engeren Umgebung. Geschäfte fürs Alltägliche, Kindergarten, Schule, Kirche und einige Freizeiträume befanden sich in nächster Nähe: zum Beispiel Einrichtungen der Sozialistischen Partei, der die Mehrheit der Bekannten angehörte. Auch Karoline Diez trat 1945 wieder der SPÖ bei. Besuche des Parteikassiers blieben Johanna in Erinnerung, aber kaum politische Gespräche.

Selten gab es Anlässe, die die Großmutter und Johanna in einen anderen Wiener Bezirk führten, etwa nach Hietzing zum Bücherkauf oder nach Wien-Neubau in die Wohnung der Mutter. Ausflüge an weiter entfernte Ziele konnte Johanna Dohnal, Jahrzehnte später befragt, an ihren Fingern aufzählen. Einmal pro Jahr fuhren sie gemeinsam mit Großmutters Freundin ins südliche Wien, nach Maria Enzersdorf, zwei oder drei Mal in den steirischen Wallfahrtsort Mariazell. Und dann gab es noch Johannas Erholungsfahrten. Als unterernährtes und TBC-gefährdetes Fürsorgekind wurde sie in den Sommerferien von der Krankenkasse auf Erholung geschickt – mehrere Male waren es Ferienheime im Raum von Niederösterreich, einmal sogar im Salzburger Land.

Karoline Diez nahm die Verantwortung für ihre Enkelin äußerst ernst. Am liebsten wusste sie das Kind sicher in ihrer Obhut zumeist in der Wohnung aufgehoben. Es gelang ihr, Johanna bald nach deren Schuleintritt für ihre eigene Lieblingsbeschäftigung – das Lesen – zu gewinnen. Damit holte sie die ihnen fremde, unzugängliche Welt in die eigenen vier Wände. Wann immer ein wenig Geld übrig blieb – oft vom Mund abgespart – besorgte Karoline Diez gebrauchte Bücher in einem Antiquariat. Johanna liebte anfangs Märchen und HeldInnengeschichten, las nach und nach alles. In den Ferienheim-Bibliotheken fand sie sogar sozialkritische Romane und andere Literatur. Eine echte Bereicherung war zudem ein unmittelbarer Nachbar, ein allein lebender Bäcker. Der bezog eine Vielzahl von Wochen- und Monatszeitschriften, die er Johannas Großmutter zum Austausch überließ. Diese konnte ihm allerdings dafür nur eine Zeitung, und zwar das sozialistische Organ „Die Frau“ – früher „Die Unzufriedene“ – anbieten.

Die resolute Großmutter wurde in vielem zum Vorbild. Mit zunehmendem Alter wusste die Enkeltochter deren uneingeschränkte Solidarität und Fürsorge, aber auch ihre Kritikfähigkeit mehr und mehr zu schätzen – alles Eigenschaften, die für Johannas späteres Leben essentiell wurden. Dennoch versuchte Johanna schon früh, den zu eng gesteckten Aktionsradius auszuweiten. Sie genoss die wenigen ihr gebotenen Erlebnisse in anderen Gesellschaften. In den jährlichen Erholungsurlauben blühte sie auf, genoss die Gemeinschaft, das Zusammensein und Spielen mit vielen anderen Kindern, gemeinsame Mahlzeiten, Spaziergänge. Auch zuhause in Penzing suchte sie nach Möglichkeiten. So gehörte während ihrer gesamten Schulzeit der Kirchgang zum sonntäglichen Ritual, ohne besonderes religiöses Interesse. Dagegen entwickelte sich eine erste Bindung an die sozialistische Partei. Neben der jährlichen Teilnahme am Wiener Mai-Aufmarsch ab 1951 besuchte sie auch schon davor und immer wieder Veranstaltungen der Kinderfreunde im Penzinger SPÖ-Heim, und sie nahm als 13-Jährige an der Jugendweihe teil.[3] Eine Zugehörigkeit zur Sozialistischen Jugend untersagte die Großmutter aufgrund ihrer Befürchtung, die Enkelin könnte dort zur Raucherin werden.

Lehrjahre – Aufbruch ins Erwachsenenleben

Die Schulzeit erlebte Johanna positiv, sie zeigte viele Begabungen, war eine gute Schülerin und hätte gern mehr als acht Pflichtschuljahre absolviert. Auch hierbei spielte das Gemeinschaftserlebnis eine Rolle. Sie hatte Angst, nirgends mehr dazuzugehören. Doch eine weitere Schulausbildung war nicht finanzierbar. Ein Großteil der Kinder besuchte damals „nur" Volks- und Hauptschulen. Wenigen blieben Gymnasien vorbehalten. Für Mädchen aus der ArbeiterInnenschaft war eine klassische Matura eher die Ausnahme. Auch die aus „besserem Haus" mussten sich zumeist mit „Höheren Töchterschulen" begnügen. Dort wurden sie vorwiegend, z. T. theoretisch verbrämt, in Hauswirtschaftsfächern unterrichtet und auf ein zukünftiges Leben als Ehefrau und Mutter vorbereitet. Für Kinder aus der ArbeiterInnenschaft ging es ab dem 14. Lebensjahr an einen Lehrplatz. Manche starteten sogar schon als 14- oder 15-Jährige eine „Karriere" als HilfsarbeiterInnen, als ungelernte Arbeitskräfte in Fabriken und anderswo.

Johanna wäre gern Verkäuferin geworden. Warum? Ihr waren nur zwei Lehrberufe für Mädchen bekannt. Die zweite Möglichkeit, das Schneiderhandwerk zu erlernen, kam für sie nicht in Frage. Die Großmutter war weitblickend und organisierte eine Beratung beim Arbeitsamt. Dort wurde Johanna der Verkäuferinnenberuf ausgeredet, stattdessen Interesse für eine Lehre zum Industriekaufmann geweckt – mit dem Ziel einer Angestelltenbe-

3 *Die Sozialistische Jugendweihe ist ein Initiationsritus für 14-Jährige zur Aufnahme in die Sozialistische Jugend/Gewerkschaftsjugend, eine Feierstunde, die das Ende der Schulzeit und den Eintritt in die Arbeitswelt der Erwachsenen markiert. Vgl. „Mit uns zieht die neue Zeit" (1981) 200.*

rufsposition. Der empfohlene Lehrbetrieb, eine Kunstharzpresserei, befand sich im 7. Bezirk. Johanna war dort der einzige Lehrling, und zwei Jahre lang – bis ein neues Lehrmädchen in den Betrieb kam – gehörte das Putzen des Büros auch zu ihren Arbeiten. Doch sie hatte es gut erwischt, denn neben den praktischen Tätigkeiten im Betrieb und der Ausbildung in der Berufsschule bezahlte ihr Chef für sie sogar zusätzliche Volkshochschulkurse, beispielsweise in Lohnverrechnung, Stenographie oder Englisch. Sie blieb nach Abschluss ihrer Lehrzeit noch fünf weitere Jahre in dieser Firma, bis zur Geburt ihres zweiten Kindes. Einerseits war sie mit der getroffenen Wahl und ihrer Ausbildung zufrieden, andererseits nahm sie gesellschaftliche Unterschiede auch am Arbeitsplatz sehr wohl wahr. Wenn jemand abfällige Bemerkungen über die „Proleten" machte, dann fühlte sie sich verletzt, und es empörte sie, dass jene, denen es ohnehin besser ging, sich fast automatisch für etwas Besseres hielten. So hielt sie beim 1.-Mai-Festzug die rote Fahne besonders hoch, wenn es beim Rückmarsch am Haus der Chefleute im 7. Bezirk vorbeiging. An diesem Tag, einmal im Jahr, konnte Johanna selbstbewusst und eingebettet in eine starke Gemeinschaft die Zugehörigkeit zur Arbeiterklasse offen zeigen.

Mit der Lehrzeit begann ein neues Leben für Johanna, auch privat. Sie durfte einen Bruchteil ihrer Lehrlingsentschädigung behalten, und zwar 40 von 240 Schilling, um sich kleine Wünsche erfüllen und Freizeitaktivitäten leisten zu können. Das waren Kaffeehaus- und Kinobesuche oder ein Tanzkurs sowie regelmäßige sonntägliche Tanzvergnügen. Tanzen und Schwimmen – die Mutter hatte ihr einmal als Kind einen Schwimmkurs bezahlt – waren die einzigen Hobbys bzw. Freizeitaktivitäten, die Johanna erlernt und ausgeübt hat.

Erste, allerdings wenig tiefgehende Freundschaften mit jungen Männern beginnen in dieser Zeit. Weichenstellend – und dies schon im zweiten Lehrjahr – ist das Zusammentreffen mit ihrem späteren Ehemann.

Johanna besuchte an jenem Sonntag mit ihrer Mutter ein Wirtshaus in der unmittelbaren Nachbarschaft, und dort lernte sie Franz Dohnal kennen. Er war gelernter Schmied, arbeitete damals allerdings als Chauffeur bei einem Fuhrwerksunternehmen in der Cumberlandstraße, und er wohnte ganz in Johannas Nähe. Von da an entwickelte sich eine dauerhafte

Beziehung. Er warb um Johanna, und sie war stolz darauf, als Erste in ihrer Klasse einen Verlobungsring zu tragen. Später wird sie dies als „vertrottelt" einstufen, aber damals lag sie mit ihrer Haltung im Trend der Zeit.

Karoline Diez war mit der Partnerwahl ihrer Enkelin nicht ganz einverstanden. Franz Dohnal, sieben Jahre älter als Johanna, stammte aus ärmlichen kleinbäuerlichen Verhältnissen in Niederösterreich. Ihre Einschätzung lautete unmissverständlich: „Er passt nicht zu meiner Hanni!" Immerhin wurde durch diese frühe feste Beziehung ihre Verantwortung etwas reduziert. Zuvor gab sie Johanna zu jedem Sonntagsausgang die Warnung, „ja nicht etwas nach Hause mitzubringen", mit auf den Weg. Obwohl Johanna wie auch die Mehrheit der jungen Mädchen keinen Sexualaufklärungsunterricht erfahren hatte, wusste sie bald, was damit gemeint war: eine mögliche, zu frühe und ungewollte Schwangerschaft. Damit könnte sie sich „ihr Leben verpatzen" und der Großmutter Unannehmlichkeiten mit der Fürsorge bescheren. Seit Johanna verlobt war und Franz Dohnal ernsthafte Absichten hatte, sah sich die Großmutter sogar entlastet. So gestattete sie auch, dass Franz zu ihnen in die Wohnung zog, noch bevor die beiden verheiratet waren. Eine Konstellation, die durchaus riskant war. Laut Kuppelei-Paragraf war dies strafbar, ermöglichte sie doch ihrem Untermieter in ihrer Wohnung den laut Gesetz verbotenen Intimverkehr mit einer Minderjährigen. Die Gründe für das frühe Zusammenziehen der Verlobten hatte vorwiegend finanzielle Gründe. Sie wollten dadurch Geld einsparen – für eine gemeinsame Zukunft.

Im Sog „des goldenen Zeitalters der Kleinfamilie" [4]

Die späten 1950er- und vor allem die 1960er-Jahre stehen im Zeichen von Eheschließungen und Babyboom. Heiraten und Kinderkriegen war das angestrebte Lebensmodell.

Das Gros der (weiblichen) Bevölkerung stellte es nicht in Frage. Erstmals setzt sich die Kleinfamilie in allen sozialen Schichten durch, wie nie

4 *Vgl. Thurner 2000, 70ff. und darin zitierte weiterführende Literatur und Quellen.*

mehr danach, aber auch nie zuvor. 90 Prozent der Menschen heiraten, 85 Prozent der Frauen gebären mindestens ein Kind, und die Unehelichenrate fällt. Der Mann übernahm die Haupternährerfunktion und war ja auch – noch fast eine Generation darüber hinaus – von Rechts wegen entscheidungsbefugtes Familienoberhaupt. Lebenslange Erwerbsarbeit normierte nur männliche Biographien; für Mädchen und Frauen sollten kurze, zweckgerichtete Ausbildungs- und Berufsphasen vor der Ehe genügen. Doch die zum Ideal erklärte und angestrebte Versorgungsehe für Frauen, deren Existenz als Nur-Hausfrau und Mutter, funktionierte nicht überall. Viele mussten die Familienbudgets, zu geringe Löhne und Gehälter ihrer Männer, aufbessern: durch erweiterte Hausfrauen- oder informelle Zuarbeit, durch bezahlte Heimarbeit oder zusätzliche Berufsarbeit. Der weibliche Anteil an der Erwerbsquote, auch von verheirateten Frauen mit Kindern, war in Österreich relativ hoch, er ging später mit der Ausweitung von Sozialleistungen zurück.

Nicht nur aufgrund der vielfachen Verpflichtungen der Frauen blieb deren aktive Präsenz in der politischen Arena äußerst gering. Dies, obwohl Frauen bis weit in die 1950er-Jahre die Bevölkerungsmehrheit bildeten. In den ersten Nachkriegsjahren vermuteten SPÖ- und ÖVP-Politiker, dass Frauen „eher Frauen vertrauen" – aufgrund der dominant Männern angelasteten Katastrophe von Nationalsozialismus und Krieg. Das veranlasste sie, zumindest einige Frauen auf wählbare Listenplätze zu setzen (Bauer 1995, 36f.) Ein Irrtum! Die „Mehrheit" der weiblichen Kandidaten blieb chancenlos; sie wurden weder von Männern noch von Frauen gewählt – ein Ergebnis mit langfristigen Konsequenzen.[5]

In der restriktiven Nachkriegsära – und die zog sich hin, dehnte sich aus bis Ende der 1960er-, Anfang der 1970er-Jahre – galten Mädchen (aber auch Burschen) mit anderen Lebensentwürfen und Berufswünschen als

5 *„So wurden z. B. bei der ÖVP 91,8 % und bei der SPÖ 83,8 % aller weiblichen Kandidaten nicht gewählt. Die FPÖ und die KPÖ hatten gar keine Frauen auf erste Listenplätze gesetzt, obwohl für die KPÖ 44 und für die FPÖ immerhin noch 20 Frauen kandidierten." Vgl. Weinzierl 1975, 46.*

fehlgeleitet. Manche wurden deswegen sogar psychiatriert bzw. hospitalisiert mit dem Befund: „Identifikation mit dem Vater oder einem männlichen Vorbild"! Frauen, die an „typisch männlich punzierten" Tätigkeiten Freude fanden oder künstlerisch begabt waren, kreativ sein wollten, versuchte man(n) auf den „richtigen, weiblichen Weg" zurückzubringen. Alleinstehende, „sitzen gebliebene Jungfern", wurden als „unvollständige Frauen" bedauert oder verlacht. Ihnen wurden dienende, mit Haushaltstätigkeiten verwandte Berufe empfohlen, um ihrem reduzierten Leben Sinn zu geben. Als erstrebenswert, normal und auch Glück versprechend galt einzig und allein das heterosexuelle Ehe- und Familien-Modell.

Mit der Aufwärtsentwicklung der Wirtschaft, der Ausweitung unterschiedlichster Industrie- und Güterproduktionen, der Verbesserung von Wohnverhältnissen wurde „Althergebrachtes" modernisiert. Durch die politische Nachkriegsordnung und die damit verknüpfte West-Integration Österreichs geriet die USA zum Vorbild, auch der „American way of life". Die in Kinowochenschauen oder sogar schon über Fernsehgeräte und Illustrierten übermittelten Bilder technisierter, vereinfachter Hausarbeit sprachen vor allem jüngere Frauen an. Doch die Objekte der Begierde – Staubsauger, Kühlschrank, Elektroherd oder sogar ein Geschirrspüler – waren für viele nur bei zusätzlicher Erwerbsarbeit erreichbar. Das auch schon in den 1950er-Jahren parallel offerierte, erweiterte weibliche Rollenrepertoire – zur Hausfrau hinzu kam die umsichtige Sekretärin – hatte zwei Stoßrichtungen. Zum einen erforderte ein Zuwachs an Büroarbeitsplätzen den Einsatz von Frauen, ob ledig oder verheiratet. Zum anderen wurden Frauen mit eigenem Geld als Konsumentinnen immer wichtiger. Eine Doppelstrategie, wurden berufstätige Frauen doch weiterhin vor allem in der konservativen Propaganda als „Rabenmütter" diffamiert. 1959 legte eine Gewerkschaftsumfrage die „egoistischen" Motive dieser Mütter offen: 56,7 Prozent mussten wegen zu geringer Einkünfte des Mannes arbeiten, 24,7 Prozent taten dies als Familienalleinerhalterin. Nur 13,5 Prozent begründeten ihre außerhäusliche Arbeit mit Konsumwünschen (Lichtenberger-Fenz 1992, 235).

Johanna und Franz Dohnal bewegten sich zunächst auf diesem konformen Weg. Arbeiten und Sparen war angesagt, um sich bald mehr leisten zu können, eine eigene Wohnung und Kinder. *„Ich wollte plötzlich eine 08/15-Familie: Vater, Mutter, Kind – oder zwei Kinder, ein Pärchen. Das war mein Wunsch. ... Wir hatten so wie viele andere die Vorstellung, dass es jedes Jahr besser wird. Dass wir uns was leisten und kaufen können.“* (Dohnal, in: Feigl 2002, 31)

Aber Johanna war – wie im einleitenden Schlüsselerlebnis dokumentiert – vom damals gültigen, hierarchischen Familienmodell wenig beeindruckt. Und es waren nicht nur ökonomische Prioritäten, die sie später, trotz der Kinder, zur Aktivistin werden und von ihrem Mann Partnerschaft einfordern ließen. Obwohl viel jünger als ihr Mann und beim Eintritt in die Ehe noch nicht einmal volljährig, war sie es, die ihn zu einem Berufswechsel überredete. Anstatt weiter im privaten Fuhrunternehmen zu arbeiten, bewarb er sich bei den Wiener Verkehrsbetrieben. 1957 konnte er dort beginnen, allerdings nicht wie von ihm gewünscht als Fahrer, sondern wiederum als Schmied, als Facharbeiter, in der Hauptwerkstätte der Straßenbahnen. In die SPÖ traten beide gemeinsam noch vor ihrer Eheschließung ein. Johanna arbeitete von Beginn an in ihrer Penzinger Sektion bei den Kinderfreunden und Frauen mit, während Franz Dohnal als einfaches Mitglied im Hintergrund blieb.

Hausfrau, Mutter, Heimarbeiterin und SPÖ-Fan

Die Eheschließung im Juli 1957 erfolgte im kleinen Kreis, einige Verwandte und Freunde begleiteten die beiden zum Standesamt und zum anschließenden Würstelessen. Danach fuhren sie für zwei Tage gemeinsam mit Freunden in deren VW-Käfer nach Mariazell. Das war ihre Hochzeitsreise.

Johanna bleibt berufstätig. Als 1959 das erste Kind, Sohn Robert, zur Welt kommt, nimmt sie nur die – damals möglichen – sechs Wochen Mutterschutz in Anspruch. Untertags betreut die Großmutter den Kleinen. Oft kommt Johanna aber erst spät von der Arbeit nach Hause, doch da weiß sie das Kind bei ihrem Mann gut aufgehoben. Ist doch auch er daran interessiert, dass sie arbeitet und Geld nach Hause bringt. Dass er die Windeln nicht nur wechselt, sondern sogar wäscht, ist für Väter nicht üblich. Die bei den Dohnals ansatzweise gelebte Partnerschaft ermöglicht es Johanna,

Johanna Dohnal mit Sohn Robert, 1960

nach und nach auch intensiver in die Parteiarbeit einzusteigen. Er ist zur Stelle, wenn sie Kinder und Haushalt wegen ihrer Berufs- und Parteiarbeit nicht versorgen kann – in den frühen Jahren intensiv unterstützt von Johannas Großmutter, später von ihrer Mutter.[6]
Endlich, 1959, können die Dohnals eine eigene Gemeindewohnung beziehen, 48 Quadratmeter in einem Neubau, ebenfalls in Penzing. Zwei Jahre später wird Tochter Ingrid geboren. Johanna geht in Karenz, ist es doch das erste Jahr, in dem Karenzgeld bezahlt wird. Nach Ablauf der einjährigen Karenzdauer muss sie kündigen, denn die Betreuung von zwei Kleinkindern kann Johanna der Großmutter nicht zumuten.[7]

6 *Johanna Dohnal veranlasste ihre Mutter, in Pension zu gehen, damit sie sich um die beiden Kinder kümmert, in den Jahren, als sie als Wien-Politikerin zeitlich stark gefordert war. Sie hat die Mutter, die keine große Pension bekam, finanziell unterstützt. Und diese wurde den Dohnal-Kindern zur fürsorglichen Großmutter.*

7 *Ab 1962 sollten bereits drei Viertel aller Mütter den Karenzurlaub in Anspruch nehmen, Tendenz ansteigend.*

Solange die Kinder klein sind, bleibt sie zuhause und verdient mit unterschiedlichen Heimarbeiten dazu. Einige Jahre lang kassiert sie Beiträge für eine Sterbeversicherung. Dadurch erspart sie sich die stundenlange, oft Schmutz produzierende Arbeit in der eigenen Wohnung, und sie macht Erfahrungen. Sie kommt in abgewohnte Zinskasernen, in denen alte Menschen unter katastrophalen Bedingungen leben. Diese Einblicke in absolute Elendslagen bilden wesentliche Grundlagen für Johanna Dohnals soziales Engagement in ihrer späteren Funktion als Wiener Gemeinderätin. Zusätzliche Erfahrungen sammelt sie beim Parteibeitragskassieren. Sie, die in ihrer Kindheit und Jugend materielle Einschränkungen und soziale Benachteiligungen sehr wohl erlebt hat, wird konfrontiert mit den Nöten von Großfamilien in desolaten, engen Wohnverhältnissen und den damit verknüpften nahezu aussichtslosen Entwicklungs- und Bildungschancen für deren Kinder.

Freude erlebt Johanna Dohnal dagegen bei ihrem Engagement für die SPÖ-Kinderfreunde. Die von ihr organisierten Spielnachmittage – mit

Franz und Johanna Dohnal mit den Kindern
Ingrid und Robert auf Urlaub in der Steiermark, 1967

dem Kasperltheater als Höhepunkt – finden großen Zuspruch. Auch die eigenen Kinder sind mit dabei und versorgt. Auch in diese Tätigkeit steigt Johanna Dohnal nicht ohne Vorbereitung ein. Sie besorgt sich Bücher und Informationen, und sie ist bei den ersten Aufführungen aufgeregt. Vorbereitet und geschult, ob durch Kurse, Seminare oder ein Selbststudium, wird sie in jede neue Aufgabe gehen. Kurz nach ihrem Parteibeitritt, bereits bei ihrer ersten Tätigkeit, dem Kassieren des Parteibeitrages, verlangt sie nach grundlegenden Informationen, um den Mitgliedern im Bedarfsfall Rede und Antwort stehen zu können.

Anfang der 1960er-Jahre will Käthe Jonas, Gemeinderätin und Frauenvorsitzende in der SPÖ Penzing, Johanna Dohnal für wichtigere Aufgaben einsetzen. Sie soll die Leitung der Frauenorganisation in ihrer Wohnsektion Penzing 4 übernehmen. Davon ist Johanna zunächst alles andere als begeistert. Sie will nicht ins „Fraueneck" abgeschoben werden. Ihren Eindruck, *„dass dort vorwiegend ältere Frauen über Dinge reden und Aktivitäten setzen, die sie überhaupt nicht interessierten"*, teilten auch andere jüngere Frauen, die zwar in der SPÖ, aber nicht in den Frauenkomitees mitarbeiten wollten (vgl. Dr.-Karl-Renner-Institut 1993, 216ff).

Erst 1966 gab es in Österreich die erste Ministerin. Doch Grete Rehor, zuständig für das Sozialressort, war von der ÖVP-Alleinregierung ernannt worden, und so wurde sie den SPÖ-Frauen kaum zum Vorbild. Johanna hatte bis dahin trotz ihres engagierten Arbeitens in der SPÖ nie über eine politische Karriere nachgedacht. Als sie bei den Wiener Kommunalwahlen im April 1969 auf einem aussichtslosen Platz der Kandidatenliste stand, kam ihr erstmals in den Sinn, dass sie zukünftig auch eine politische Position erringen könnte. Selber aufzuzeigen war damals aber nicht üblich. Frauen mussten von jemanden entdeckt werden, Fürsprecher haben.

Auch „die Dohnal" wird entdeckt. Käthe Jonas hat früh erkannt, welches Potential in ihrer jungen Mitarbeiterin steckt: *„Johanna ist eine Frau, die was in Bewegung bringt!"*

Auch Marianne Bargil, Leiterin der Berufspädagogischen Akademie, wird am Ende eines Rhetorikseminars für die Wiener SPÖ-Frauen zur Fürsprecherin durch ihr positives Urteil: *„Johanna Dohnal war von allen Teil-*

nehmerinnen diejenige, die am besten formulieren und präsentieren konnte. Obwohl sie nur Pflichtschulbildung hatte. Eine außergewöhnliche politische Begabung." (Feigl, 2002, 49f).

Ein erstes politisches Mandat als Penzinger Bezirksrätin übte Johanna Dohnal ab 1969 aus. Ende der 1960er-Jahre war dies eine ehrenamtliche Tätigkeit ohne finanzielle Entschädigung. Mit ihren 30 Jahren galt sie allerdings als zu jung für diese Funktion, und *„sie musste sich ziemlich auf die Füße stellen, um klar zu machen, dass sie die Bezirksrätin ist und nicht irgend jemandes Sekretärin*" (Feigl 2002, 42).

1969 erfolgt zudem ihr Wiedereinstieg ins Erwerbsleben; sie nimmt eine Halbtagsstelle als Bürokraft in einer Spenglerei an, und sie macht in diesem Jahr auch den Pkw-Führerschein. Franz Dohnal hat ein Jahr zuvor einen gebrauchten VW-Käfer erworben, auch für Urlaube. Einige Jahre verbringt die vierköpfige Familie jeweils zweiwöchige Sommerurlaube in Kärnten, später – weil billiger – in der Steiermark.

Im März 1971 tritt Johanna Dohnal doch die Nachfolge von Käthe Jonas an. Als Vorsitzende der gesamten Penzinger Frauenorganisation ist sie gleichzeitig auch stellvertretende Bezirksparteivorsitzende. In diese Zeit fällt ihre eigene Politisierung für eine emanzipatorische Frauenpolitik und sie hat die Absicht, auch die SPÖ-Frauenarbeit zu politisieren. Die von Kreisky eingeläutete Reformära ab Anfang der 1970er-Jahre bildet dazu das Fundament. Internationale Entwicklungen rund um die StudentInnenbewegung und die auch in Österreich entstehende Zweite Frauenbewegung wirken als Schubkraft. Gesellschaftliche Modernisierung – auch der Geschlechterverhältnisse – wird ausgerufen. Vorhaben wie die beabsichtigte Durchflutung der Gesellschaft mit Demokratie sowie eine Öffnung der Partei für (links-) liberale Ideen und ihre WegbegleiterInnen blieben keine leeren Ankündigungen.

Die SPÖ nahm ab 1971/1972 längst überfällige politische, rechtliche und gesellschaftliche Reformen in Angriff, die in den Reihen der sozialistischen ArbeiterInnen- und Frauenbewegung schon Jahrzehnte davor diskutiert und vor allem von Funktionärinnen angestrebt worden waren. In der Zwischenkriegszeit verunmöglichten die politischen Machtverhältnisse die Umsetzung von gesetzlicher Gleichstellung von Mann und Frau in Ehe und Familie, die rechtliche Angleichung unehelicher an eheliche Kinder oder die Reform des Bildungswesens. Eine weitere, ganz zentrale Forderung aus den 1920er-Jahren – die Liberalisierung des Schwangerschaftsabbruchs – „mussten" die Genossinnen auch nach 1945 immer wieder zurückstellen. Die Bemühung der SPÖ ihrerseits um Konsensdemokratie, um politische Katastrophen der Vergangenheit zukünftig zu verhindern, inkludierte nicht nur, ein gutes Verhältnis zur zweiten Großpartei, der ÖVP, herzustellen, sondern auch zur katholischen Kirche. Entsprechend galt die Streichung von § 144, d. h. die geforderte Straffreiheit und Liberalisierung des Schwangerschaftsabbruchs, den führenden Funktionären als eindeutig kontraproduktiv.

1955 resümierte Gabriele Proft, geschätzte sozialistische Langzeitpolitikerin, Nationalrätin in der Ersten und Zweiten Republik, über die Haltung ihrer Partei im Nachkriegsjahrzehnt: *„In unserer Partei gibt es Streitfragen, über die man besser nicht sprechen darf, dazu gehört auch der Paragraph 144."* (FZK, 248/Thurner 1992, 248) Zwei Jahre zuvor wurde am Bundesparteitag „aufmüpfigen" Genossinnen, die nach mehr Mandaten und damit nach etwas mehr Mitsprache verlangten, mit Liebesentzug gedroht: *„Genossinnen, bleiben Sie die Frauen, die wir lieben!"*[8]

Begabt, kritisch und voller Elan: Dohnal als Wiener SPÖ-Landesfrauensekretärin

„Die Dohnal" konnte ab den 1970er-Jahren nicht mehr übersehen werden. Im April 1972 startet sie in eine neue Arbeitskarriere. Als ganztägig beschäftigte Wiener SPÖ-Frauensekretärin kann sie endlich Berufs- und Parteiarbeit unter einen Hut bringen. Den Beweis, viel zu bewegen, liefert sie bald, beginnt sie ihre Partei- und Politikkarriere doch am Vorabend des legendären, für die Frauenpolitik so folgenreichen Bundesparteitags 1972.

8 *Aussage von Emmerich Wenger am SPÖ-Parteitag 1953, in: SPÖ-Parteitagsprotokoll (1954), Wien, 185.*

In diesem Jahr wird Johanna Dohnal auch Mitglied im SPÖ-Bundesparteivorstand. Ihr eilt der Ruf voraus, fleißig und begabt, aber auch couragiert und eigenwillig zu sein. Die Wiener Frauenvorsitzende und Landtagspräsidentin, Maria Hlawka, unmittelbare Vorgesetzte von Johanna, versucht sie zu bremsen und an die parteidemokratischen Spielregeln zu gewöhnen, auch um sie vor der Kritik der vorwiegend älteren Genossinnen zu schützen. Im Gegensatz zu früheren Parteisekretärinnen ließ sie sich nicht auf Bürotätigkeiten und das Organisieren reduzieren. Johanna nutzt die räumliche Verlagerung ihres Arbeitsmittelpunktes in die Bundesparteizentrale in der Wiener Löwelstraße, und sie erprobt die „Taktik des Einmischens". *„Sie war nicht nur unheimlich aktiv, sondern hatte Ideen und politisches Gespür, und sie wusste was geht und was nicht!"* (Maria Hlawka)

Nach und nach öffnet sie die frauenpolitische Arbeit für Nicht-Parteimitglieder, und sie erkennt früh die Zeichen der Zeit. Ihre Sensibilität gegenüber Zeitströmungen und ihre Offenheit für Forderungen aus den Reihen der Neuen Frauenbewegung schlagen sich in den 1970er-Jahren

Johanna Dohnal mit ihrem Dienstauto, Mitte der 1970er-Jahre

positiv auf SPÖ-Bundeswahlergebnisse nieder. Dennoch regt sich früh Widerstand in den eigenen Reihen gegen die begabte Jungpolitikerin. Besitzstandswahrer und Verteidiger vermeintlich ewiger Vorrechte fühlen sich von Johanna Dohnal bedroht.

In ihrer äußeren Erscheinung – Dauerwelle und praktische Eleganz – bildete Dohnal in jenen Jahren keinen gravierenden Gegensatz zu anderen Genossinnen oder auch ÖVP-Politikerinnen. Dies war mithin einer der Gründe, dass alternative Frauen aus der autonomen Szene und junge Frauen aus der SPÖ zur „Parteifrau Dohnal" zunächst auf Distanz gingen. Im Zuge des Engagements für die Straffreiheit des Schwangerschaftsabbruchs entwickelten sich nach und nach Allianzen. Ab 1971 hatten sich unterschiedliche Aktionsgruppen gebildet: eher linke, parteiunabhängige Aktivistinnen formierten sich zur „Aktion unabhängiger Frauen/AUF", jüngere SP-Frauen gründeten das „Aktionskomitee zur Abschaffung des Paragrafen 144". Auch in einigen Bundesländern bzw. Landeshauptstädten formierten sich Gruppierungen mit gleichlautenden Forderungen. Durch ihr buntes Outfit – von der internationalen Musik- und Jugendkultur beeinflusst und gegen das Establishment gerichtet – konterkarierten sie das am politischen Parkett dominante, biedere Alltagsgrau. In indischen Flatterkleidern, abgerissenen Jeans, Latzhosen und Langhaarfrisuren rebellierten die Jungen gegen „die Gesetze aus der Postkutschenzeit". Sie setzten öffentlichkeitswirksame Aktivitäten, veranstalteten Demonstrationen, Pressekonferenzen, Straßenaktionen, und sie stellten Anträge an Abgeordnete, in denen sie die Straffreiheit und die vollständige Freigabe der Abtreibung forderten.[9]

Die fortschrittlicheren SPÖ-Frauen wollten dagegen die Fristenregelung durchbringen – das waren nicht nur jüngere, sondern auch viele ältere Partei- und Gewerkschaftsfunktionärinnen, unter ihnen Johanna Dohnal. Sie lehnten die von der Gesamtpartei favorisierte Indikationenlösung ent-

9 *Ergänzend zu Feigl 2002, 49ff. vgl. die Dissertation von Maria Mesner (1994): Frauensache? Zur Auseinandersetzung um den Schwangerschaftsabbruch in Österreich, Wien.*

schieden ab. Schwangerschaftsabbrüche nur aus medizinischen oder sozialen Gründen zu erlauben, war für sie inakzeptabel, bedeutete dies doch erneut Bevormundung der Frauen durch Ärzte und Kommissionen. Noch vor den Nationalratswahlen im Herbst starteten sie durch und leisteten enorme Informations- und Überzeugungsarbeit für die Fristenregelung. Sie veranstalteten Enqueten und sammelten an die 30.000 Unterschriften (Weinzierl 1975, 28).

Das Ergebnis der Nationalratswahlen vom Oktober 1971 – die absolute Mehrheit für die SPÖ und damit der Beginn der Alleinregierung – beflügelte sie zusätzlich in ihrem Engagement: *„Wir hatten ... Bezirksausschusssitzung ... und da stand noch nicht fest, ob die SPÖ das 93. Mandat behält oder abgeben muss. Plötzlich geht die Tür auf und der Pächter des Gasthauses im Arbeiterheim kommt mit einer Flasche Sekt rein. Er sagt: Wir haben das 93. Mandat! Die Freude war unbeschreiblich. Ältere Genossen haben angefangen zu weinen. Es war wie ein Traum. Wir sind wie auf Wolken gegangen"*, so Dohnals Erinnerung an diesen Tag (Feigl 2002, 46).

Die Bemühungen für die Durchsetzung der Fristenregelung innerhalb der Partei fanden einen positiven Abschluss. Auch die Bundesfrauenvorsitzende, Wissenschaftsministerin Hertha Firnberg, hatte ihre Meinung geändert. So gelang es, nicht nur den entsprechenden Antrag für die Fristenregelung bei der Bundesfrauenkonferenz am 16. April 1972 durchzubringen, sondern auch rechtzeitig Justizminister Christian Broda als Unterstützer und Verbündeten zu gewinnen. Er leistete diplomatische Vorarbeit und sorgte am Bundesparteitag 1972 für das Zustandekommen der Stimmenmehrheit für den Gesetzesvorschlag zur Fristenregelung. Damals und auch später bestätigten Meinungsumfragen, dass eine Mehrheit der Bevölkerung ohnehin für die Fristenregelung und auch für die vollständige Straffreiheit eines Schwangerschaftsabbruchs war.

Das Gesetz trat mit 1. Januar 1975 in Kraft. Der Gesetzesbeschluss war im Parlament im November 1973 zustande gekommen – allerdings nur durch SPÖ-Stimmen. Die Mehrheit in der Partei hielt die Sache damit für erledigt. Nicht so die SPÖ-Frauen rund um Johanna Dohnal, denn Gegenstrategien der „Aktion Leben" liefen auf Hochtouren. Außerdem standen keine Einrichtungen zur Durchführung von Abbrüchen zur Verfügung, keine Laboratorien, Spitäler oder Ärzte. Alles Gründe für weiteres Engagement, und auch um mit den Aktionsgruppen in Kontakt zu bleiben.

Versuche von autonomen Aktivistinnen, die Parteifrau auf ihre Seite – und damit aus der SPÖ heraus – zu bringen, scheiterten. Johanna Dohnal demonstrierte nicht nur innerhalb ihrer Partei Stärke, sondern auch gegenüber kritischen Bündnispartnerinnen außerhalb der SPÖ. Nach und nach konnte sie die zumeist jüngeren Frauen – unter ihnen viele angehende oder bereits fertige Akademikerinnen – von ihrer Erfolg versprechenden „Zwei-Zangen-Strategie" überzeugen. Durch den von außen erzeugten Druck ließen sich Forderungen, die in Teilen der Partei und an ihren Rändern schon länger virulent waren, endlich durchsetzen. Einige Frauen aus den Aktionskomitees wurden zu langfristigen Wegbegleiterinnen, Mitstreiterinnen oder auch Mitarbeiterinnen. Einer von ihnen, Irmtraut Karlsson, übergab Johanna Dohnal beim Ausscheiden aus der Politik 1995 ihr Nationalratsmandat.

Parallel zur Beschlussfassung der Fristenregelung im Nationalrat, Ende 1973, ordnete Kanzler Bruno Kreisky eine Reihe flankierender Maßnahmen an, um die Zahl der Schwangerschaftsabbrüche gering zu halten und um der Propaganda der „Aktion Leben" entgegenzutreten. Es wurden Sozial- und Unterstützungsleistungen angeboten, um Frauen oder Eltern die Entscheidung gegen einen Abbruch zu erleichtern. Neben dem Ausbau von Familienberatungsstellen, der Erhöhung von Geburten- und Familienbeihilfen, Verlängerung der Mutterschutzfrist und der Erhöhung des Karenzgeldes wurden besondere Förderungen für Alleinerzieherinnen festgesetzt.

Doch mit dem 1974 von der „Aktion Leben" eingeleiteten Volksbegehren zum „Schutz des menschlichen Lebens" bot die katholische Kirche ihr ganzes Potential auf, um die gerade erst beschlossene Fristenlösung zu Fall zu bringen. Für Johanna und Franz Dohnal war dies Anlass, 1975 aus der katholischen Kirche auszutreten. Auch Franz Dohnal hatte sich engagiert und seine Frau unterstützt. In seinem Arbeitsumfeld bei den StraßenbahnerInnen konnte er einige 1000 Unterschriften für die Fristenlösung zusammenbringen. Laut Johanna Dohnal hat die Unterschriftenaktion bewirkt, *„dass die Funktionäre der Partei, auch die Männer, sich gerührt* *haben und auch zu Verbündeten wurden, für die Fristenregelung und gegen die Behandlung des von der Aktion Leben angestrebten Volksbegehrens"* (JD, 5/1992).[10]

Diese der katholischen Kirche und der ÖVP nahestehende Bewegung mobilisierte in einer mit Diffamierungen gespickten Kampagne gegen Straffreiheit und Fristenregelung. Bei ihrem 1975 durchgeführten Volksbegehren erzielten sie 895.665 Unterschriften. Die Wiener SP-Frauen mit der Initiatorin Johanna Dohnal gründeten als Gegengewicht zum Volksbegehren das Komitee „Helfen statt strafen – kein Zurück zum § 144". Sie entkräfteten in umfassender Pressearbeit unwissenschaftliche und krude Argumente der FristenlösungsgegnerInnen. Parallel dazu etablierten sie Informations- und Unterstützungseinrichtungen als Langzeitprojekte. Auch die autonomen Frauen der Aktion Unabhängiger Frauen (AUF) starteten im Dezember 1974 eine aufwendige Informationskampagne durch alle Bundesländer gegen das Volksbegehren. Auf Ratschlag von Johanna Dohnal wandten sich die AUF-Frauen an den Justizminister, der ihre Aktion mit 5.000 Schilling subventionierte (Feigl 2002, 53).

Bruno Kreisky war stets um ein gutes Klima zur katholischen Kirche und zu Kardinal König bemüht. Trotzdem gab es im Falle der Fristenregelung kein Nachgeben. Das Gesetz hielt. Und hält bis heute. Auch wenn es zwischendurch immer wieder Vorstöße dagegen und ständige Störaktionen der „Aktion Leben" gab und gibt.

Die Umsetzung von Schwangerschaftsabbrüchen allerdings ist, vor allem in einigen Bundesländern, beschwerlich bis unmöglich; für manche scheitert die Entscheidung zum Abbruch noch immer an den Kosten.

10 *Interview mit Johanna Dohnal, 12.05.1992, zit. als JD, 5/1992. Dieses sowie neun weitere Interviews mit den SPÖ-Landesfrauenvorsitzenden wurden im Zeitraum 1991/92 von der Verfasserin für folgenden Beitrag durchgeführt: „Die Angst der Männer ist die Ungeduld der Frauen". Frauen und Männerrollen im Wandel. In: Dr.-Karl-Renner-Institut (Hg.), (1993). Beharrlichkeit, Anpassung und Widerstand. Die sozialdemokratische Frauenorganisation und ausgewählte Bereiche sozialdemokratischer Frauenpolitik. 1945–1990, Wien.*

1973–1979 Johanna Dohnal als Wiener SPÖ-Politikerin: „Selbstbewusstsein kann frau lernen!“

Die Turbulenzen rund um Abtreibungsverbot und Fristenregelung verlangten der Jungpolitikerin einiges ab, waren aber gleichsam Herausforderung und Bewährungsprobe.

Im Juli 1973 wird sie als Wiener Gemeinderätin angelobt und übernimmt zusätzlich das Landtagsmandat des scheidenden Wiener Bürgermeisters Felix Slavik. Ins Bürgermeisteramt folgt Leopold Gratz. Auch in Stadt- und Landespolitik beeindruckt Johanna Dohnal durch ihre Fähigkeiten. Sie findet Gefallen an der ihr übertragenen Macht und den damit verknüpften Gestaltungsmöglichkeiten. In die Ausschüsse Kultur, Jugend und Bildung, Gesundheit und Soziales, Städtische Dienstleistungen und Konsumentenschutz bringt sie viele Forderungen ein. Und all diese Anliegen zeigen nicht nur Dohnals sozialkritische, sondern auch ihre eindeutige geschlechterkritische Handschrift. Sie hat Ideen, um älteren und/

Johanna Dohnal mit Bruno Kreisky und Hertha Firnberg: Erste Frauenenquete in Wien, 1979

oder sozial schwachen Menschen den Alltag zu erleichtern und baut die Sozialdienste enorm aus (Essen auf Rädern, Heim- und Reinigungshilfe). Sie kümmert sich um ermäßigte Vormittagstarife in Schwimmbädern oder ähnlichen Einrichtungen, und sie startet den Modellversuch „Tagesmütter" sowie diverse Schulversuche. Die integrierte Gesamtschule zählt ebenso zu ihren fundamentalen Anliegen wie ein umfassendes Kinderbetreuungssystem. Viel davon war für die „rote Politikerin" im noch immer „Roten Wien" in Anbetracht der Stärkeverhältnisse rasch durchzusetzen und zu etablieren. Die Themen Bildung/Ausbildung sowie die Kinderbetreuungsfrage (Stichwort: „Kindergartenmilliarde") sollten sie, weil nur in Ansätzen realisierbar, auch weiterhin als Bundespolitikerin – Staatssekretärin und Frauenministerin – begleiten.

In der Parteiarbeit setzt Johanna Dohnal neue Akzente, sie erweitert die Aktivitäts- und Beteiligungsformen. Sie versucht die innerorganisatorisch ausgelösten Bewusstseinsprozesse rund um das Rollenverständnis der Frau für ihre Vorstellungen von emanzipatorischer Politik zu nützen. Dazu zählte die von ihr beabsichtigte Öffnung der Partei und der Frauenorganisation auch für Nicht-Mitglieder: *„Über das Frauenkomitee wäre ich sicher nicht hineingekommen. Aber das waren diese Angebote der Wiener Frauen, die ja soweit ich weiß auf die Johanna Dohnal zurückgehen, die als erste versucht hat, die Organisation zu öffnen. Das war attraktiv für mich, da habe ich mitgearbeitet. Die haben ganz einfach interessante Sachen gemacht und sie haben den Frauen die Möglichkeit gegeben, auch jenseits des traditionellen Weges mitzuarbeiten."* (Dr.-Karl-Renner-Institut 1993, 216)

Johanna Dohnal führt selbstverständlich die traditionellen Organisations- und Veranstaltungsstrukturen weiter. Zum einen aus parteistrategischen Gründen, zum anderen aus einem profunden Verständnis für die ältere Frauengeneration, die Kriege und Notzeiten miterlebt und überlebt hatte, viele unter ihnen mit Kleinstrenten, die für Gratiskaffee und -kuchen dankbar waren, und vor allem dafür, dass die Sozialdemokratie ihnen auch weiterhin Heimat bot. *„Ich habe nie zugelassen, dass diese Aktivitäten – diese Kaffeejausen, Frauentreffs und Muttertagsfeiern – eingestellt werden. Da habe ich mit zwei- bis dreitausend Leuten Kontakt gehabt. Bitte mit welcher*

Veranstaltung hätte ich das zusammengebracht? Es ist ja blöd, gegen so was zu sein. Im Gegenteil." (JD, 5/1991)

Parallel dazu gab es alternative Veranstaltungen: Mütterklubs, Frauenstammtische, ab Herbst 1976 wurden spezielle Seminare an Vormittagen angeboten. Das Interesse daran war überwältigend, sodass das Programm ständig erweitert werden musste. Ab 1977 wurden neben den Themenseminaren – erst in zwei, dann in acht Wiener Volkshochschulen – auch Spezialseminare angeboten, zunächst unter dem Titel: „Selbstbewusstsein kann man lernen", dann, sprachlich sensibilisiert: „Selbstbewusstsein kann frau lernen". Erste Programmtestläufe starteten auch in einzelnen Bundesländern. Später als Staatssekretärin konnte Johanna Dohnal das Seminarangebot auf eine breitere Basis stellen, von der SPÖ abkoppeln und in andere Organisationen hineintragen: in Volkshochschulen und Gewerkschaft, und auch in die Katholische Frauenbewegung.

Doch kurz nach Anlaufen der ersten Seminare in Wien störten kritische Töne aus den eigenen Reihen die Aufbruchsstimmung. In einer Präsidiumssitzung der Wiener Frauenorganisation wurde Johanna Dohnal einem hochnotpeinlichem Verhör unterzogen. Das verhandelte Vergehen: „Die Seminare zerstören Familien! Männer von Seminarteilnehmerinnen traten deswegen aus der SPÖ aus. Sie wollen nicht mit einer Emanze verheiratet sein." Doch die Dohnal ließ sich nicht einschüchtern. Anneliese Albrecht, Nationalratsabgeordnete und langjährige Frauenfunktionärin, die zeitgleich mit Johanna Dohnal 1979 zur Staatssekretärin ernannt wurde, sah sich immer als Vermittlerin zwischen dem progressiven und dem konservativen Flügel. Sie analysierte im Rückblick die bremsenden Kräfte in der eigenen Partei und auch in der SPÖ-Frauenorganisation folgendermaßen: *„Es hat einen starken Generationenkonflikt gegeben, der mir als Sozialistin gar nicht so natürlich erschienen ist. Denn wenn ich eine politische Überzeugung habe, dann habe ich sie mit 20 oder mit 70. Ich präsentiere sie vielleicht anders. Aber die Nachkriegsentwicklung, bei der die Ideologie in den Hintergrund getreten ist, hat konservative Einstellung verstärkt. Bei manchen Älteren hat es da eine gewisse Verstocktheit gegeben gegenüber den neuen sozialen Bewegungen.*" (Feigl 2002, 71)

Hertha Firnberg, SPÖ-Bundesfrauenvorsitzende ab 1967 und erste SPÖ-Ministerin (ab 1970), gehörte freilich nicht zur „Fraktion der Verstockten". Die Wissenschaftsministerin, promovierte Sozial- und Wirtschaftshistorikerin, war in der Partei eine respektierte Autoritätsperson. Sie drohte im Sommer 1971 gegenüber Journalisten mit der möglichen Gründung einer Frauenpartei. Ihre Drohung war aber allgemein an die politischen Parteien gerichtet: *„Den Frauen könnte, falls Sie deren Forderung nach mehr Mandaten weiterhin boykottieren, die Geduld ausgehen. Eine Frauenpartei hätte durchaus Chancen."*

Allerdings blieb Hertha Firnberg in ihrer Funktion als Bundesfrauenvorsitzende zurückhaltend bis verhalten, auch wenn es um Johanna Dohnal und deren Förderung ging, oder aber auch in ihrer Einstellung zur Neuen Frauenbewegung. So entschärfte sie 1980 in der sozialistischen Zeitschrift „die frau" ihre ursprüngliche Skepsis und begründete einen pragmatischen Sympathiewandel: *„Sie (die Frauenbewegung) kann eine Verstärkung sein, und ich habe diese unabhängigen Frauengruppen von Anfang an begrüßt. Man sollte ihnen nicht feindlich gegenüberstehen, nicht ablehnend, nicht unbedingt den Versuch machen, sie in die Partei zu integrieren, sondern Kontakt mit ihnen halten und, wenn möglich, gemeinsam vorgehen."*

Bei der Neubesetzung der Bundesfrauenvorsitzenden 1981 bevorzugte Hertha Firnberg entgegen den Erwartungen vieler Funktionärinnen die steirische Juristin Jolanda Offenbeck als ihre Nachfolgerin. Kommentar Johanna Dohnal: „Ich war ihr nicht ladylike genug!" (die frau, 29/1980, 6f).

1987 wurde Johanna Dohnal diese Führungsposition von den SPÖ-Frauen dann doch anvertraut.

In den 1960er-Jahren, in der Zeit der ÖVP-Alleinregierung, hatte Hertha Firnberg Kontakte in die andere Richtung gesucht. Zumindest in Frauenfragen sollte das Klima zur ÖVP entschärft werden, auch um Allianzen zu bilden. Diese Praxis funktionierte teilweise, war aber stark gebunden an gegenseitige Sympathien. Auch Johanna Dohnal hatte diesbezüglich keine Berührungsängste. Die (punktuelle) Zusammenarbeit mit der ÖVP bzw. mit ÖVP-Funktionärinnen konnte sich entsprechend der politischen Konstellation auch als Selbstverständlichkeit oder Notwendigkeit ergeben.

Ein gutes Verhältnis entwickelte sich zwischen Johanna Dohnal und Maria Schaumayer. Die spätere Nationalbankpräsidentin war zeitgleich mit Johanna Dohnal Politikerin in Wien für die ÖVP-Fraktion. Beide Frauen, starke Raucherinnen, trafen in Sitzungspausen häufig zusammen, tauschten Meinungen aus und stimmten in so mancher Frage überein.

Politische und private Weichenstellungen

Natürlich ging es der Politikerin Dohnal darum, Frauen für Politik und deren Mechanismen zu interessieren sowie auch darum, Frauen für die konkrete politische Arbeit zu gewinnen. Mit der Fokussierung auf die Zielgruppe der Hausfrauen und Mütter war eine weitere Absicht verbunden, nämlich jene Frauen zu erreichen, die der weiblichen und männlichen Nachkommenschaft – somit der Generation von morgen – entweder partnerschaftliches oder aber weiterhin patriarchales Denken und Handeln vermitteln und anerziehen.

Als bevorzugte Ansprechperson für progressive Frauen und deren Kritik an ihrer Partei, der SPÖ, fühlt sich Johanna Dohnal oft genervt, vor allem aber gefordert. Sie will ihnen selbstbewusst und souverän Paroli bieten und setzt persönliche Entwicklungsschritte. Sie – die Lernwillige und Leseratte – erweitert ihr Wissen, greift Anregungen und Buchempfehlungen aus den Reihen der Neuen Frauenbewegung auf, und sie wird zur Feministin. Doch im Gegensatz zur damaligen, z. T. noch in den Kinderschuhen steckenden feministischen Forschung spielt die soziale Komponente in ihren politischen Analysen und Aktivitäten eine ganz zentrale und entscheidende Rolle.

„Ich war zunächst im Gemeinderat, im Landtag und in der Wiener Partei. Das hat ihnen nicht gepasst, dass ich dann – ich würde heute sagen – feministische Töne angeschlagen habe. Das waren zwei Ebenen. Auf der einen Seite waren die verunsicherten Funktionärinnen, die überhaupt nichts damit anfangen konnten, dass ich diese Frauenorganisation geöffnet habe, dass Frauen, die nicht einmal bei der Partei sind, da eine Aktivität entwickeln. Da prallten zwei Welten aufeinander. ... Als Staatssekretärin (ab Ende 1979) habe ich dann die Möglichkeit gehabt zur Zusammenarbeit mit anderen Frauen. Also nicht mit Parteifrauen.“ (JD 5/1992)

Über ihr Privatleben spricht Johanna Dohnal wenig. Weder Öffentlichkeit noch Mitstreiterinnen kennen ihre Familiensituation genau. So bleibt auch eine persönliche Weichenstellung im Jahr 1976 weitgehend in der Privatsphäre: Die Dohnals nützen die Scheidungsreform und trennen sich. Die Initiative dazu geht von Johanna aus. Diese Entscheidung trifft ihre Kinder, damals 17 und 15, unvorbereitet. Tochter Ingrid, die Jüngere, hat das Familienleben – noch immer in der 48-Quadratmeter-Wohnung in Penzing – als durchaus harmonisch erlebt. Die Eheleute haben sich arrangiert, und Johanna hat das Glück, dass ihr Mann stets mit ihrer außerhäuslichen Berufsarbeit und später mit der immer intensiver werdenden politischen und parteipolitischen Arbeit einverstanden war.

„Privat war das so, dass mein Mann eben aufgrund meiner persönlichen Einstellung ziemlich rasch draufgekommen ist, dass ich nicht bereit bin, alles zu tun. Das war aber kein besonderes Problem. Wir haben das gemeinsam gemacht. Aber er hat halt sehr viel machen müssen, weil ich politisch tätig sein wollte. Und in dem Moment, als das bezahlt war, sozusagen als Beruf, da war ihm das ja auch nicht unrecht. Das hat unser Leben in andere finanzielle Sphären gebracht. Das war ihm ja auch sehr recht. ... Und als es dann sehr professionell wurde, sozusagen rund um die Uhr, da habe ich meine Mutter veranlasst, in Pension zu gehen. Die Kinder waren ja schon größer. ... Weil ich schon sehr jung die Kinder gehabt hab.“ (JD 5/1992)

Die Dohnals hatten sich auseinandergelebt. Johanna setzte enorme Entwicklungsschritte, bildete sich ständig weiter und wuchs an den (partei-) politischen Herausforderungen. Franz dagegen blieb der Mann, den Johanna seit mehr als zwei Jahrzehnten kannte und mit dem sie 19 Jahre lang verheiratet war. Dies ist eine Einschätzung bzw. Bewertung der Tochter, die – wie auch der um zwei Jahre ältere Sohn – bis zuletzt sowohl zum Vater als auch zur Mutter ein gutes Verhältnis hatte. Es ist typisch für Johanna Dohnal, dass sie, als sie die familiären Änderungen vollzog, dies behutsam und vorbereitend tat, um die Betroffenen zu schonen. Die Kinder blieben vorübergehend beim Vater, um dann doch in die neue Wohnung der Mutter zu ziehen, aber nur für wenige Jahre, bis sie selbstständig waren.

Gesellschaftliche Umbrüche, internationale Herausforderungen. 1975 und die Folgen

Mitte der 1970er-Jahre war auch Österreich kein abgeschotteter Inselstaat. Europäische und internationale Bewegungen und Aktivitäten wirkten als Schubkraft für die Umsetzung eigener Rechtsreformen und unterstützten Aufklärungs- und Bewusstseinsarbeit.

1975 veranstalteten die Vereinten Nationen die erste Weltfrauenkonferenz in Mexico City, und das Jahr 1975 wurde zum „Internationalen Jahr der Frau" erklärt. Eine ganze Dekade lang, bis 1985, sollten besondere Anstrengungen zur Geschlechtergleichstellung unternommen werden. Auch die von Österreich 1969 ratifizierte UN-Konvention über die politischen Rechte der Frau erlangte ab der zweiten Hälfte der 1970er-Jahre Gültigkeit. Erstmals 1975 legte das Bundeskanzleramt einen wissenschaftlich fundierten Bericht über die „Situation von Frauen in Österreich" vor, verfasst von AkademikerInnen unter der Leitung von Staatssekretärin Elfriede Karl.

Elfriede Karl war seit 1971 in dieser Funktion und zuständig für die „Belange der Familie".

Die Modernisierung der Gesellschaft durch die geforderte Gleichstellung von Mann und Frau verlief in unterschiedlicher Geschwindigkeit und Intensität, je nach Gesellschaftssegment und Weltanschauung, ob in größeren oder kleineren Städten oder in Landgemeinden. Ganz einbremsen oder abwürgen ließ sie sich nirgendwo. Sogar in ländlichen Regionen profitierten junge Leute – auch Mädchen – von Bildungsreformen und der Verbreiterung des Arbeitsmarktes. Der losgetretene Abbau autoritärer Erziehungs- und Umgangsformen in Familien, Schulen- und Lehrbetrieben, die Eroberung neuer Jugend- und Freizeiträume bei gleichzeitiger Herabsetzung der Volljährigkeit von 21 auf 19 Jahre sowie die Auswirkungen der (langsam) in Umlauf kommenden Antibabypille: All diese Veränderungen vermittelten ein neues, freieres Lebensgefühl. Zudem sorgte das österreichische Wirtschaftssystem mit der Ausweitung der Produktion in Richtung Massenkonsum samt begleitender Werbeindustrie dafür, dass das Image der Berufstätigen jenes der Nur-Hausfrau zu überstrahlen begann.

Für Johanna Dohnal war der Beruf tages- und abendfüllend geworden. Die knappe arbeitsfreie Zeit verbrachte sie im Kreise ihrer Kolleginnen und Mitstreiterinnen mit Fach- und Theoriediskussionen oder zum gemütlichen Austausch. Daneben besuchte sie Kurse und erschloss sich, unterstützt von Fachfrauen, neue Welten, die sie in ihrem Leben bis dahin kaum betreten hatte: die Kunst- und Kulturszene. In einigen Fällen konnte sie als Wiener Politikerin KünstlerInnen in ihrem Engagement auch unterstützen; so geschehen im Falle der Schauspielerin Emmy Werner bei der Gründung des „Theaters in der Drachengasse".

Ein Leitsatz der Neuen Frauenbewegung, „Das Private ist politisch", bewahrheitete sich in Dohnalschen Gesprächsrunden in mehrdimensionaler Weise: Viele Ideen wurden abends im Beisl geboren, und das eine oder andere Projekt konnte zur Überraschung mancher Beteiligter in kürzester Zeit realisiert werden. Auch das war die Dohnal: immer bereit zu lernen, Ideen und Wissen anderer aufzunehmen, abzuwägen, um sie dann, falls gesellschafts- und frauenpolitisch relevant, taktisch klug umzusetzen.

So kam es auch zu der Etablierung des ersten Wiener Frauenhauses 1978. Gewalt gegen Frauen – in der Familie – war kein neues Phänomen und nicht durch den gesellschaftlichen Wandel hervorgerufen. Aber in den Jahren der Liberalisierung patriarchaler Verhältnisse in den westlichen, demokratischen Ländern kam es zu Tabubrüchen. Gewalt gegen Frauen und Kinder wurde erstmals öffentlich und zum Politikum gemacht. Großbritannien war in dieser Hinsicht führend. 1971 gab es das erste „Frauenhaus" in London, 1976 folgte Berlin. 1976 fand in Brüssel ein erstes internationales Tribunal über „Gewalt gegen Frauen" statt. Die AUF berichtete in einem Schwerpunktheft ausführlich darüber. Idee und Konzept für ein Wiener Frauenhaus kamen aus den Reihen von AUF- und anderen Aktionsfrauen. Einige von ihnen waren sowohl als engagierte Feministinnen als auch als Sozialwissenschafterinnen mit dieser Thematik befasst. Johanna Dohnal machte dieses Vorhaben zu ihrem Projekt. So konnte bereits 1978 die erste „Zufluchtsstätte für misshandelte Frauen und Kinder" eröffnet werden, finanziell durch die Stadt Wien abgesichert, bei gleichzeitig den

Betreiberinnen garantierter autonomer Verwaltung. Darüber sowie über die damals entstandene Frauenhausbewegung in Österreich, verschränkt mit den Phänomenen von (häuslicher) Gewalt gegen Frauen und notwendigen Präventionen (Gewaltschutzgesetz), berichtet Johanna Dohnal in den Vorlesungsdokumenten.

Nicht erst seit der Medienhetze rund um die Frauenhausgründung oder Projekte zur Koedukation und gleichberechtigten Ausbildung von Begabungen und Fähigkeiten (z. B. „Mädchen hämmern und sägen") eilte Johanna Dohnal der Ruf voraus, „als Emanze die österreichischen Familien zu zerstören". Dass sie schon sehr früh, nämlich 1977, visionäre Pläne hatte, die auf stabile, allerdings partnerschaftliche Familienverhältnisse abstellten, wurden kaum unter dem Aspekt attraktiverer Lebensgestaltung diskutiert. (Heute kämen sie der „Work-Life-Balance"-Generation zugute!)

Wie sahen diese Pläne aus? Johanna Dohnal schlug den 6-Stunden-Arbeitstag für beide Geschlechter vor, für Mann und Frau, Väter und Mütter, ergänzt um die Elternkarenz – und dies nicht sofort, sondern etappenweise eingeführt. Nur so könne Familienleben, bei fairer Aufteilung von Haushaltsarbeit und Kinderbetreuung, gut funktionieren. Als radikal oder utopisch eingestuft, hat sich die männerdominierte Gewerkschaft gegen entsprechende Anträge gewehrt. Diese Vorschläge im Interesse der besseren Vereinbarkeit von Beruf und Familie hatten damals und bis heute keine Chance auf Realisierung. Die Elternkarenz konnte 1990, also 13 Jahre später, immerhin durchgesetzt werden.

Trotz der kritischen bis ablehnenden Stimmung, die Johanna Dohnal gegenüber anwuchs, hatte sie sich innerhalb von zehn politisch aktiven Jahren für Wien und die SPÖ-Frauenorganisation klar als Anwärterin auf ein Regierungsamt qualifiziert. Ihre Fangemeinde – AnhängerInnenschaft und UnterstützerInnen – kam nicht nur aus der autonomen Frauenszene, es gab sie sehr wohl auch innerhalb der Partei. Viele wussten um ihre Signalwirkung für eine nicht unerhebliche Wählerschaft, andere wollten mit der Dohnalschen Politik endlich im 20. Jahrhundert ankommen.

Diplomatie und Kreiskys Machtwort zur Institutionalisierung von Frauenpolitik auf Bundesebene

Für Herbst 1979 war eine Regierungsumbildung vorgesehen. Schon im Sommer hatte Bundeskanzler Kreisky Andeutungen über seine Bereitschaft zur Erhöhung des Frauenanteils gemacht. Es ging nicht mehr nur darum, jahrzehntelange Versprechungen an die Genossinnen einzulösen. Wollte die SPÖ tatsächlich als frauenfreundlichste Partei gelten – wurde dies doch in Absichtserklärungen und in der Wahlwerbung wie ein Mantra wiederholt –, konnte der Frauenanteil weder in Parteifunktionen noch in Nationalrat noch (vor allem) in der Regierung auf diesem niedrigen Level bleiben. Im Nationalrat saßen damals zehn SPÖ-lerinnen (insgesamt 15, also 8,2 % Frauen), in der Regierung drei: Wissenschaftsministerin Hertha Firnberg seit 1970, die Ärztin Ingrid Leodolter für das Ressort „Gesundheit und Umwelt" und die Staatssekretärin Elfriede Karl zuständig für „Familie und Frauenfragen" seit 1971. Die erste Staatssekretärin in der Minderheitenregierung Kreisky 1970 war Gertrude Wondrack im Ministerium für „Soziale Verwaltung"; sie verstarb im Sommer 1971 bei einem Verkehrsunfall im Zuge einer Dienstfahrt.

Bruno Kreisky wusste, dass der Plan, gleich mehrere Frauen in sein Kabinett zu holen, schwer durchsetzbar war. Auf keinen Fall durfte es für Männer einen Mandatsverzicht bedeuten. Deshalb wurden „nur" Staatssekretariate angedacht, die entsprechenden Ressorts oder dem Bundeskanzleramt zugeordnet sein sollten. Kreisky plante insgesamt vier neue Positionen, damit ließ sich auf einen Schlag der Frauenanteil in der Regierung verdoppeln und auf 27 Prozent erhöhen. Dabei machte ihm die Bestellung von Johanna Dohnal enormes Kopfzerbrechen.

Zeitgleich zu Kreiskys Überlegungen setzte eine rege Diplomatie unter Dohnals Förderinnen ein. Anneliese Albrecht, eine der zehn SPÖ-Nationalrätinnen, bat Eva Kreisky um Unterstützung. Die Politikwissenschafterin und Schwiegertochter des Kanzlers teilte die Meinung der Nationalrätin, „für die Hannerl etwas tun zu müssen, damit sie in die Regierung kommt". Beide Frauen befürchteten, dass Hertha Firnberg sich gegen gesonderte Frauenstaatssekretariate und vor allem auch gegen Johanna Dohnal stellen könnte. Firnberg hatte stets die Position vertreten, Frauenfragen nicht herausgelöst, sondern integriert in allen Ressorts zu behandeln. Um einer Ablehnung gegenzusteuern, erörterten sie, Dohnal statt für Frauenfragen für Konsumentenschutz vorzuschlagen. Johanna Dohnal zeigte sich auch für diesen Plan offen und fuhr mit einem ganzen Stoß Fachbüchern, ausgewählt von Eva Kreisky, in den Urlaub. Doch der Kanzler wagte die andere Variante, zur großen Erleichterung von Johanna Dohnal: *„Ich hätte mich doch sicher ständig in die Frauenpolitik eingemischt!“* Allerdings hatte er sich zuvor das Einverständnis und die Zustimmung von Hertha Firnberg eingeholt.

Am 11. Oktober 1979 fand die Klubtagung der sozialistischen Abgeordneten und BundesrätInnen in Warmbad Villach statt. Am Programm stand die Abstimmung über den Regierungsumbau und die neuen Mitglieder. Während der Zugfahrt nach Villach war der Unmut gegen die geplante „Frauenschwemme“ bereits spürbar. Die Zustimmung in Präsidium und Vorstand zur Ernennung von zwei neuen Ministern ging klaglos über die Bühne. Um die vier „weiblichen Staatssekretäre“ durchzubringen, musste Kreisky mit seinem Rücktritt als Parteivorsitzender drohen. Nur mit diesem Kraftakt brachte er alle vier Staatssekretärinnen durch: Anneliese Albrecht für Konsumentenschutz, Beatrix Eypeltauer für Wohnbau und Mietrecht, Franziska Fast für „Belange der berufstätigen Frau“ und Johanna Dohnal für „allgemeine Frauenfragen“. Die Zuteilung zu den Ministerien wurde später geklärt. „Dass die Dohnal kein Minister in seinem Ministerium haben wollte“, machte ihr wenig aus, so wurde sie – durch eine Rochade – direkt dem Bundeskanzleramt und damit Bruno Kreisky zugeordnet. Die Entscheidung Kreiskys, gleich zwei Staatssekretärinnen für Frauenangelegenheiten in die Regierung zu berufen, war der Start für die Institutionalisierung von Frauenpolitik in Österreich, die Herauslösung „allgemeiner Frauenfragen“ aus dem Komplex „Familienpolitik“.

Die Öffentlichkeit wurde noch am 11. Oktober 1979 über Radio- und Fernsehnachrichten von den Entscheidungen in Villach informiert. Dem viel zitierten „Paukenschlag Kreiskys“ waren langwierige Überlegungen und Forderungen vorausgegangen. Laut Bruno Kreisky hat diese seine Entscheidung nicht nur die Öffentlichkeit überrascht oder sogar entsetzt, sondern auch „die Partei zutiefst erschüttert". Sein privates, aufgrund seiner Herkunft geprägtes, bürgerlich-traditionelles Frauenbild – mit der vermeintlich klaren Veranlagung und Ausprägung unterschiedlicher Geschlechtscharaktere und entsprechender Fähigkeiten – geriet, so Kreisky, früh ins Wanken, und zwar durch seine intensiven Kontakte mit Menschen aus unterschiedlichen sozialen Schichten; sein Wissen um andere Frauentypen und deren Schicksal. Zum Beispiel jenes der Langzeit-Nationalrätin Rosa Jochmann oder das der St. Pöltener Fabriksarbeiterin Maria Emhart. Diese mutige Antifaschistin war, wie auch Bruno Kreisky, im großen Sozialistenprozess von 1936 angeklagt – sie war als eine der Hauptbeschuldigten und von der Todesstrafe bedroht (Vgl. Stadler 1974, 55, Thurner 1990, 214f, 281).[11]

Kreisky hatte keine Zweifel an der Befähigung von Frauen für Politik: *„Aus meiner sozialistischen Gesinnung, die ich ja sehr ernst nehme, ergibt sich der Grundsatz von der Gleichberechtigung von Frauen und Männern. Außerdem hat mir die Erfahrung eines langen Lebens bestätigt, dass die landläufige Vorstellung, wonach die Männer eine besondere Art zu denken hätten, die jener der Frauen überlegen wäre, falsch ist. Ich habe oft Leute reden hören, gescheite Leute, die anerkennend gesagt haben: Die denkt wie ein Mann. Da hab ich immer unwillkürlich an die vielen dummen Männer denken müssen, mit denen ich in meinem Leben auch zu tun gehabt habe. Ich glaube, die Dummheit ist relativ gleichmäßig verteilt unter Männern und Frauen – und die Klugheit auch."* („die frau" 12/1979, 7)

11 Maria Emhart war ab 1945 führende Funktionärin in der Salzburger Sozialdemokratie, einzige Landtagsabgeordnete und Vizebürgermeisterin von Bischofshofen (insgesamt gab es damals österreichweit nur 5 Vizebürgermeisterinnen; ab 1949 wurde die erste SPÖ-Bürgermeisterin in Gloggnitz/NÖ gewählt). Maria Emhart hat dem früheren Bischofshofner Bürgermeister Franz Moßhammer den Vortritt überlassen. Sie war überzeugt, dass „eine Frau als Bürgermeister damals nicht möglich war", trotz der Mehrheit sozialdemokratischer WählerInnen war diese rote Hochburg doch eingebettet ins bäuerliche Milieu. Der Salzburger Pongau hatte landesweit den höchsten Anteil an SPÖ-Mitgliedern auch in der Bauernbevölkerung.

Am erschütterndsten war für Kreisky die Reaktion der Männer in den eigenen Reihen. Die seien der Bestellung so verständnislos gegenübergestanden, dass sie nicht einmal den Mut hatten zuzugeben, ihr Widerstand richte sich gegen die Frauen, sondern alle möglichen Argumente vorschoben. Interessierte LeserInnen der Arbeiterzeitung konnten über die Ausflüchte von entscheidungsbefugten Genossen am 18. Oktober 1979 in ihrer Zeitung erfahren. Ein weiteres Fazit Kreiskys aus diesen Jahren: *„Bei der Todesstrafe und der Emanzipation der Frau darf man die Basis nicht fragen. Denn die Basis (...) ist primär reaktionär."* (Kurier, 13.10.1979, zit. n. Feigl 2002, 100)

Weitere Reaktionen und ein printmedialer Shitstorm

In Wien sitzen an diesem Abend des 11. Oktober 1979 vier Frauen zusammen. Auch sie erfahren vom erfolgreichen Ausgang der Regierungsumbildung aus dem Fernsehen: Rosemarie Dorrer, Irmtraut Karlsson, Inge Rowhani und Frigga Luchinetti. Sie gehen davon aus, dass die neuen Staatssekretärinnen Mitarbeiterinnen brauchen werden, und sie klären untereinander ab, welche von ihnen sich bei welcher Politikerin ihr Arbeitsfeld vorstellen kann. Ihre Pläne sollten bald – wenn auch nicht punktgenau – Realität werden.

Der Penzinger Bezirksparteivorsitzende, Gemeinderat Herbert Dinhof, erfährt jenseits des Atlantiks von der Bestellung Johanna Dohnals und den drei anderen Staatssekretärinnen. Er befindet sich gerade mit dem Gemeinderatsklub auf einer USA-Reise. Als die Kollegen aus der Gemeinderatsfraktion die Nachricht erreicht, lautet deren erste Frage an Dinhof: *„Na servas! Wie wirst denn du das aushalten?"*

„Ich hab ihnen klar machen müssen, dass ich mit der Hanni überhaupt kein Problem hab. Dass ich mit ihr immer gut und gern zusammengearbeitet habe. Dass sie im Bezirk voll anerkannt ist." Nach kurzem Überlegen berichtigt er: *„Ein paar Männer hat es im Bezirk schon gegeben, die Angst vor ihr hatten, wie überhaupt manche Männer vor Frauen Angst haben, die selbstständig zu denken im Stande sind."* (Feigl 2002, 100f.)

Johanna Dohnal wird am Morgen des 12. Oktober 1979 vom Bundeskanzler an seinen Frühstückstisch im Warmbader Hof gebeten, und er erteilt ihr den Auftrag: *„Fahr hinaus in die Bundesländer und sag den Frauen, was sich verändert hat!"* Und die Dohnal startete sofort. Sie konnte ihre Vorstellungen von Politik – nicht nur als Politik für Frauen, sondern diese gemeinsam mit Frauen zu machen – endlich umsetzen.

Johanna Dohnal und ihr Team boten den SPÖ-Funktionärinnen auch in den Bundesländern wichtige Unterstützung. Von vielen fortschrittlichen Frauen – potentiellen Projektfrauen – wurde der Dohnal-Tross sogar sehnsüchtig erwartet. Besonders berührt und überrascht haben Johanna Dohnal die Hoffnungen und Bitten, die auch von der ländlichen Bevölkerung, sogar von Bäuerinnen, anlässlich ihrer Beratungstage an sie herangetragen wurden.

Natürlich gab es auch viel Skepsis und Ablehnung. Das hatte nicht wenig mit dem printmedialen Shitstorm zu tun, der ihr in die Bundesländer vorauseilte. Vor allem die beiden Staatssekretärinnen Dohnal und Fast wurden der Häme und Lächerlichkeit preisgegeben – und zwar nicht nur

Angelobung der neuen Staatsekretärinnen Johanna Dohnal, Anneliese Albrecht, Franziska Fast, Beatrix Eypeltauer, Elfriede Karl (bereits seit 1972) und der neuen Minister Herbert Salcher und Karl Sekanina durch Bundespräsident Rudolf Kirchschläger im Beisein von Bruno Kreisky, 6. November 1979

von der Yellow Press, sondern unter aktiver Beteiligung von Qualitätsmedien. Die Bezeichnung für Johanna Dohnal als „Rote Riesin" – wegen ihrer Körpergröße von eins achtundsiebzig – war in diesem Chor der Negativstimmen geradezu ein Kompliment. Unter dem Titel „Kreiskys Xanthippe" vereinte ein Artikel in „Profil", Nachrichtenmagazin und Zeitschrift mit österreichweiter Verbreitung, fachliche Abqualifizierung mit Abwertungen ihres Erscheinungsbildes (Profil 48/1979, 14f). Eine hohe Anzahl dieser bösartigen Verächtlichmachungen lag weit unter der Gürtellinie und fiel auf fruchtbaren Boden, nicht nur bei Männern. Erschreckend war der Anteil an Frauen, die diesen (männlichen) Bewertungskriterien zustimmten, sich davon beeinflussen ließen.

1979 bis 1990: Die Staatssekretärin als Frauen- und Regierungspolitikerin

Johanna Dohnal führte ab 6. November 1979 das Staatssekretariat für allgemeine Frauenfragen. Sie war dem Bundeskanzleramt unterstellt und weisungsgebunden. Das bedeutete, dass sie verfassungsrechtlich keine Kompetenzen hatte und somit keine legistischen Maßnahmen setzen konnte. Für gesetzliche Veränderungen mussten die zuständigen Ministerien davon überzeugt werden. Johanna Dohnal machte aus der Not eine Tugend, sah darin die Möglichkeit, sich auch in andere Agenden einzumischen und griff auf ihre bewährte „Taktik der Einmischung" zurück.

Die Staatssekretärin, anfangs mit zwei Mitarbeiterinnen, erhielt Räumlichkeiten im Bundeskanzleramt. Bald herrschte in diesem Trakt des Gebäudes ein anderer, unkonventioneller Arbeitsstil: Teamarbeit, parteiübergreifende Netzwerke, Offenheit, fast keine Zugangsbarrieren, das Interesse am Austausch, an anderen Meinungen, gegenseitige Überzeugungsarbeit, das Hereinholen konstruktiver Kritikerinnen ins eigene Team, die Zusammenarbeit mit parteiunabhängigen, autonomen Frauengruppen und Persönlichkeiten. Das Staatssekretariat Dohnal wurde in kürzester Zeit zur Drehscheibe von Frauenanliegen. Neben fortschrittlichen SPÖ-Frauen, den sogenannten „Dohnal-Frauen", waren Frauen aus der autonomen feministischen Szene weiterhin wichtigste Unterstützerinnen. Dohnal pflegte mit ihnen den Dialog, nutzte ihr kritisches Potential, und sie konnte aus deren Reihen viele kreative Frauen als Proponentinnen und Mitarbeiterinnen gewinnen.

Die Arbeit im Team stärkte Johanna Dohnal den Rücken, es bestärkte sie in ihrem politischen Handeln, das sie andernorts vertreten, durchsetzen und verteidigen musste. In der eigenen Partei – *„Dies war oft der absolute Härtetest …"* –, in den Regierungsgremien, im Ministerrat, im Nationalrat, in den Medien, in der Öffentlichkeit. Dabei erlebte sie die zu leistende inhaltliche Überzeugungsarbeit durchaus als lustvoll. Unter schwierigen Bedingungen zeigte sie enormes Beharrungs-, Durchsetzungs- und Stehvermögen.

Oft bedurfte es dennoch zusätzlicher, unterstützender Kräfte, in den Anfangsjahren vor allem durch den Bundeskanzler. Kreisky hatte generell den Boden für Dohnals Frauenpolitik aufbereitet, und sein Naheverhältnis zu ihr gestaltete sich als ausgesprochen hilfreich. Dieses Naheverhältnis existierte nicht nur, weil das Staatssekretariat im Bun-

Erstes Frauenforum in Vorarlberg, 1980

Johanna Dohnal beim Friedensmarsch 1982 in Wien,
Motto: „Den Atomkrieg verhindern! Abrüsten!"

deskanzleramt angesiedelt und dem Kanzler unterstellt war. Es beruhte auf gegenseitiger Wertschätzung. Johanna Dohnal war tief beeindruckt vom Wissen des liberalen, weltoffenen Großbürgers Kreisky. Kreisky wiederum war angetan von Johanna Dohnals über weite Strecken autodidaktisch erworbenen Fähigkeiten, und er schätzte ihre soziale und politische Intelligenz. Nicht selten ging das Bedürfnis nach einem Gespräch von ihm aus. Vor allem in seinen letzten Regierungsjahren. Da kam es vor, dass Kreisky sie abends anrief und zu sich ins Büro bat, ohne besonderen Grund, denn er mochte sie als geistreiche und angenehme Gesprächspartnerin.

Der „Startbefehl" von Kreisky an Dohnal hatte gelautet: „Geh in die Bundesländer!" Vom Dohnalschen Staatssekretariat sollten nicht nur die

Frauen in Wien, sondern in ganz Österreich profitieren. Dohnal und ihr Team nutzten dies als Chance, gingen auf Tournee in alle Bundesländer und leisteten dort jede Menge Bewusstseins- und Überzeugungsarbeit. In den Landes- und Bezirkshauptstädten wurden Servicestellen eingerichtet. Legendär sind die Frauenenqueten und Frauenforen. Der Kommunikations- und auch der Geldfluss, sofern Budget dafür vorhanden war, strömte ins Land hinaus und bis in die tiefste Provinz hinein. Das von Dohnal in den Bundesländern gelegte Fundament war entscheidend dafür, dass ein Jahrzehnt später auch auf Länderebene der Boden für Gleichstellungsmaßnahmen aufbereitet war.

In den elf Jahren als Staatssekretärin gelang Johanna Dohnal und ihrem Team, dass Gesetzesreformen aus den 1970er-Jahren durch veränderte Rahmenbedingungen und begleitende gleichstellungspolitische Instrumente (positive Diskriminierung, Sonderförderungen, Quotenregelungen, Einrichtung von Frauenreferaten u. a. m.) zu realen, auch gelebten Errungenschaften wurden.

Über ihre Arbeit als Staatssekretärin, den Aufbau und die Struktur dieses Regierungsamtes, über die lustvollen und schwierigen Phasen, die allzu oft nur mühsam durchsetzbaren Projekte und doch in Summe so erfolgreichen politischen Jahre berichtete Johanna Dohnal in den Innsbrucker Vorlesungen.

1990/91 bis Frühjahr 1995: Johanna Dohnal als Frauenministerin

Johanna Dohnal wurde zur Jahreswende 1990/91 zur Ministerin aufgewertet. Dies ist eine geschönte Darstellung ihrer Ernennung in eine Ministerposition, denn auch dieser Akt bzw. dessen Vorgeschichte lässt sich durch die häufig zitierte Dohnalsche Äußerung am besten beschreiben: *„Es ist alles Kampf gewesen!“*

Johanna Dohnal und ihr Team hatte elf Jahre lang erfolgreiche geschlechtergerechte Politik gemacht. Dies, obwohl sich in den 1980er-Jahren die Hochzeiten für die Sozialdemokratie dem Ende zuneigten.

Die Notwendigkeiten für die SPÖ, Koalitionen einzugehen, machten sowohl das Regieren als auch die Durchsetzung progressiver Projekte schwieriger. Schon 1983 in der Kleinen Koalition mit der FPÖ wurde das Staatssekretariat für die Belange berufstätiger Frauen von Franziska Fast wieder abgeschafft. Die Protestaktionen von DemonstrantInnen konnten mit ihrer Forderung, „Keine Frau verlässt die Regierung!", zwar nicht alles verhindern, die Position von Johanna Dohnal blieb jedoch gesichert.

Seit der Großen Koalition mit der ÖVP 1986 wurde es noch schwieriger, gewonnenes Terrain am politischen Parkett abzusichern. Zudem zogen die „Grünen" erstmals ins Parlament ein, mit Freda Meissner-Blau an der Spitze und einem 50%igen personellen Frauenanteil. Das ließ die SPÖ alt aussehen. Konjunktureinbrüche, das Kürzen von Geldern und ein Generationenwechsel hatten zudem ein Abwandern von WählerInnen – auch aus der Frauenszene – hin zu den Grünen bzw. ab 1993 zum Liberalen Forum bewirkt.

Nach den Nationalratswahlen 1990 hatten Johanna Dohnal und ihre AnhängerInnenschar mit der Installierung eines Frauenministeriums gerechnet. Doch SPÖ-Kanzler Franz Vranitzky hielt sich bedeckt – bis kurz vor Abschluss der Regierungsverhandlungen mit der ÖVP. Von einer SPÖ-Abgeordneten dazu befragt, erklärte er, „dass er ein solches für nicht zweckmäßig erachte". Johanna Dohnal, maßlos enttäuscht und verärgert über diese Indolenz, war trotzdem nur auf Drängen von Mitarbeiterinnen bereit, Vranitzky ganz konkret darauf anzusprechen. Sie wollte weder als Bittstellerin antreten noch ihm ihre geleistete Arbeit anpreisen müssen. Zwischen Tür und Angel und um fünf vor zwölf ersuchte sie den Kanzler dann doch noch um ein kurzes Gespräch. In diesem forderte sie nicht dezidiert ein Ministerium, sondern machte ihm klar, dass sie für die Arbeit als Staatssekretärin nicht mehr zur Verfügung stehe. Noch an demselben Abend informierte sie in Telefongesprächen die SPÖ-Landesvorsitzenden von ihrem möglichen Rückzug aus der Regierung. Zeitgleich erfuhr sie via TV-Nachrichten von ihrem Aufstieg zur Ministerin (Feigl 2002, 171ff).

Johanna Dohnal 1986 in ihrem Büro am Ballhausplatz

Im Januar 1991 erfolgte ihre Angelobung als „Ministerin für Frauenangelegenheiten", allerdings ohne eigenes Ministerium, sondern wiederum angedockt an das Bundeskanzleramt. Statt der von ihr geforderten eigenen Sektion wurden ihr nur drei Abteilungen genehmigt. Im Gegensatz zu früher hatte sie zwar ein Budget, aber nur begrenzten Einfluss auf die budgetäre Planung. Die Budgetanträge wurden vom Beamtenstaatssekretariat erstellt und „waren all die Jahre immer unterdotiert", so Ferdinand Lacina. Er versuchte als Finanzminister zwar korrigierend nachzubessern, aber *„es ist nicht einfach, mehr zu geben, wenn weniger beantragt wird. Da und dort konnte ich eingreifen und ihr die Situation ein wenig erleichtern. Wunder habe ich aber auch keine wirken können"* (Feigl 2002,172).

Ferdinand Lacina, von 1986 bis 1995 Finanzminister, war als jüngerer SPÖ-Funktionär auf Johanna Dohnal aufmerksam geworden in jener Zeit, als sie noch Wiener Frauenvorsitzende war. Später fanden sie sich als Sitznachbarn im Ministerrat wieder, lernten sich besser kennen und haben auch fernab der politischen Gremien in ihren Rauchpausen intensiv Steuer- und Gerechtigkeitsfragen durchdiskutiert (Kreisky/Niederhuber 1998, 27–29). Lacina war für sie ein wichtiger Unterstützer, als in diesen Jahren auch innerparteilich der Widerstand gegen sie und ihre Frauenpolitik größer wurde. Vor allem die Ausweitung der Quotenregelung – d. h. die Erweiterung der 25-%-Quote auf 40 % bezüglich aller KandidatInnenlisten – brachte ihr beim Bundesparteitag im Juni 1991 ein Streichkonzert ein. Dohnal, seit 1987 stellvertretende Vorsitzende der Bundespartei, wurde bei ihrer Wiederwahl ins Bundespräsidium von 30 % der Delegierten gestrichen. Diese konnten oder wollten die Herausforderungen der Zeit nicht verstehen, nämlich dass die Langzeitforderung der SPÖ-Frauen – „Mehr Frauen in die Politik" – zunehmend auch als wichtiges Signal gegen die WählerInnenabwanderung zu den Grünen gesetzt wurde. Dagegen hatte die einfache Gleichung, dass mehr Mandate für Frauen auf Kosten von Männern gehen, Bremswirkung mit Kontinuität.

Parallel dazu gab es aber auch Zeichen in die andere Richtung, die zeigten, dass Johanna Dohnal und ihre Politik bei Medienvertreterinnen zusehends auf Zustimmung stießen. So wurde Johanna Dohnal 1992 von der ORF-Redaktion „WIR Frauen" zur „Frau des Jahres" gewählt. An dieser Wahl hatten sich 500 Journalistinnen aus den Printmedien beteiligt.

Die Koalitionsverhandlungen Ende 1990 – in die sich Johanna Dohnal noch rasch hineinreklamiert hatte – machen offensichtlich, dass die zukünftige Arbeit noch schwerer wird. Von den geplanten Sparvorhaben sind überproportional frauen- und gleichstellungspolitische Maßnahmen betroffen. Der Wind des Neoliberalismus verschont Österreich nicht, sondern bläst der Frauenministerin und ihrem Team rau ins Gesicht. Johanna Dohnal lässt sich zunächst auch vom „Terror der Ökonomie" nicht irremachen. Sie und ihr Teamkämpfen weiter und versuchen, das Erreichte bestmöglich zu verteidigen.

Einige gesetzliche Maßnahmen ließen sich noch umsetzen oder auf Schiene bringen, etwa das Bundesgleichbehandlungsgesetz und Anpassungen im Pensionsrecht, oder das ab 1997 geltende Gewaltschutzgesetz. Das viel diskutierte und allzu oft lächerlich gemachte Projekt zur flächendeckenden Kinderbetreuung – die sogenannte „Kindergartenmilliarde" – blieb ein nicht zu lösendes Dauerthema, eine Hypothek. Daneben war die Bundesministerin Gastgeberin für internationale Tagungen oder sie nutzte das internationale Parkett und repräsentierte im Ausland weiterhin ein modernes, fortschrittliches Österreich-Bild.

Eine wichtige Auslandstagung stand 1995 noch am Programm: die UNO-Weltfrauenkonferenz in Peking. Dafür liefen die Vorbereitungen im Dohnal-Büro auf Hochtouren, und Johanna Dohnal freute sich persönlich auf die Reise nach China. Danach, noch im Herbst 1995, plante sie ihren Abschied aus der Regierung. Doch zunächst gab es noch vieles abzuschließen und vor allem die Nachfolgefrage zu klären. Zudem war der im 10-Jahres-Rhythmus herausgegebene Frauenbericht kurz vor der Fertigstellung. Johanna Dohnal wollte ihn vor ihrem Ausscheiden persönlich dem Parlament vorlegen – ein umfassendes Werk, das die Fortschritte ihres langen Wirkens eindrucksvoll dokumentiert. Doch es kam anders.

Im Frühjahr 1995 nahm Bundeskanzler Vranitzky eine Regierungsumbildung vor. Ferdinand Lacina wollte zu diesem Zeitpunkt ausscheiden, drei weitere Regierungsmitglieder sollten gleichzeitig gehen. Doch die drei hatten keine Ahnung davon. Franz Löschnak, Josef Hesoun und Johanna Dohnal erfuhren diese sie betreffende Neuigkeit aus der Wochenzeitschrift „News". Auch die beiden Männer waren überrascht, weil zuvor nichts abgesprochen oder angekündigt worden war. Im kurzfristig mit Johanna Dohnal anberaumten Gespräch ließ der Kanzler die endgültige Entscheidung zunächst offen, ließ sie – wie auch schon früher – ein weiteres Mal im Unklaren über ihre unmittelbare Zukunft. Vranitzky meinte später dazu, sowohl er als auch Johanna Dohnal hätten sich darauf geeinigt, die Argumente des je anderen zu überdenken. Doch dann traf er allein in aller Eile die Entscheidung über das Ende ihrer Ministerinnenschaft (Feigl 2002, 204ff.).

Johanna Dohnal musste gehen. Der Kanzler verweigerte ihr den selbstbestimmten, geordneten Abgang. Praktisch im Zeitraffertempo musste sie ihre Tätigkeit beenden und ihre Funktion als Frauenministerin zur Verfügung stellen. In einer überstürzten Aktion wurden die „alten MinisterInnen" entlassen und neue in die Regierung berufen. Diese Änderung war, so Franz Vranitzky, einer Verjüngung seines Kabinetts geschuldet. Johanna Dohnal war damals 56 Jahre alt, der Kanzler um zwei Jahre älter.

Über diese kritischen Tage, die Johanna Dohnal nahezu paralysierten, berichtete sie sehr ausführlich in den Interviews, die sie Susanne Feigl für die Abfassung ihrer Biographie gab. Die beiden Frauen standen in einem Vertrauensverhältnis. Susanne Feigl war nicht nur langjährige Journalistin und Chefredakteurin der „frau", sondern auch leitende Mitarbeiterin bei zahlreichen (wissenschaftlichen) Projekten.

Johanna Dohnal ließ dieses beschämende Ende über sich ergehen, sie wirkte in den letzten Stunden als Regierungspolitikerin zumeist gefasst. Zahlreiche Fotografien und Filmaufnahmen zeigen aber das Gegenteil, lassen die Verletzungen erahnen, die dieses abrupte Ende bei ihr verursachten.

Im Unruhestand 1995–2010: Frau Professorin Dohnal

Johanna Dohnal war über ein Vierteljahrhundert Politikerin gewesen, mit 16 Jahren Regierungsarbeit konnte sie auf eine der längsten Regierungstätigkeiten zurückblicken. Klar war, dass die Teamworkerin – als sie „freigesetzt" wurde – nicht ins Leere fiel.

Da waren ihre langjährige Partnerin Annemarie Aufreiter, ihr großer FreundInnen-Kreis und ihre treue AnhängerInnenschaft. Klar war aber auch, dass Johanna Dohnal weiterhin Aktivitäten setzte: beispielsweise ihr Engagement für das Frauenvolksbegehren 1997, um die weitere Demontage und Aushöhlung ihrer Politik der Geschlechterdemokratie zu verhindern und zu begrenzen.

Daneben mischten Johanna Dohnal und Annemarie Aufreiter die Gemeinde- und Kulturpolitik ihrer neuen Weinviertler Wahlheimat in Mittergrabern und Schöngrabern ein wenig auf. Als Vortragende und

Annemarie Aufreiter und Johanna Dohnal als „Professorin in Residence" an der Universität Innsbruck, Dezember 2006

Ratgeberin in In- und Ausland war Johanna Dohnal weiterhin gefragt. So auch als „Gastprofessorin in Residence" an der Fakultät für Politikwissenschaft und Soziologie an der Universität Innsbruck im Wintersemester 2006/07. Die nachfolgenden Dohnal-Dokumente stammen aus dieser Vorlesungsreihe.

Die Lehrtätigkeit an einer Universität war eine späte Genugtuung für Johanna Dohnal. Höhere Bildung hatte für sie einen besonderen Wert, zu der sie als Kind und als Jugendliche aufgrund ihrer Herkunft keinen Zugang hatte. Dass sie als Gastprofessorin eine studentische ZuhörerInnenschaft nachhaltig beeindrucken konnte, hat sie im Nachhinein entschädigt. Ein knappes Jahr vor ihrem viel zu frühen Tod, im Februar 2010, verlieh ihr die damalige SPÖ-Unterrichtsministerin Claudia Schmied den Professorinnentitel. Es war, so Johanna Dohnal, jene Ehrung, die ihr am meisten bedeutete.

Hintangestellt: Zwei Stimmen aus der Enkel-Generation

„Johanna Dohnal ist für mich eine Ikone der österreichischen Frauenpolitik. Als ich hörte, dass sie eine Gastprofessur an der Innsbrucker Universität abhalten würde, freute ich mich sehr. Schon bei ihrer Antrittsvorlesung schaffte sie es, die ZuhörerInnen innerhalb von fünf Minuten zu begeistern. Sie schaffte es allein mit ihrer authentischen Art. Sie lebt für mich Frauenpolitik und macht Frauenpolitik absolut interessant."

(Studentin der Universität Innsbruck, im Wintersemester 2006/07)

„Ich kann mich erinnern, dass Dohnal schon da war, als ich ein Kind war. Sie hat mich in meinem Verständnis für Frauenrechte schon quasi in meiner Wiege geprägt. Sie ist bis heute ein bleibendes politisches Vorbild für mich. Ich hätte mir gewünscht, sie wäre Präsidentschaftskandidatin geworden. Sie zu treffen und sie persönlich kennenzulernen ist eine große Ehre für mich. Schade, dass es an solchen Persönlichkeiten innerhalb der Sozialdemokratie heute mangelt. Von ihr können nicht nur Studierende noch viel lernen."

(Student der Universität Innsbruck, im Wintersemester 2006/07).

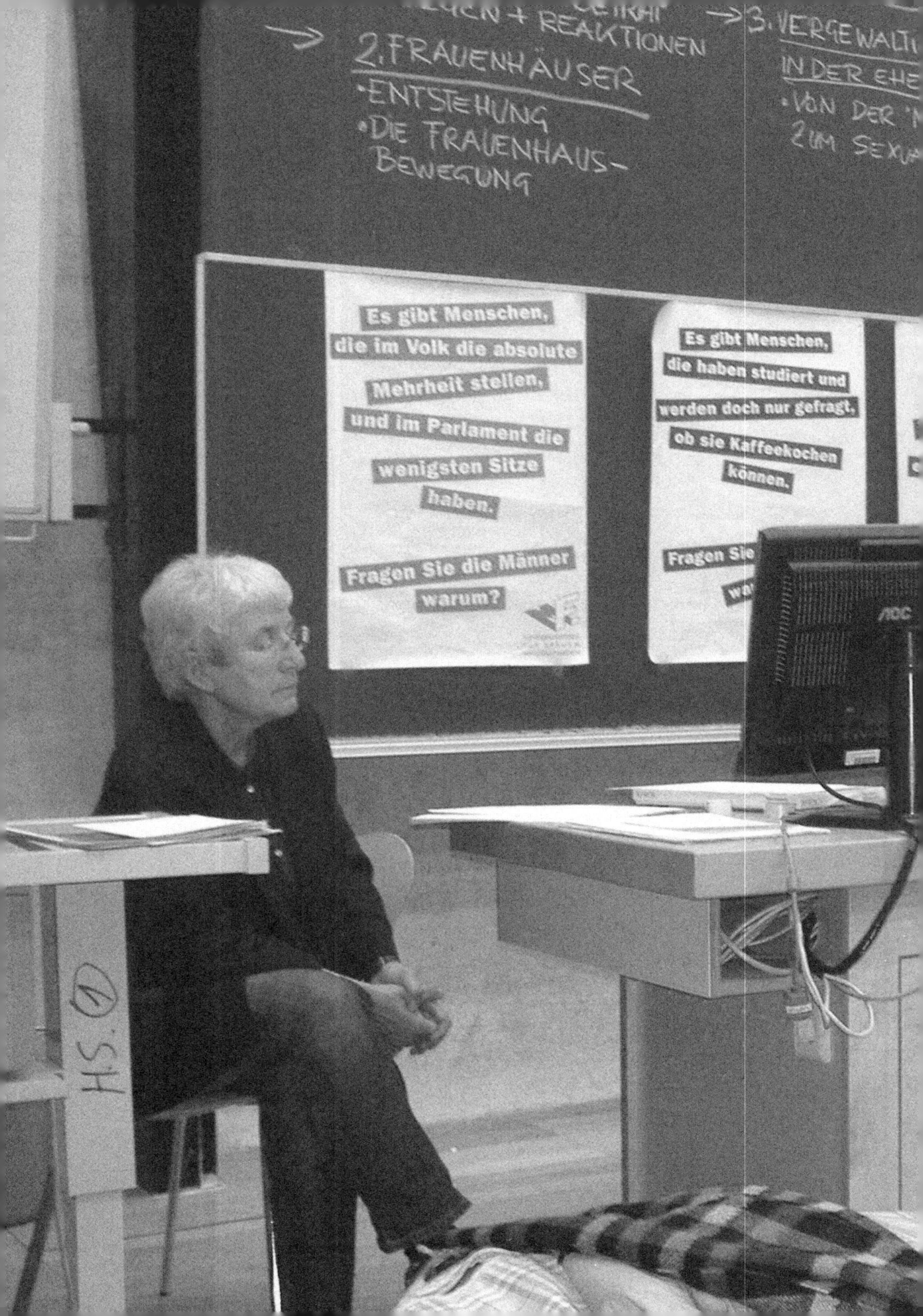
REAKTIONEN
2. FRAUENHÄUSER
•ENTSTEHUNG
•DIE FRAUENHAUS-
BEWEGUNG
Es gibt Menschen,
die im Volk die absolute
Mehrheit stellen,
und im Parlament die
wenigsten Sitze
haben.
Fragen Sie die Männer
warum?
Es gibt Menschen,
die haben studiert und
werden doch nur gefragt,
ob sie Kaffeekochen
können.
H.S. (1)

Johanna Dohnal: Innsbrucker Vorlesungen

Frauenpolitiken zwischen Aufstand, Widerstand und Anpassung

Antrittsvorlesung, 20. Oktober 2006

Sehr geehrte Damen und Herren!

Der Herr Dekan, Professor Anton Pelinka, hat mir vor gut einem Jahr in einem Brief erklärt, dass die Fakultät für Politikwissenschaft und Soziologie eine neue Form der Gastprofessur gestartet hat, nämlich „PolitikerIn in Residence", und er hat mich hierzu eingeladen. Mit dieser Professur soll den Studierenden der Politikwissenschaft von Personen, die in der realen Welt der Politik erfahren sind, eine – durchaus auch persönlich gefärbte – „Innensicht" der Politik in systematischer Form vermittelt werden.

Welche Bedeutung man den Wörtern „in Residence" hier an der Universität gibt, weiß ich nicht so genau. Denn ich erhielt von der hiesigen Universität einen Vertrag übermittelt, in dem ich unter „Punkt 2. ArbeitnehmerIn" (mit großem I) mit dem Namen „Herr Johanna Dohnal" aufscheine. In dem über Internet abrufbaren Lehrveranstaltungsverzeichnis wird eine Antrittsvorlesung von „Dr. Dohnal" angekündigt.

Beides bin ich nicht, weder ein Herr noch ein Doktor, auch keine Doktorin.

Ich kann mir das so erklären: Der Computer verwendet einfachheitshalber eine automatisierte Anrede – und diese ist „Herr". Er setzt bei Vortragenden automatisch einen akademischen Grad ein – und dieser ist „Doktor". Daraus könnte ich schließen: An Universitäten trifft „in Residence" automatisch auf Herren Doktoren zu. So war und ist es noch immer mit den Platzzuweisungen einerseits und den Standortsicherungen andererseits.

Beides ist weder Zufall noch Lapsus.

Und so bin ich bereits bei einem Lehrbeispiel:

Wenn solche Vorgänge – in der Regel von Frauen – problematisiert werden, hören Frauen – in der Regel von Männern –, dass sie

- hoffentlich auch noch andere Sorgen haben,
- nicht kleinlich und kompliziert sein sollen,
- sowieso mitgemeint sind,

und dann geht man zur Tagesordnung über.

Zu den anderen Sorgen

Natürlich habe auch ich noch andere Sorgen als jene, wenn in der Bundeshymne die „Heimat (exklusiv) großer Söhne“[12] besungen wird oder wenn ich mir in der Vergangenheit erklären lassen musste, dass weibliche Mitglieder bei den Wiener Philharmonikern das Bild und den Klangkörper stören würden. Im universitären Bereich könnte ich zum Beispiel sorgenvoll auf die Diskrepanz zwischen den arbeitsintensiven und finanziell unattraktiven Bedingungen, unter denen viele Frauen arbeiten, und den oberen, bis in die Pension gut abgesicherten und überwiegend von Männern eingenommenen Positionen hinweisen.

Oder: die Kleinlichkeiten

Als ich das erste Mal 1979 auf der Regierungsbank Platz nahm, war ich tatsächlich so kleinlich, dass ich auf das vor mir aufgestellte Schild mit Titel und Name: „Staatssekretär Johanna Dohnal“ mit schwarzem Filzstift ein „IN“ hinzufügte. Es bedurfte einer Änderung des Bundesverfassungsgesetzes und des Beamtendienstrechtes und sollte dann ohnehin mehr als zehn Jahre dauern, bis alle Amtsbezeichnungen und Titel in jener sprachlichen Form verwendet werden mussten, die das Geschlecht der betreffenden Person zum Ausdruck bringt.

12 *Am 1. Jänner 2012 trat ein Bundesgesetz in Kraft, das eine geschlechtergerechte Formulierung des Textes der Bundeshymne festlegt.*

Frauen sind selbstverständlich mitgemeint

Dies war die gängige Rechtfertigung, wenn Frauen im Sprachgebrauch verschwiegen wurden. Konfrontiert mit der Wortwahl vieler Journalisten und mit Zeichnungen von Karikaturisten fühlte ich mich durchaus und ausdrücklich mitgemeint, als 1979 anlässlich der Berufung von vier Staatssekretärinnen vom „Vier-Mäderl-Haus", von „Gehilfinnen" und „Puppen", vom „Damenquartett" und vom „Frauenkleeblatt" geschrieben wurde. Genauso fühlte ich mich mitgemeint, als Bruno Kreisky als fetter Pascha präsentiert wurde, der sich vier Büstenhalter mit den Vornamen der neuen Staatssekretärinnen aus den Taschen seines Sakkos zieht oder von vier Haremsdamen verwöhnt wird. Eine Sammlung derartiger Kommentare und Karikaturen zu meiner Person und meiner Politik würde ein Buch füllen. Sie werden solche Beschreibungen und Darstellungen von Männern vergeblich suchen. Diese waren weder Einzelfälle noch Ausrutscher. Es kann noch viel tiefer, noch beleidigender und sexistischer werden: dann nämlich, wenn so etwas Frauen im ganz normalen Leben und im Berufsalltag widerfährt.

Bevor ich zur Tagesordnung übergehe …

Angesichts der von mir angedeuteten Platzzuweisungen lade ich Sie ein, sich einmal vorzustellen, womit Menschen – überwiegend Frauen – konfrontiert werden, wenn sie ernsthaft über Feminismus, also über Teilhabe an der Macht, Handlungsspielräume und Einflussmöglichkeiten in der Gesellschaft, über Geschlechtergerechtigkeit und Frauenrechte als Menschenrechte nicht nur reden, sondern dies auch so meinen und konkret einfordern. Vor allem dann, wenn sie die Frage zu beantworten suchen, welche strukturelle Wirkungsmacht „Geschlecht" beziehungsweise welche Konsequenzen Mannsein und Frausein in den verschiedensten gesellschaftlichen Bereichen für den Einschluss oder Ausschluss haben kann und auch hat.

Ich lade Sie aber auch ein, sich in diesem wunderschönen Raum jene Menschen – überwiegend Frauen – vorzustellen, die täglich um halb vier Uhr in der Früh aufstehen müssen, um als Pendlerinnen pünktlich ihren Arbeitsplatz oder ihre diversen Arbeitsplätzchen, nämlich Teilzeit- oder Mac Jobs, wie das neuerdings heißt, zu erreichen. Immer häufiger mit einem Auto, das sie sich eigentlich nicht leisten können, das sie aber gezwungenermaßen brauchen, weil der öffentliche Verkehr aus betriebswirtschaftlichen Überlegungen auf ihre Bedürfnisse immer weniger Rücksicht nimmt.

Stellen Sie sich vor, dass diese Frauen auch noch die eigenen Kinder betreuen und zu 80 % den Pflege- und Betreuungsbedarf ihrer alternden Anverwandtschaft abdecken, väterlicher und schwiegerväterlicher- sowie mütterlicher und schwiegermütterlicherseits. Wenn das alles irgendwann vollbracht ist, werden sie möglicherweise vom eigenen Mann oder Lebensgefährten als „familienangehörige Pflegeperson“ benötigt. Wenn diese Frauen im Alter selbst Hilfe und Betreuung brauchen, können sie sich diese weder legal noch illegal leisten, weil ihre Pension zu niedrig ist, nicht zuletzt wegen der zuvor beschriebenen Versorgungsarbeit, die es ihnen verunmöglicht hat, im Laufe der Jahre einen Pensionsanspruch zu erwerben, mit dem sie eine Betreuung bezahlen könnten.

Ich jedenfalls sehe in der jahrzehntelang herrschenden Überzeugung, dass die vornehmste Aufgabe der Frauen die Betreuung der zu Betreuenden und die Pflege der zu Pflegenden ist, einen der größten Skandale, den diese Republik aufzuweisen hat. Und ich verstehe nicht, wieso es nicht spätestens heute einen Aufstand vieler Frauen gegen einen solchen Parteigrenzen überschreitenden Konsens dieser Republik gibt.

Ich sage dies so deutlich, weil damit so vieles verknüpft ist, das Frauen ihre Würde nimmt, beispielsweise der Umgang mit Gewalt gegen Frauen, die zwar seltener, aber doch immer wieder unter dem Titel „Gewalt in der Familie“ abgehandelt wird – auch das wieder so eine semantische Kleinlichkeit. Selbst wenn eine Frau als Opfer von Gewalt wahrgenommen und definiert wird, läuft sie immer noch Gefahr, dass ihr Selbstverschulden vorgeworfen wird. Dass die Finanzierung von autonom geführten Frauenhäusern eine selbstverständliche Aufgabe des Staates sein muss, ist im Übrigen noch immer keine allgemein geteilte Ansicht der politisch Verantwortlichen. Sie wird auf dem Altar des Föderalismus geopfert, indem sie großteils der Landespolitik überlassen wird.

Nach wie vor gibt es auch den Vorwurf der „Rabenmutterschaft“. Frauen mit Kindern werden noch immer der Verantwortungslosigkeit geziehen, wenn sie zu ihrer Existenzsicherung einer außerhäuslichen Erwerbstätigkeit nachgehen müssen oder wollen. Selbst wenn es bereits eine politische Debatte gibt über die Veränderung von Bedingungen, um Existenz sichernde Erwerbstätigkeit und Kinderbetreuung besser vereinbar zu machen, das heißt: wenn endlich anerkannt wird, dass wir dringend Kinderbetreuungseinrichtungen benötigen, genauso wie ganztägige Schulen, geschieht dies vorwiegend unter dem Titel „Vereinbarkeit von Beruf und Familie", womit man sich trefflich an den realen, individuellen Lebensverhältnissen und Bedürfnissen von Frauen vorbeischwindeln kann.

Frauenpolitiken zwischen Aufstand, Widerstand und Anpassung

Wie ist das nun mit Frauenpolitiken zwischen Aufstand, Widerstand und Anpassung? Aufstand, Widerstand und Anpassung haben sich immer gleichzeitig abgespielt, schon seit langer Zeit. Der Unterschied besteht nur darin, dass der Begriff „Frauenpolitiken" jüngeren Datums ist – was immer man auch darunter verstehen mag. Und glauben Sie mir, das ist gar nicht so einfach, denn in der Frauenpolitik gibt es unendlich viele, die sich selbst, zumeist aufgrund persönlicher Betroffenheiten, als Expertinnen und Experten verstehen und Ratschläge erteilen.

Ich erinnere mich an einen sozialdemokratischen Parteivorsitzenden und Bundeskanzler, der in seiner Begrüßungsrede bei der Bundesfrauenkonferenz der SPÖ im Jahr 1985 den anwesenden Funktionärinnen empfahl, *„in aller Freundschaft, in aller Ehrlichkeit und in aller Offenheit: Frauenpolitik muß auch ein menschliches Antlitz haben. (…) Glaubt mir, es gehört auch Freude dazu und man muß die Freude sehen und man muß bisweilen ein Lächeln sehen (…), das gehört dazu"*.[13]

Der Hintergrund für diesen Aufruf zur Menschlichkeit und zum Lächeln: Damals hatten die SPÖ-Frauen gerade einen Zeitrahmen errechnet,

13 *Der Parteivorsitzende und Bundeskanzler, der hier gemeint ist, war Fred Sinowatz (zit. n. Feigl 1993, 45).*

demzufolge eine gleiche Teilhabe von Frauen an Mandaten und Funktionen innerhalb der SPÖ in ungefähr 600 Jahren erreicht sein würde, sofern sich an der Situation nichts Grundlegendes verändert. Dies war wahrlich kein Grund zum Lachen, sondern zeigte nur plakativ auf, wie dringend erforderlich verbindliche Quoten waren.

Bereits im Vorfeld gab es heftige Auseinandersetzungen. Der gesamte Leierkasten wurde abgespielt, der sich immer dann in Bewegung setzt, wenn männliche Besitzstände bedroht werden – und das wurden sie ja auch, denn selbstverständlich bedeuteten mehr Frauen in Funktionen entschieden weniger Männer.

Am häufigsten wiederholten sich folgende Abwehrstrategien:

- ♂ Quantitative Strategien: Es gibt nicht genug Frauen, die wollen.
- ♂ Qualitative Strategien: Es gibt nicht genug Frauen, die es können.
- ♂ Sexistische Strategien: Frauen sollen ja überhaupt nicht in die Politik gehen.

Bei der Bundesfrauenkonferenz im Jahr 1985 wurde – trotz des Aufrufs zur Menschlichkeit und zum Lachen – nach langen und mühseligen Debatten der Antrag auf Statutenänderung durch Einführung einer Quotenregelung in der SPÖ zur anschließenden Vorlage am Parteitag beschlossen. Jene Frauen (dazu gehörte ich), die damals meinten, die Quote sollte sich hinsichtlich ihrer Höhe an der Anzahl der Mitarbeiterinnen orientieren – das wären etwa 40 % gewesen – und in Bezug auf ihre Umsetzbarkeit an einen verbindlichen Zeitplan geknüpft werden, fanden keine Mehrheit.

Durchgesetzt wurde hingegen die Position der damaligen Vorsitzenden, meiner Vorgängerin Jolanda Offenbeck, derzufolge bei Wahlen in Partei- und öffentliche Funktionen sowie bei der Reihung der KandidatInnen darauf Bedacht zu nehmen ist, dass Frauen und Männer entsprechend ihrem Anteil an Parteimitgliedern berücksichtigt werden. Damit ging man mit einer relativ weichen 30-%-Soll-Bestimmung in den Parteitag.

Aber auch dieser Forderung wollten die Männer der Partei nicht nachkommen. Erst als die weiblichen Delegierten damit drohten, den Parteitag zu verlassen, ihren Auszug zu veranstalten und ein „Aufstanderl" zu proben, kam es zu einem Kompromiss, der von den Vorsitzenden der Landesfrauenkomitees mit den Landesparteiobmännern und dem Bundesparteiobmann verhandelt wurde. Das Endergebnis war eine 25-%-Quote, die dem Anteil an weiblichen Vertrauenspersonen in der Partei entsprach und zeitlich nicht konkretisiert wurde. Für die Beschlussfassung war eine Zweidrittelmehrheit am Parteitag erforderlich, dieser war aber damals zu 80 % mit männlichen Delegierten beschickt.

Dieser Parteitag war der einzige, den ich jemals geschwänzt habe. Ich war damals über die Kompromissbereitschaft meiner Parteifreundinnen, über die vorauseilenden Harmonisierungsbestrebungen im Vorfeld so erzürnt, dass ich es vorzog, zur Schonung meiner damaligen Magengeschwüre ein Wochenende in Budapest zu verbringen. Die Vorstellung nämlich, eine Demonstration männlicher Macht miterleben zu müssen, die keine rationalen Argumente zur Verfügung hat und nur auf der eigenen Machterhaltung beruht, war mir genauso zuwider wie die absehbare Demonstration weiblicher Ohnmacht und Konfliktangst. Trotzdem bin ich mir dessen bewusst, dass dieser erste Quotenbeschluss in der SPÖ von vielen Frauen als Erfolg ihrer Widerständigkeit eingeschätzt wurde. Sie sahen darin den Beginn einer Veränderung, zumal sie ja wussten, dass es alleine im Nationalrat bis zum Jahr 1974 gedauert hat, bis mit 14 Frauen die Höchstzahl der weiblichen Abgeordneten der Ersten Republik (!) übertroffen wurde.

Soweit ein Beispiel dazu, wie eng Aufstand, Widerstand und Anpassung beieinander liegen. Solche Geschichten gibt es noch viele, aber sie sind den Studierenden in den zukünftigen Vorlesungen vorbehalten, wenn wir uns anhand konkreter Bereiche über die Innensicht von Politik unterhalten werden, auch über die Fortsetzung des eben erwähnten Beispiels, die Quotenbeschlüsse ab 1991.

Ob nun Frauenpolitiken aufständisch, widerständig oder angepasst wahrgenommen werden, hängt von vielen Faktoren ab. Ich greife jene drei Fragen heraus, die in den kommenden Vorlesungen anhand von Themen, Beispielen und Strategien noch sehr viel konkreter besprochen werden.

Was wird unter Frauenpolitik verstanden?

Es ist von entscheidender Bedeutung, ob Frauenpolitik als nachhaltige, aktive Gleichstellungs- und Antidiskriminierungspolitik mit Breitenwirkung und mit dem Ziel, geschlechterdemokratische Verhältnisse zu schaffen, verstanden wird. Ist das der Fall, handelt es sich bei Frauenpolitik um eine Querschnittmaterie, die alle Bürgerinnen und Bürger betrifft. Dann ist auch klar, dass Frauenemanzipation nicht Gleichberechtigung mit Männern, sondern Eigenberechtigung der Frauen bedeutet (vgl. Kubes-Hofmann 2005).

Wird Frauenpolitik nicht so verstanden, wird sie sich in einem abgesonderten Bereich darauf beschränken, Frauenfragen innerhalb patriarchaler Systeme wahrzunehmen, ohne die „Männerfrage" zu stellen. Von der „Frauenfrage" zu sprechen, bedeutet, wie ich meine, die Geschichte ausnahmslos vom männlichen Standpunkt zu sehen. Eine solche Sichtweise verweist auf etwas Abweichendes, ein gesondert zu behandelndes Problem. Die Frau als Schutzobjekt, fernab eigener Stärke und Strategie. Dies ist nicht mein Standpunkt.

Schon seit dem Ende der 1980er-Jahre, mit Beginn der großen Koalition 1987, sind wir in Österreich besonders damit konfrontiert,

- dass familienpolitische und bevölkerungspolitische Maßnahmen als frauenpolitische Errungenschaften dargestellt werden und
- dass frauenpolitische Forderungen fast schon reflexartig mit konservativen gesellschaftspolitischen Absichten konfrontiert werden.

Als Antwort auf die Forderung des Frauenvolksbegehrens 1997, die tatsächliche Gleichstellung von Frauen und Männern und die vorübergehende Bevorzugung von Frauen in der Verfassung zu verankern, verlangte der damalige ÖVP-Familienminister sofort die Verankerung von Ehe und Familie in der Verfassung – quasi als Junktim. Hier wird die Absicht deutlich: Das konservative Verständnis von Familie – und dieses war und ist sicherlich nicht nur in der Partei des Familienministers beheimatet – ist das einer Instanz, die in erster Linie eine ordnungspolitische Funktion hat, die zu reproduzieren und zu sichern ist.

Wer macht Frauenpolitik – wer sind die AkteurInnen?

In der Frauenpolitik ist von zentraler Bedeutung, mit welchem Selbstverständnis, mit welcher Konsensbereitschaft, mit welcher Konfliktfähigkeit, mit welchen Abhängigkeiten und auf Basis welcher Gesellschafts- und Machtanalyse bestimmte Personen am Werk sind. Davon ist im Wesentlichen abhängig, ob und in welchem Ausmaß die AkteurInnen bereit sind, die Selbstbestimmung und Sicherung existentieller Lebensvoraussetzungen für Frauen durchzusetzen oder ob sie diese Interessen kampflos den Vorgaben der Wirtschaft oder dem sogenannten staatspolitischen Interesse, das meist ein bevölkerungspolitisches ist, opfern. In der jüngsten Zeit hörte sich letzteres so an: Österreich braucht dringend mehr Kinder, vor allem österreichische Kinder von gebürtigen Österreicherinnen, mit den dazugehörigen Schuldzuweisungen an die gebürtigen österreichischen, nicht gebärwilligen Frauen. Ich möchte an dieser Stelle wieder einmal widerständig daran erinnern: Frauen haben das Recht, keine Kinder haben zu wollen.

Bei personellen Änderungen wird sehr deutlich sichtbar, welcher Wert der Frauenpolitik beigemessen wird und was von vorangegangenen Frauenpolitiken entsorgt werden soll. Dies wurde bei den Regierungsbildungen nach dem Jahr 2000 an zwei besonders prononcierten Personalentscheidungen ersichtlich. Zuerst wurde das Frauenministerium aufgelöst und dem Sozialministerium einverleibt. Die Kompetenz der ersten nun dafür verantwortlichen Person äußerte sich zum Beispiel darin, dass sie auf die Frage einer Journalistin, was sie denn von der Ausdehnung des Gleichbehandlungsgesetzes auf die Privatwirtschaft halte, antwortete: *„Da haben sie mich jetzt am falschen Fuß erwischt."*[14] Als nächstes wurde ein Mann mit diesen Agenden betraut – im vormaligen Beruf ein Tierarzt. Bei seinem Amtsantritt wurden wir mit Informationen darüber versorgt, wie hoch sein Anteil am Staubsaugen in der ehelichen Wohnung ist und wie viele Unfälle er bereits überlebt hat. Es war allerdings kein Unfall, dass seit 1995 kein Frauenbericht mehr an das Parlament gelegt wurde, uns dafür aber ein Männerbericht (von zweifelhafter Qualität, wie mir Experten sagen) zur Verfügung steht.

14 Bundesministerin Elisabeth Sickl in einem Interview im Standard, 9.3.2000, 9.

In welchen parteipolitischen und koalitionären Konstellationen findet Frauenpolitik statt?

Bei dieser Frage geht es um die pragmatischen Entscheidungen darüber, ob die jeweils bereits erreichte Subjektstellung der Frau und die erreichten strukturellen Absicherungen offensiv forciert, verteidigt oder aufgegeben werden. Bestimmt wird im Wesentlichen auch, welche und wie viele Risikofaktoren in Bezug auf Auf- und Widerständigkeit das politische Design verkraften will und wie viel konsensuale Konfliktvermeidung erwartet wird.

Ich darf Sie in diesem Zusammenhang auf die Aktion „Halbe/Halbe" von Helga Konrad, meiner Nachfolgerin als Frauenministerin, verweisen. Sieglinde Rosenberger, eine österreichische Politikwissenschafterin, sagt dazu in einem Vortrag von 1997:

„Halbe/Halbe kratzt (...) nicht nur an der männlichen Normalbiographie, sie kratzt auch am Image der Versorgungsehe als normale Lebensform. Halbe/Halbe läuft also auf eine tiefgreifende Reform der Lebensentwürfe von Frauen und Männern und der Gesellschaft insgesamt hinaus. Es wird deutlich, dass Halbe/Halbe bei weitem keine nur private Angelegenheit, die sich zwei Menschen ausmachen, ist, sondern eine Frage, welche Lebensform der Staat finanziell und rechtlich protegiert." (Rosenberger 1997, 21)

Die Kampagne „Ganze Männer machen halbe-halbe" – das war zu viel. Ein auflagenstarkes Kleinformat titelte: „Stoppt Helga Konrad". Mit ihrer Ablöse als Frauenministerin wurde dieser Auftrag vom damaligen Bundeskanzler prompt erfüllt.

An dieser Stelle möchte ich Ihnen einen kurzen Text von Luise F. Pusch, einer deutschen Sprachwissenschaftlerin, vorlesen, den sie 1988 unter dem Titel „Zwei Gleichnisse von der Gleichstellung" veröffentlichte:

„Es war einmal ein Mann, der war ganz oben und blickte stolz und frei und gelassen in die Runde. Er saß auf den Schultern einer Frau. Die Frau begann zu murren, da beschloss der Mann, sie gleichzustellen.

Er richtete der Frau eine Gleichstellungsstelle ein, ernannte sie zur Frauenbeauftragten und befahl ihr, für ihre Gleichstellung endlich Sorge zu tragen.

Seither bemüht sich die Frau, auf ihren Schultern Platz zu nehmen. Es will und will ihr nicht gelingen, denn erstens sitzt da schon der Mann, und zweitens – habt ihr schon mal von einer gehört, die auf ihren eigenen Schultern sitzen konnte? Was könnte die Frauenbeauftragte tun, um ihren Auftrag auszuführen? Den Mann absetzen – wäre sie dann gleichgestellt? Irgendwie schon, beide müssten auf eigenen Füßen stehen. Aber die wundervoll komfortable ‚Stellung' des Mannes besteht ja schließlich gerade darin, dass er das nicht muß.

Und wenn sie sich auf die Schultern des Mannes setzt? Dann ist sie ihm noch immer nicht gleichgestellt, denn er sitzt auf den Schultern einer sanften, geduldigen Frau, und das ist viel weicher und ruhiger und gemütlicher. Es bleibt kein anderer Weg: Die Frau muss endlich lernen, auf ihren eigenen Schultern zu sitzen." (Pusch 1988, 107–108)

Sehr geehrte Damen und Herren, auch über diese teils individuellen, teils kollektiven Verbiegungen und Verrenkungen werden wir uns in den kommenden Vorlesungen unterhalten. Wenn ich über Frauenpolitik rede, habe ich das Privileg, mich in erster Linie mit dem konkreten Handeln, dem Schaffen von Rahmenbedingungen, der Organisation der Verteilung und mit einigen konkreten Knotenpunkten in den informellen und formellen Netzwerken patriarchaler Macht beschäftigen zu können.

Lassen Sie mich zum Schluss noch eine ganz persönliche Anmerkung machen. Ich war schon als kleines Kind das, was man eine Leseratte nennt. Als fünfjähriges Mädchen habe ich Bücher verschlungen, die mir meine Großmutter im Antiquariat oder in einer Leihbücherei besorgt hat. Einige Jahre habe ich davon geträumt, studieren zu können. Aber meine soziale Herkunft, eine Dynastie von drei allein erziehenden Arbeiterinnen (Urgroßmutter, Großmutter und Mutter) und die damit verbundenen ökonomischen Verhältnisse haben dies nicht ermöglicht. Das Schulgeld für das Gymnasium aufzubringen war unmöglich. Für mich war es bereits ein Privileg, die Hauptschule und eine Lehre absolvieren zu dürfen.

Heute studiert meine Enkeltochter – sie heißt auch Johanna Dohnal – im dritten Semester. Ich bin sehr stolz auf sie und im Unterschied zu meiner Großmutter kann ich mir ihre Studiengebühr leisten – mit gleichzeitiger Wehmut, weil ich weiß, wie viele Menschen sich diese Studiengebühr nicht leisten können. Trotzdem möchte ich aber auch nicht verhehlen, dass es mir wirklich ein Vergnügen bereitet, den Erfahrungen meiner Enkelin als Studentin nun die der Großmutter als Gastprofessorin hinzufügen zu können.

„Wiener Damenhaft"

20. Oktober 2006

Zu Beginn dieser Vorlesungsreihe werde ich Ihnen einen Einblick in individuell-lebensgeschichtliche und historisch-strukturelle Bedingungen geben, unter denen institutionalisierte Frauenpolitik in Österreich von den 1970er-Jahren bis in die 1990er-Jahre stattfand. Ich möchte Sie mit Lebens- und Erfahrungswelten von Frauen meiner Generation konfrontieren. Dafür eignet sich der Film „Wiener Damenhaft", in dem sieben Frauen, die altersmäßig Ihre Großmütter sein könnten, von sich selbst erzählen. Der Film wurde 2005 von einer feministischen Künstlerin gemacht: Michaela Spiegel wurde 1963 geboren und gehört, nach Lebensjahren gerechnet, der Tochtergeneration dieser Frauen an.

Anschließend werde ich Ihnen einen Überblick darüber geben, unter welchen Rahmenbedingungen Frauen in den 1970er-Jahren lebten. Es ist dies die Zeit, in der wesentliche Reformen des Familienrechtes, der Ehegesetze, des Sozialversicherungsrechtes und des Strafrechtes umgesetzt wurden. Gesetze wurden reformiert, die teilweise seit Maria Theresias Zeiten bestanden und enorme Auswirkungen auf die Lebenswirklichkeit von Frauen hatten. Aber dies ist auch die Zeit großer Reformen im Bildungswesen, die bewirkten, dass vor allem ökonomische Zugangsbarrieren abgebaut wurden. Im Jahr 1979 wurde schließlich mit der Errichtung des Staatssekretariats für allgemeine Frauenfragen Frauenpolitik zur Regierungspolitik.

Abschließend werde ich Ihnen anhand konkreter Beispiele vermitteln, wie sich aus meiner Wahrnehmung Politik innerhalb der sozialdemokratischen Frauenorganisation, der SPÖ generell und der Bundesregierung – auch hinter den Kulissen – abgespielt hat. Die Bedeutung der veröffentlichten Meinung in dieser Zeit vor dem Internet wird ebenso eine Rolle spielen wie die Allianzen und Kooperationen im außerparlamentarischen Bereich. Konkret plane ich, Ihnen das anhand folgender Beispiele zu demonstrieren: Schwangerschaftsabbruch, Gewalt gegen Frauen und Quotenregelung.

Nun zum Film, den ich Ihnen nahelegen möchte:
Michaela Spiegel, die Künstlerin, hat 2005 mit sieben Frauen lange Interviews geführt und diese aufgezeichnet. Aus diesem Material hat sie einen Film geschnitten, der den Titel trägt: „Wiener Damenhaft. Ein nie geführtes Gespräch zwischen Johanna Dohnal, Lotte Ingrisch-Einem, Edith Klestil, Freda Meissner-Blau, Dr. Maria Schaumayer, Lotte Tobisch-Labotyn und Emmy Werner über weibliche Wege im Wien des 20. Jahrhunderts."

Michaela Spiegel ging von der Annahme aus, dass sich die interviewten Frauen im Wien des letzten Jahrhunderts begegnet sind, weil jede Einzelne ihr eigenes Bild von Frausein entworfen und öffentlich gelebt hat und sie daher nicht unbemerkt aneinander vorbeileben konnten. Dennoch haben die Frauen dieses Gespräch nie geführt. Spiegel beabsichtigte, das politisch-strategisch wie medial instrumentalisierte Frauenbild im Österreich der Zweiten Republik im „Damenspiegel authentischer Selbstbetrachtung exemplarischer weiblicher Karrieren" zu reflektieren. Ihr zeitgleich veröffentlichtes Buch beschreibt den Film als *„ein Textmosaik aus voneinander zeitlich und örtlich unabhängig erzählten Lebensgeschichten"*, als *„wortgetreue Wiedergabe (...) aus Originalfilminterviews mit Wiener Damen oder solchen, die es nie werden wollten"* (Spiegel 2005, 5).

Warum ich Sie zu einer Auseinandersetzung mit diesem Film ermutigen möchte, hat folgende Gründe: Erstens gelingt es der Filmemacherin meines Erachtens sehr gut, die patriarchalische Prägung von einzelnen Lebensabschnitten oder ganzen Lebenswegen von Frauen meiner Generation auf gesellschafts- und schichtspezifischem Untergrund herauszuarbeiten.

Zweitens können Sie sich einen Eindruck davon verschaffen, wie unterschiedlich die Geschlechterverhältnisse in jener Zeit wahrgenommen wurden, die Gegenstand dieser Lehrveranstaltung ist. Drittens soll im Rahmen dieser Vorlesungen auch der Einfluss von individueller Sozialisation, persönlicher Lebenserfahrung und von Lebensumständen beleuchtet werden – auch davon können Sie sich mit diesem Film ein Bild machen.

Meine persönlichen Begegnungen mit den im Film präsentierten Frauen waren sehr unterschiedlich. Lotte Ingrisch-Einem bin ich sicher mehrfach begegnet, ich kenne sie allerdings nicht wirklich persönlich. Manchmal sah ich sie im Fernsehen – als Gattin beziehungsweise Witwe des Komponisten Gottfried von Einem – mit Aussagen, die mir ob ihres esoterischen Charakters nicht wirklich nachvollziehbar waren. Für mich gab es eher einen Bezug durch den Sohn ihres zweiten Ehemannes, den ehemaligen Wissenschafts- und Innenminister Caspar Einem. Edith Klestil bin ich auch begegnet, und zwar vor vielen Jahren, als Herr Klestil noch nicht Bundespräsident war, im Kontext von Diplomatenveranstaltungen beziehungsweise solchen ihrer Ehefrauen. Auch mit ihr hatte ich nie wirklich persönlich zu tun.

Ganz anders waren meine Begegnungen mit Freda Meissner-Blau. Wir lernten uns Anfang der 1970er-Jahre kennen und hatten immer wieder miteinander zu tun: von der Gründung des Theaters in der Drachengasse mit Emmy Werner, der Kampagne zur Straffreiheit des Schwangerschaftsabbruches bis zu den Anfängen der Österreichischen Friedensbewegung anlässlich der Kampagnen gegen die Stationierung von Atomraketen in Europa. Ich habe ihre Expertise außerordentlich geschätzt. Mitte der 1970er-Jahre, in meiner Zeit als Sekretärin der Wiener SPÖ-Frauen, habe ich Selbstbewusstseinsseminare für Frauen eingeführt, und Freda war eine der von mir engagierten Referentinnen. Maria Schaumayer und ich waren – vor ihrer Zeit als Notenbankgouverneurin – gemeinsam im Wiener Gemeinderat beziehungsweise Abgeordnete zum Wiener Landtag. Wir waren beide Raucherinnen.

Lotte Tobisch war mir als Organisatorin des Opernballs bekannt. Ich habe sie nie persönlich kennengelernt. Den Wiener Opernball habe ich aus Überzeugung ebenso nie besucht wie ich mich von sogenannten Ereignissen der Wiener Gesellschaft soweit wie möglich ferngehalten habe.

Mit Emmy Werner verbindet mich eine lange gemeinsame Vergangenheit. Eine kleine Geschichte dazu: Als Ende der 1970er-Jahre, nach langen und heftigen Auseinandersetzungen, der gemeinsame Werkunterricht für Buben und Mädchen eingeführt wurde und es darum ging, die traditionelle Arbeitsteilung zwischen Frauen und Männern auch mit öffentlichen Aktionen zu problematisieren, hatte ich die Idee zur Aktion „Werkelfrau und Schlossermädel". Ausführende: die Schauspielerin und spätere Direktorin des Volkstheaters Emmy Werner und Brigitte Ederer, damals Studentin, später Staatssekretärin, Wiener Finanzstadträtin und nun Vorstandsdirektorin eines großen Unternehmens. Verkleidet als Werkelfrau und Schlossermädel versuchten sie diskutierend und singend Rollenklischees in Frage zu stellen. 150 Mal traten die beiden in Parks und auf öffentlichen Plätzen auf. Gesungen wurden aktuelle Texte, für diesen Zweck von Trude Marzik verfasst. Dafür haben sie manchmal Applaus bekommen, sie wurden aber auch von erbosten Passanten mit Paradeisern und Zwetschken beworfen.

Ich würde sagen: Schauen Sie sich den Film selbst an.

Die Reformen der 1970er-Jahre

21. Oktober 2006

Schönen guten Morgen!
Ich denke Sie wissen alle, was auf Sie zukommen wird: ich.

Kommen wir zum heutigen Programm: Im Anschluss an die Beschäftigung mit jener Zeit, die der Film „Wiener Damenhaft" in Erinnerung ruft, möchte ich mich heute damit befassen, wie es überhaupt dazu kam, dass 1979 Frauenpolitik zur Regierungspolitik wurde.

Nach dem Zweiten Weltkrieg bis weit in die 1950er-Jahre hatten wir in Österreich eine Hochzeit der konservativen Gesellschaftspolitik. Familienidyllen wurden gepflegt und hochgespielt. Die sogenannte intakte Familie verkörperte ja nicht nur ein allseits angestrebtes Lebensmodell, sie wurde überhaupt als die einzig akzeptable Lebensform beschworen. Eine Lebensform, der nicht nur besonderer Schutz, sondern vor allem auch Privilegierung zuteil werden sollte. Das Familienideal propagierte den männlichen Familienernährer und eine an unbezahlte Haus- und Familienarbeit gefesselte Ehefrau. Das war die Situation nach dem Zweiten Weltkrieg und in den 1950er-Jahren.

Heute 30-jährige Frauen kennen die damaligen Geschlechterverhältnisse bestenfalls noch vom Hörensagen oder von ihren Müttern und anderen weiblichen Verwandten. Dass beispielsweise das patriarchale Ehe- und Familienrecht weit über 150 Jahre Bestand hatte und den Alltag noch bis in die 1970er-Jahre in einer Weise geprägt und geregelt hat, dass Frauen über ihre Lebensweise oder über ihren Beruf nicht frei entscheiden konnten – auch das ist ja in Wirklichkeit heute unvorstellbar. Eine über Jahrzehnte aufgestaute Empörung, nicht nur in Österreich, sondern auch im internationalen Kontext, hat sich Ende der 1960er-Jahre, Anfang der 1970er-Jahre eine Bahn gesucht und auch gefunden. Die Zeit war reif für kollektiven Frauenprotest.

Die Regierungspolitik der 1970er-Jahre trug diesem Umstand Rechnung, im gesellschaftspolitischen Bereich und speziell in all jenen Fragen, die besonders das Leben der Frauen betrafen. 1970 erreichte die Sozialdemokratische Partei, damals noch Sozialistische Partei, das erste Mal bei den Wahlen die relative Mehrheit. Bruno Kreisky bildete eine Minderheitsregierung mit Unterstützung der FPÖ. 1971 gab es Neuwahlen unter dem Slogan „Lasst Kreisky und sein Team weiterarbeiten“. Die SPÖ erreichte erstmals in der Geschichte die absolute Mehrheit und bildete eine Alleinregierung, die 13 Jahre lang immer wieder bestätigt wurde. In dieser Zeit wurden Frauenpolitik und Familienpolitik entkoppelt. Erstmals wurde sichtbar und deutlich gemacht, dass Frauenpolitik ein eigener Politikbereich ist und dass Frausein nicht gleichzeitig heißt „Familie sein“.

In den 1970er- und 1980er-Jahren veränderten sich für viele Frauen die althergebrachten ehelich-familiär-autoritären Abhängigkeiten. Das ging natürlich nicht von heute auf morgen, das waren schleichende Prozesse. Konkret änderten sich diese Abhängigkeiten durch die Liberalisierung des

Ehe- und Familienrechtes, die Entkriminalisierung des Schwangerschaftsabbruchs und durch die öffentliche Diskussion über Gewalt an Frauen.

Über einige dieser historischen Gegebenheiten und strukturellen Voraussetzungen möchte ich Ihnen heute etwas erzählen. Ich werde dies anhand folgender Themen beziehungsweise Beispiele aus den 1970er-Jahren tun:

1.) die Bedeutung der Reformen des Familienrechtes, das aus der Zeit Maria Theresias stammt
2.) die lange Geschichte von der gemeinsamen Werkerziehung beziehungsweise wie im Vorfeld der Einführung der gemeinsamen Werkerziehung von Burschen und Mädchen der Untergang des christlichen Abendlandes befürchtet wurde
3.) ein besonders krasses Beispiel der Mädchenbildung, das sich bis in die 1990er-Jahre gehalten hat

Im Anschluss daran werden wir uns – in der nächsten Vorlesung – damit beschäftigen, wie vor diesem Hintergrund Frauenpolitik zur Regierungspolitik wurde und wie sie gestaltet werden konnte beziehungsweise wie ich sie mit all meinen Mitstreiterinnen gestaltet habe.

Reformen des Familienrechts und der Ehegesetze

Diese Reformen haben in den 1970er-Jahren eine große Rolle gespielt. Man muss sich vergegenwärtigen, dass sich die Rechtssituation in Österreich erst in den letzten 20 bis 30 Jahren grundlegend verändert hat und erst vor so kurzer Zeit Rechtsreformen stattgefunden haben, die für Frauen eine sozusagen entkolonialisierende Wirkung hatten. Es ist mir so wichtig, Sie darauf aufmerksam zu machen, weil Frauenpolitik in real existierenden Machtverhältnissen stattfindet, die weder geschichtslos noch geschlechtsneutral sind.

1976 trat das Kernstück der Familienrechtsreform in Kraft: das *Gesetz über die persönlichen Rechtswirkungen der Ehe*. Es geht von dem Grundsatz aus, dass Mann und Frau in der Ehe gleiche Pflichten und gleiche Rechte haben und beide Teile gleichermaßen verpflichtend zum Unterhalt beizutragen haben. Was sind 30 Jahre? In Wirklichkeit nichts! So ist es erst seit einem so kurzen Zeitraum rechtens, dass der Mann nicht mehr das Oberhaupt der Familie ist. So stand es im Gesetz: Der Mann ist das Oberhaupt der Familie, die Frau hat seine Anordnungen zu befolgen. Bis zu diesem Zeitpunkt war es rechtens, dass der Mann die „Schlüsselgewalt" innehatte, das heißt nur er konnte alles aufsperren und herausnehmen. Es war rechtens, dass der Mann der Frau die Berufstätigkeit verbieten und über den Wohnort entscheiden konnte. Nur der Mann konnte bestimmen, wo gewohnt und gelebt wird und die Frau hatte, wie schon gesagt, seinen Anordnungen zu folgen. Musste (!) früher die Frau bei der Eheschließung den Namen des Mannes annehmen, so konnten sich nun, nach der ersten Namensrechtsreform im Jahr 1977, die PartnerInnen entscheiden, ob sie als Ehenamen den Namen des Mannes oder der Frau führen wollten. Das war in Bezug auf das Namensrecht der erste Schritt, später gab es weitere gesetzliche Regelungen.

1978 wurde mit dem *Gesetz über die Neuordnung der Rechtsstellung des ehelichen Kindes* das Kindschaftsrecht neu geregelt. Das heißt: Erst vor 28 Jahren wurde die – so stand es im Gesetz – „väterliche Gewalt", die Gewalt über Kinder, beseitigt. Die Frau hatte keine Rechte gegenüber den Kindern, sie durfte keine Schuleinschreibung, keinen Passantrag unterschreiben, übrigens auch dann nicht, wenn die Ehe schon geschieden war. Bis zu diesem Zeitpunkt war es rechtens, dass unverheiratete, sogenannte ledige Mütter nicht Vormund ihres Kindes sein konnten; das Jugendamt hatte die Vormundschaft. In einem ersten Schritt haben wir erreicht, dass die Mutter die Vormundschaft beim Jugendamt beantragen konnte, aber es war ein sehr unwürdiger Behördenprozess, bis sie die Vormundschaft bekam. Erst sehr spät, im Jahr 1989, wurde die automatische Vormundschaft der nicht verheirateten Mutter eingeführt. Aber wie gesagt: Es war ein langer Weg dorthin.

1978 trat auch das *Gesetz über die Neuordnung des gesetzlichen Erbrechtes der Ehegatten und des gesetzlichen ehelichen Güterstandes* in Kraft. Bis zu diesem

Zeitpunkt galt die Rechtsvermutung, dass das während der Ehe erworbene Vermögen vom Manne stammt. Diese Auffassung galt übrigens damals auch dann, wenn die Frau berufstätig war, und hatte in Folge einer Scheidung fatale Konsequenzen für die Frauen. Sie konnten nur geltend machen, wofür sie Rechnungen vorweisen konnten, die auf ihren Namen ausgestellt waren.

In Anpassung an das neue Familienrecht erfolgte – das ist jetzt nur ein kurzer Einblick – eine Novellierung des Sozialversicherungsrechtes. Dadurch wurde es ermöglicht, dass der nicht berufstätige Ehemann bei seiner Frau in der Krankenversicherung mitversichert sein konnte. In den Jahren von 1974 bis 1978 gab es auch zahlreiche materielle Verbesserungen. 1974 wurde ein vom Haushaltseinkommen unabhängiges Karenzgeld und ein erhöhtes Karenzgeld für allein stehende Mütter eingeführt. Das war gleichzeitig eine flankierende Maßnahme zur Fristenregelung. 1976 wurde ein Anspruch auf Unterhaltsvorschuss aus dem Familienlastenausgleichsfonds geschaffen, wenn Väter ihren Alimentationsverpflichtungen nicht nachgekommen sind. 1978 wurde der bis dahin geltende Kinderabsetzbetrag in eine Direktzahlung umgewandelt, womit die Familienbeihilfe einkommensunabhängig und für alle gleich war. Es galt der Grundsatz: Je mehr jemand verdient, desto mehr bekommt er für seine Kinder über Steuerabsetzbeträge, früher Freibeträge, vom Staat retour. Die Kinder wurden vom Staat also nicht gleich behandelt; wie viel der Staat über das Steuersystem für die Kinder ausgab, hing vom Einkommen der Eltern ab.

Erst 1983 wurde das diskriminierende *Heiratsverbot* abgeschafft. Die meisten Menschen, denen ich das erzähle, haben gar nicht gewusst, dass es ein solches Gesetz gegeben hat. Das Heiratsverbot galt immerhin bis vor 23 Jahren und beinhaltete Folgendes: Frauen mussten nach einer Scheidung zehn Monate warten, wenn sie sich wieder verehelichen wollten, oder mittels eines gynäkologischen Gutachtens nachweisen, dass sie nicht schwanger waren. Dieses Beispiel führe ich sehr gerne an, weil es so viel aufzeigt. Ich schicke voraus, dass ich jeder nur abraten könnte, nach einer Scheidung innerhalb von zehn Monaten schon wieder zu heiraten, aber das habe ich nicht zu befinden, das geht mich nichts an. Aber was hinter einer solchen

Regelung steckt, ist ganz einfach die Vorstellung: Wenn eine Frau geschieden ist, angelt sie sich sofort den nächsten Haberer[15], weil sie schwanger ist, und dem jubelt sie das Kind unter.

Ebenfalls 1983 – auch erst vor Kurzem – wurde nach langen Kämpfen das *Staatsbürgerschaftsgesetz* novelliert, sodass nun die geschlechtsspezifischen Unterschiede beim Erwerb der Staatsbürgerschaft eliminiert sind. Früher konnte nämlich nur der Vater seine Staatsbürgerschaft weitergeben. Das hatte zur Folge, dass die Kinder aus Ehen von Österreicherinnen mit Ausländern in jedem Falle ausländische StaatsbürgerInnen waren. Erst seit 23 Jahren ist es rechtens, dass die Mütter ihre Staatsbürgerschaft an die Kinder weitergeben können.

Ich erwähne es an dieser Stelle nur: Seit 1975 gibt es die *Entkriminalisierung des Schwangerschaftsabbruches, die Selbstbestimmung der Frau über den eigenen Körper*. Das bedeutete die Eliminierung des Paragrafen 144 im alten Strafgesetzbuch, dieses Knebelungsparagrafen – wir haben immer gesagt: Schandparagraf. Das war ein wesentlicher Erfolg der Frauen und der Emanzipationsbewegung jener Zeit, deren Ziel es war, dass Frauen die Freiheit haben, ihre eigenen Werte zu bestimmen, eigene Prioritäten zu setzen und über das eigene Schicksal selbst zu entscheiden. Das war ein Teil, aber eben nur ein Teil der Geschichte. Spätere Maßnahmen und Bewusstseinsbildung bauten darauf auf, vor allem auch in der Bildungs-, Steuer- und Sozialpolitik. Die Enttabuisierung von Gewalt gegen Frauen und das schonungslose Aufdecken aller offenen und versteckten Diskriminierungen von Frauen inklusive deren Nutznießer ist ebenfalls jetzt schon in diesem Zusammenhang zu erwähnen. Wäre das Familienrecht nicht in dieser Art und Weise reformiert worden, wäre es aus rechtlichen Gründen zum Beispiel nicht möglich gewesen, Frauenhäuser zu initiieren. Wegen der gesetzlichen Bindung an die Wohnsitzfolge hätte eine Frau niemals die Wohnung und den gemeinsamen Haushalt verlassen und in ein Frauen-

15 *In Österreich verwendete Bezeichnung für Freund, Liebhaber*

haus gehen können. An diesem Beispiel sieht man den engen Zusammenhang zwischen Gesetz und Lebenssituation. Viele Frauen haben gesagt: „Es ist ja egal, was im Familienrecht steht, es regelt sich sowieso alles irgendwie und anders.“ Aber das ist eben nicht so, und dieses Beispiel zeigt das ganz deutlich. Erst zu dem Zeitpunkt, als das Gesetz bereits beschlossen war, konnten wir daran denken, Frauenhäuser zu erkämpfen.

Das bisher Gesagte war sicherlich keine vollständige Darstellung, aber sie ist vielleicht ganz gut zur Erinnerung für diejenigen, die diese Zeit erlebt haben, und für diejenigen, die das alles zum ersten Mal hören, für ihre weitere Beschäftigung mit der Frage, was für ein Klima damals für die Frauen und die Menschen in diesem Land herrschte. Die öffentlichen Debatten in den gesetzgebenden Körperschaften und in den Medien haben für die einen die sogenannte gottgewollte Ordnung ins Wanken gebracht, bis zum befürchteten Untergang des Abendlandes. Für die anderen war es ein Hoffnungsschimmer. Ein Hoffnungsschimmer auf Menschwerdung. Für viele war es ein erstmaliges Interesse an Politik überhaupt. Wer waren die einen, und wer die anderen? Die Bruchlinien verliefen durch alle gesellschaftlich relevanten Gruppierungen. Eine besonders ablehnende Haltung nahmen alle bedeutenden Religionsgemeinschaften in Österreich ein, allen voran die katholische Kirche.

Ich halte es in diesem Zusammenhang für erwähnenswert, dass es dem damaligen SPÖ-Justizminister Broda, der diese Reformen zu verantworten hatte, durch eine weitgehende Kompromissbereitschaft – nicht immer zur Freude sozialdemokratischer Frauenorganisationen oder engagierter Frauen – gelungen ist, alle Paragrafen des Familienrechtes durch einen einstimmigen Beschluss im Parlament einzuführen, mit den Stimmen der ÖVP und der FPÖ.[16] In den letzten Jahren ist mir das so oft eingefallen und ich habe es mir besonders dann vergegenwärtigt, wenn ich gesehen habe, wie die letzten Jahre regiert wurde, wie die Opposition nur überfahren und wie überhaupt nicht versucht wurde, bei gesellschaftspolitisch wichtigen

16 *Dr. Christian Broda, von 1960 bis 1966 und von 1970 bis 1983 SPÖ-Justizminister, zuerst in der Großen Koalition, dann in der Kreisky-Alleinregierung.*

Fragen einen Konsens herbeizuführen. Das ist mir oft eingefallen, obwohl ich mich damals geärgert habe, dass so viele Kompromisse gemacht wurden – wir hatten ja eine Alleinregierung. Ein Beispiel: Wir hätten bei der Reform der Vermögensteilung gewollt, dass auch das betriebliche Vermögen berücksichtigt wird. Heftigster Gegner war die ÖVP. Ich wäre durchaus der Meinung gewesen, das setzen wir durch. Aber das sind eben die einen und die anderen Seiten. Wichtig war bei dieser Auseinandersetzung um das neue Familienrecht, dass neben den tatsächlichen gesetzlichen Verbesserungen für die Frauen eine beginnende Veränderung der Bewusstseinslage eingesetzt hatte – vor allem bei vielen Frauen. Die Tatsache, dass im Gesetzbuch nicht mehr verankert ist, dass die Frau dem Manne untertan sein muss, hat den Frauen eine enorme Rückenstärkung auch für individuelle, lebenspartnerschaftliche Auseinandersetzungen gebracht.[17]

Vom christlichen Abendland und der gemeinsamen Werkerziehung

Ich möchte jetzt noch weitere Beispiele für den Kampf in der damaligen Situation anführen und darstellen, wie wir versucht haben, tradierte Rollenbilder in den verschiedensten Bereichen aufzubrechen. Dieses verfestigte Bild der Frau in den Köpfen fängt an im Kindergarten, geht weiter in der Schulbildung, in den Schulbüchern und Lehrplänen, bis hin zur Rolle der Frau in den Medien und in der Werbung – das ist ein unendliches Feld. Ich muss weiters vorausschicken, dass im Bereich Bildung, beim Zugang zur Bildung, dem „Recht auf Bildung für alle" immer schon ein Kulturkampf stattgefunden hat. Ein Kulturkampf, der von konservativen bis erzreaktionären und fortschrittlichen Kräften ausgetragen wird. Das sehen wir jetzt wieder, das erleben wir täglich.

17 *Eine nach Jahreszahlen geordnete Aufstellung der politischen Maßnahmen, die sich direkt auf die Lebenssituation von Frauen ausgewirkt haben, ist in dem von Irmtraut Karlsson herausgegebenen Buch „Frauen in Bewegung – Frauen in der SPÖ" (Wien 1998) zu finden. Zu empfehlen ist auch der vom Staatssekretariat für allgemeine Frauenfragen herausgegebene Frauenbericht für diese Zeit, der „Bericht über die Lage der Frau in Österreich. Frauenbericht 1985" (Wien 1985) oder zumindest dessen Kurzfassung: „Frauen in Österreich 1975–1985".*

Der Werkunterricht war damals für Buben und Mädchen ein unterschiedlicher. Buben hatten Technisches Werken, sie hämmerten und sägten, Mädchen hatten ausschließlich Textiles Werken, das heißt, sie nähten und stickten. Geometrisches Zeichnen war für Hauptschülerinnen zunächst überhaupt nur ein Wahlfach und später nur in einem einzigen Jahr ein Pflichtfach, für Burschen hingegen drei Jahre lang. Mädchen hatten stattdessen zwei Jahre lang verpflichtenden Unterricht in Hauswirtschaftslehre. Die Ungleichbehandlung setzte sich dann im polytechnischen Lehrgang fort. Im Unterrichtsfach Technisches Zeichnen lernten die Mädchen im Unterschied zu den Buben ausschließlich Schnittzeichnen. Die logische Konsequenz daraus waren die Aktivitäten für gleiche Lehrpläne für Buben und Mädchen. Von Schulpraktikerinnen wurden zum Beispiel konkrete Lehrplanvorschläge für die Unterrichtsgegenstände Werkerziehung, Hauswirtschaftslehre und Geometrisches Zeichnen erarbeitet. In Bezug auf den geteilten Arbeitsmarkt liegt es auf der Hand, dass solche Themen für die spätere Berufswahl und für ein technisches Verständnis sehr wichtig sind.

1979 hat der damalige Unterrichtsminister Sinowatz mittels Verordnung den gleichen Werkunterricht für Buben und Mädchen in den Volksschulen eingeführt. Das war ein Theater, weil die Buben ja dann mit dem Handarbeitskoffer in die Schule gehen mussten! Ich bin damals sehr häufig in die Sauna gegangen und habe den Frauen beim Reden über diese Maßnahme zugehört. Na ja, viel Zustimmung gab es nicht. Diese Änderung konnte der Unterrichtsminister also per Verordnung einführen, aber eines sage ich gleich dazu: Freiwillig hat er das nicht gemacht. Einige von uns haben heftig insistiert und ich habe mir Verbündete aus dem LehrerInnenbereich, den Berufsschulen, geholt. Auf Knopfdruck ist das nicht gegangen. Es waren schon viele innerparteiliche Aktionen notwendig, auch in der eigenen Frauenorganisation. Weitere Lehrplanänderungen bedurften jedoch einer Zweidrittelmehrheit im Parlament.

In den schriftlichen Stellungnahmen zu den Gesetzesentwürfen, besonders in den Stellungnahmen der zahlreichen Teilorganisationen der katholischen Kirche, aber auch der Bundeswirtschaftskammer und der Industriellenvereinigung fiel auf, dass übereinstimmend die „Aufrechterhaltung der speziellen Frauenbildung" gefordert wurde. In der Stellungnahme der österreichischen Bischofskonferenz zur geplanten Schulorganisationsnovelle von 1982, einer „Schocknovelle" – eine wirklich passende Bezeichnung –, hieß es zum Beispiel: *„Die Wahlmöglichkeit, Werkerziehung für Knaben und Mädchen gemeinsam oder getrennt zu führen, soll aufrecht bleiben (…) Der bisherige Pflichtgegenstand Hauswirtschaft soll weiter bestehen."*

Im Entwurf des Gesetzes für das Begutachtungsverfahren war für Volksschulen nämlich vorgesehen, dass Werkerziehung verpflichtend (!) gemeinsam unterrichtet werden soll. Das Eintreten für die Wahlmöglichkeit, den Unterricht auch getrennt durchführen zu können, sollte für die Gegner und Gegnerinnen dieses Entwurfs natürlich sicherstellen, dass alle im Schulbereich Verantwortlichen auch in Zukunft dafür sorgen konnten, dass Mädchen und Burschen weiterhin getrennt und mit unterschiedlichen Schwerpunkten unterrichtet werden.

Und an dieser Stelle kommen wir wieder zu der alten Debatte: Wenn die öffentliche Meinung schon für den gemeinsamen Unterricht mobilisiert ist, dann muss natürlich das wunderschöne Wort „Wahlmöglichkeit" kommen; man betreibt eine Gegen-Mobilisierung, sagt aber, es soll die Wahlmöglichkeit gegeben sein. Das ist ein Nonsens, denn wenn die Wahlmöglichkeit besteht, wird von denen, die etwas verhindern wollen, entsprechend den tradierten Normen alles genauso gestaltet, dass es eben so ist und bleibt wie es war. Auch in der heutigen Zeit, in der Diskussion über die Gesamtschule, sind wir genau wieder an diesem Punkt: ja, aber freiwillig, nicht verpflichtend.

Abschließend zwei vielsagende Zitate. Noch im Oktober 1985 räsonierte der ÖVP-Abgeordnete Kohlmaier im Parlament: *„Denken wir etwa daran, daß es eben Zehntausende Generationen Aufgabe der Männer war, Reviere zu erobern, zu verteidigen, zu jagen. Daß sich Frauen tatsächlich über sehr, sehr lange Zeit der Menschheitsgeschichte der Aufzucht, dem Schutz und der Pflege der Nachkommenschaft gewidmet haben. Das mag vielleicht erklären, daß Männer von einer gewissen natürlichen Veranlagung heraus beim Betreten* *von Neuland, beim Erobern, bei gewissen kreativen Vorgängen den Frauen überlegen sind.“* (Feigl 1988, 173)

1986 wurden im Plenum des Nationalrates Initiativanträge zu Hauswirtschaft und Werkerziehung diskutiert. Der damalige Obmann des Unterausschusses im Nationalrat und ÖVP-Abgeordnete Leitner hat es auf den Punkt gebracht: *„Partnerschaft! Ich bilde mir ein, dass ich in meiner Ehe eine gute Partnerschaft habe. In meiner Familie und auch in vielen großen Familien ist es heute üblich, dass die zerrissenen Hosen der Kinder die Frau flickt, und eine Maschine, die nicht funktioniert, versucht der Mann wieder in Gang zu bringen.“* (Stenographisches Protokoll, 25. Juni 1986)

So viel zur gemeinsamen Werkerziehung. 1985/86 wurde das Fach Geometrisches Zeichnen, das in den Hauptschulen für Mädchen lediglich ein Wahlfach war, für Buben und Mädchen ein Pflichtfach. Das war dann endlich erreicht und durchgesetzt. 1987 wurde der Pflichtgegenstand „Hauswirtschaft“ in der Hauptschule auch für Buben geöffnet.

Mädchenbildung: Beharrungskräfte in Vorarlberg

In Vorarlberg gab es bis 1995 (!) eine zwei Jahre dauernde Schule ganz besonderer Art. Sie hatte die Aufgabe, ausschließlich (!) Mädchen in die hauswirtschaftliche Tätigkeit einzuführen und die erworbene Allgemeinbildung zu festigen. Das Schulpflichtgesetz regelte die Verpflichtung jener Mädchen zum Besuch einer Schule dieser Art, die keine mittlere oder höhere Schule besuchten, weil sie gleich arbeiten gehen mussten, und auch nicht zum Besuch einer anderen Berufsschule verpflichtet waren. Die „hauswirtschaftliche Berufsschulpflicht“ begann mit der Beendigung der allgemeinen Schulpflicht, also nach dem Polytechnischen Lehrgang, und dauerte zwei Schuljahre, längstens jedoch bis zur Erreichung des 18. Lebensjahres oder der früheren Verehelichung. Die Geburt eines unehelichen Kindes war jedenfalls kein Grund zur Befreiung von der Schulpflicht! Man ging davon aus, dass die Mutter der jungen Frau das Baby betreut. Von den 720 Unterrichtsstunden entfielen 72 auf Religion gegenüber je 36 Stunden für Deutsch und

Rechnen, 416 Stunden für Mädchenhandarbeit und Hauswirtschaft. Die restlichen Unterrichtsstunden verteilten sich auf Fächer wie Lebenskunde, Gesundheitslehre und Kinderpflege. Das Schulorganisationsgesetz im Jahre 1962, in das diese Schule ja schon nicht mehr gepasst hätte, wurde mit einer Übergangsbestimmung umschifft – dadurch hat sich also nichts geändert. Wegen dem grundsätzlichen Vorwurf der Verletzung des Gleichheitsgrundsatzes wurden von den Betroffenen Klagen beim Verfassungsgericht eingebracht. Wir selber haben immer wieder Frauen zu diesem Schritt motiviert und unterstützt. In einer Erkenntnis des Verfassungsgerichtshofes von 1974 wurde aber festgestellt, dass die Regelung der Schulpflicht nur für Mädchen in Hinblick auf den Gleichheitsgrundsatz nicht als verfassungswidrig anzusehen sei. Erst im Oktober 1994 kam der Verfassungsgerichtshof zur gegenteiligen Entscheidung und hob die „hauswirtschaftliche Berufsschulpflicht" mit 31. August 1995 als verfassungswidrig auf.

Wie Frauenpolitik Regierungspolitik wurde – das Staatssekretariat für allgemeine Frauenfragen

17. November 2006

Heute möchte ich Ihnen Annemarie Aufreiter vorstellen, sie wird Plakate, Medienberichte und weitere dokumentarische Materialien präsentieren. Sie hat zwei Jahre im Frauenstaatssekretariat das Projekt Selbstbewusstseinsseminare für Frauen betreut und das Seminarprogramm für die SPÖ-Frauenorganisation im Renner-Institut konzipiert und durchgeführt. Dabei handelte es sich um Seminare, die die Frauen in die Lage versetzen sollten, die Quotenregelung an Ort und Stelle durchzukämpfen.

Wie wurde Frauenpolitik zu Regierungspolitik?

Zur Einleitung ein wenig Hintergrundinformation über die gesamtgesellschaftliche Situation in dieser Zeit.

Nach dem Zweiten Weltkrieg beeinflussten die wirtschaftlichen, sozialen und kulturellen Wandlungsprozesse das Bewusstsein und Verhalten von Frauen entscheidend und ließen immer mehr Frauen ihre Zukunft allmählich als Dimension erfassen, über die sie nach eigenem Willen verfügen konnten. Die veränderte wirtschaftliche Rolle der Frauen stand jedoch in krassem Gegensatz zu der ihnen zugeschriebenen sozialen und kulturellen Rolle und brachte auf vielen Gebieten nachweisbare Benachteiligungen für Frauen mit sich. Vor diesem Hintergrund und einem immer stärker werdenden Frauenbewusstsein, dem zunehmenden Ausbau des Wohlfahrtsstaates und auch der Demokratisierung der Gesellschaft entwickelte sich eine soziale Bewegung – die Neue Frauenbewegung. Sie entstand allerdings außerhalb der traditionellen Parteienlandschaft, bewirkte aber, dass sich die etablierten politischen Parteien in Österreich auf die Frauen besannen, die mit 55 % der Bevölkerung auch die Mehrheit der Wählerinnen stellten (Zach 1991, 245f).

Zu Beginn der 1970er-Jahre setzten sich die Parteiprogramme in zunehmendem Maße mit der Gleichberechtigung der Frauen auseinander. Die seit Beginn dieses Jahrzehnts alleinregierende SPÖ hatte in Fragen der Frauenemanzipation gegenüber den anderen Parteien einen Vorsprung, weil sich die Pionierinnen der Arbeiterbewegung bereits gegen Ende des 19. Jahrhunderts vehement für die rechtliche Gleichstellung der berufstätigen Frauen eingesetzt haben. Durch die Reformpolitik der 1970er-Jahre, durch finanzielle Zuwendungen und gezielte Werbung gelang es der SPÖ, ein frauen- und familienfreundlicheres Image als die ÖVP aufzubauen, was aber noch nichts über den tatsächlichen Bewusstseinsstand der in ihr tätigen Funktionäre aussagt. Innerhalb der SPÖ bemühte sich vor allem die sozialistische Frauenorganisation seit Mitte der 1970er-Jahre um die entsprechende Berücksichtigung von Frauen auf den Kandidatenlisten und bei der Bestellung von öffentlichen Funktionen, jedoch mit sehr mäßigem Erfolg. Seit der Gründung der Ersten Republik hat sich beispielsweise die Zahl der sozialistischen Mandatarinnen im Nationalrat nur geringfügig verändert. Betrug sie im Jahr 1920 5,9 %, so waren es im Jahr 1975 6,0 % – das war der Fortschritt. 1975 wurde von den Vereinten Nationen das „Jahr der Frau" ausgerufen, das zeigt, dass die Frauenbewegung in den 1970er-Jahren durchaus internationalen Charakter bekam.

Das Bestreben der sozialistischen Frauen, aber auch der autonomen Frauenorganisationen, in Österreich die Entkriminalisierung des Schwangerschaftsabbruchs durchzusetzen, stieß neben heftigen Widerständen von außen auch auf Widerstände innerhalb der SPÖ, deren Vorsitzender Bruno Kreisky einen Bruch des Burgfriedens mit der katholischen Kirche befürchtete. Trotzdem wurde auf Betreiben der SPÖ-Frauen und der Unterstützung des damaligen Justizministers Broda der umstrittene Paragraf 144 im Zuge der Strafrechtsreform 1975 abgeschafft. Im selben Jahr erlangte die SPÖ bei den Nationalratswahlen wieder die absolute Mehrheit. In den 1970er-Jahren baute die SPÖ ihre Mehrheit von Wahl zu Wahl aus. Diese Wahlerfolge verdankte sie einem hohen Anteil an Frauenstimmen. 1974 hatten wir den Wahlkampfslogan „Partei für die Frauen", was für einige von uns nicht ganz ohne Magenschmerzen war, weil wir andere in der Partei wirkende Mechanismen auch erlebt haben. Die Wahlerfolge änderten allerdings nichts daran, dass der Anteil der Politikerinnen zwar etwas höher als in anderen Parteien, aber immer noch minimal war und blieb.

Im Sommer 1971 erklärte Wissenschaftsministerin Hertha Firnberg[18] vor JournalistInnen, sie könnte sich vorstellen, dass, wenn die Parteien die Frauen weiterhin so boykottierten, einige Frauen die Geduld verlieren und eine Frauenpartei gründen könnten. „Und diese Partei hätte sogar gute Chancen!" Das wurde als Drohung aufgefasst und zeigte einige Zeit unmittelbare Wirkung. Längerfristig dankten die sozialistischen Politiker den Frauen allerdings nur verbal für ihr Wohlverhalten beim Wählen. Sie dachten keineswegs daran, Frauen verstärkt an der politischen Macht zu beteiligen. Es sollte noch 14 Jahre dauern, bis es 1985 zur Beschlussfassung über eine Quotenregelung innerhalb der SPÖ kam. Im Frühjahr 1978 stellten die damalige Vorsitzende der Wiener Sozialistinnen, Anneliese Al-

18 *Hertha Firnberg: SPÖ-Bundesfrauenvorsitzende von 1967 bis 1981; erste SPÖ-Ministerin (für Wissenschaft und Forschung) von 1970 bis 1983.*

brecht, die später Staatssekretärin wurde, und ich, damals Wiener Landesfrauensekretärin der SPÖ, in einer Pressekonferenz die Forderung nach einem eigenen Frauenstaatssekretariat oder Frauenministerium. Das löste einen kleineren Wirbel aus und stieß vor allem parteiintern auf heftigen Widerstand.

Kreisky erklärte sich aber bereit, mit den Wiener Sozialistinnen zu diskutieren. Hertha Firnberg, damals Frauenvorsitzende der SPÖ, war allerdings der Meinung, Frauenfragen sollten nicht separiert, sondern integriert behandelt werden. Zu diesem Zeitpunkt stand also die Bundesfrauenvorsitzende der SPÖ der Schaffung eines eigenen Ressorts für Frauen sehr reserviert gegenüber. Das war nicht gerade hilfreich, wobei ich Grund zu der Annahme habe, dass sich ihre Reserviertheit teilweise auch auf meine Person bezog, was sich allerdings im Laufe der Zeit geändert hat.

Bei der darauf folgenden Bundesfrauenkonferenz, die immer einem Parteitag der SPÖ vorangeht und den Statuten entsprechend alle zwei Jahre stattfindet, machte ich einige kritische Anmerkungen zur Präsenz von Frauen in der Politik, weil nichts weitergegangen und immer nur geklagt und gejammert worden war. Ich zitiere mich selber aus dem Konferenzprotokoll: *„Genosse Kreisky hat heute gesagt: Wir haben die Mehrheit, weil wir die Frauen haben. Unsere Begrüßungsreden waren heute wieder sehr erfrischend, wir kennen das und freuen uns, dass wir das alle zwei Jahre hören.* (An dieser Stelle werden im Konferenzprotokoll Heiterkeit und Beifall vermerkt, Anm. J. D.) *Es ist interessant, die Entwicklung der Frauenorganisationen in anderen Ländern, vor allem europäischen Ländern, zu beobachten. In Frankreich beginnen die Frauen in zunehmendem Maße, eigene Parteien und Wahlgemeinschaften zu gründen. Man bemerkt diese Entwicklung in einigen Ländern. Ich glaube, man darf diesen Trend nicht unterschätzen, denn es sind die fortschrittlichen Frauen, die den sozialistischen Parteien ihrer Länder den Rücken kehren, weil sie sich von ihnen nicht mehr vertreten fühlen. (...) Wir brauchen mehr Frauen als Abgeordnete in den Gemeinden, in den Landtagen und im Parlament.“* (SPÖ-Frauen 1978, 93f)

Anlässlich des internationalen Frauentages im Jahr 1979 sagte Bruno Kreisky, er könne sich durchaus mehr Frauen in der Regierung vorstellen. Darauf angesprochen, führte er seine Gedanken näher aus:
„So lange man den Frauen nicht wirkliche Chancengleichheit einräumt, kann man auch nicht alle die Begabungen finden, die es unter ihnen gibt. (...) Wenn ich daher irgendwo die Möglichkeit habe, Frauen heranzuziehen, tu ich das gern. Eine Einschränkung muss ich allerdings machen. Ich muss die Gewähr haben, dass sie die Aufgabe so gut erfüllen wie die zur Verfügung stehenden Männer. Sonst erweist man den Frauen keinen guten Dienst." (Feigl 2002, 95–96)

Bei den Nationalratswahlen am 6. März 1979 gewann die SPÖ zwei Mandate dazu, die Anzahl der weiblichen Nationalratsabgeordneten blieb jedoch unverändert. Bei der Neubestellung des Dritten Nationalratspräsidenten war zwar Anneliese Albrecht im Gespräch, letztendlich wurde aber wieder ein Mann mit der Funktion betraut. Außerdem sollte die damals zurückgetretene Ministerin für Gesundheit und Umweltschutz, Ingrid Leodolter, ebenfalls von einem Mann, Herbert Salcher, abgelöst werden. *„All das war kein Renommee für eine Partei, die die Gleichstellung der Frau im öffentlichen Leben und in der Politik forderte, sich als ‚Partei für die Frauen' bezeichnete und selbst behauptete, mit den Stimmen der Frauen die Wahlen gewonnen zu haben."* (Zach 1991, 123)

Die Forderung, Frauenpolitik als eigenständigen Politikbereich anzuerkennen und Fraueninteressen nicht automatisch mit Familieninteressen gleichzusetzen, wurde im Jahr 1979 nach der Wahl, bei der die SPÖ zum dritten Mal die absolute Mehrheit erringen konnte, erfüllt. Mit der Schaffung eines Staatssekretariats für Frauenangelegenheiten setzte die Regierung Kreisky einen entscheidenden Schritt, um Frauenpolitik auf Regierungsebene zu institutionalisieren. Ich teile hier die Einschätzung von Angelika Zach, dass dies jedoch nicht nur als Reaktion der SPÖ auf die Forderung nach einer stärkeren Vertretung von Frauen in der Politik beziehungsweise nach einem eigenen Regierungsressort für Frauenfragen zu werten ist, *„sondern auch als ein Schritt, bei dem Machtkonstellationen und Personalwünsche* *innerhalb der SPÖ als Regierungspartei zum Tragen kamen. Die Schaffung einer eigenen Regierungsstelle, die auf nationaler Ebene die Bedürfnisse der Frauen aufzugreifen imstande sein sollte, zentrale Anlaufstelle für Frauen und Koordinationsstelle für Fraueninitiativen und -gruppen sein konnte, auch in internationalem Rahmen tätig sein sollte, zudem eine Reihe von Forderungen nach einer staatlichen Antidiskriminierungsstelle zu erfüllen versprach und gleichzeitig auch parteiinterne Personalwünsche berücksichtigte, mußte als geeignetes Instrument erscheinen, mit einem Schlag vielfältige Bedürfnisse zu befriedigen. Das Staatssekretariat für allgemeine Frauenfragen verdankte somit seine Existenz einer Summe von Forderungen und Wünschen, die von verschiedenen Seiten an den Bundeskanzler herangetragen worden waren, nicht jedoch einer Idee Bruno Kreiskys selbst, wie dies nachträglich, vor allem in den Medien, dargestellt wurde. Kreisky hatte diesbezüglich lediglich Anregungen aufgenommen und sich dafür eingesetzt*". (Zach 1991, 248–249)

Die verfassungsrechtliche Stellung von StaatssekretärInnen

Die verfassungsrechtliche Stellung wird im Artikel 78, Absatz 2 des österreichischen Bundesverfassungsgesetzes geregelt und lautet: „*Den Bundesministern können zur Unterstützung in der Geschäftsführung und zur parlamentarischen Vertretung Staatssekretäre beigegeben werden, die in gleicher Weise wie die Bundesminister bestellt werden und aus dem Amt scheiden.*"

Nach der herrschenden Rechtsauffassung sind StaatssekretärInnen nicht Mitglieder der Bundesregierung. Ohne ausdrückliche Verordnung des Bundesverfassungsgesetzes nehmen sie aber traditionell an den Regierungssitzungen teil, wobei sie dort allerdings nicht stimmberechtigt sind. Ihr Wirkungsbereich ist von den jeweiligen RessortchefInnen abhängig, somit bestimmen BundesministerInnen die tatsächliche Tragweite des Handlungsspielraums ihrer StaatssekretärInnen. Sie besitzen also keine eigenständigen Kompetenzen und können selbst keine legistischen Maßnahmen setzen, sondern müssen zuerst die dafür zuständigen Minister (beziehungsweise in seltenen Fällen Ministerinnen) von der Notwendigkeit einer Änderung überzeugen.

Das Staatssekretariat für allgemeine Frauenfragen im Bundeskanzleramt

Das Staatssekretariat für allgemeine Frauenfragen war dem Bundeskanzleramt unterstellt, mein unmittelbarer Vorgesetzter war also der Bundeskanzler. Am 11. Oktober 1979 fand eine Klubtagung der sozialistischen Abgeordneten und Bundesräte in Villach statt, vorher gab es ein Parteipräsidium, bei dem Bruno Kreisky seine Pläne für diese Regierungsumbildung vorgestellt hatte. Zwei neue Minister sollten ernannt werden: Karl Sekanina und Herbert Salcher. Beide waren unbestritten, es gab keinen Widerstand – nicht so jedoch bei seinem Vorschlag, vier neue Staatssekretariate einzurichten und alle mit Frauen zu besetzen. Für die berufstätigen Frauen Franziska Fast, für Konsumentenschutz Anneliese Albrecht, für Wohnbau und Mietrecht Beatrix Eypeltauer und für allgemeine Frauenfragen Johanna Dohnal.

Es gab mehrstündige Diskussionen, trotzdem kam kein Beschluss zustande. Bruno Kreisky konnte also dem Parteivorstand – so wie es die Abfolge vorsieht, zuerst Präsidium, dann Vorstand – lediglich einen Bericht über die geplanten Personaländerungen vorlegen, aber keinen Beschluss des Parteipräsidiums. Die Abstimmung im Parteivorstand über die zu berufenden Personen erfolgte en bloc und einstimmig. Letzteres ist dadurch zu erklären, dass Kreisky gedroht hatte, den Parteivorsitz im Falle einer Ablehnung zurückzulegen. In den Tagebuchaufzeichnungen von Handelsminister Staribacher, dem Anneliese Albrecht als Staatssekretärin zugeordnet wurde, ist zum Beispiel „von der natürlichen Ablehnung der Männer für so eine Frauenschwemme in der Regierung“ (Feigl 2002, 98) zu lesen. Eine besondere Irritation hat natürlich meine Person hervorgerufen, keiner der infrage kommenden Minister konnte sich mich in seinem Ressort vorstellen, was für mich ja in Wirklichkeit ein Segen war.

Elfriede Karl war zu diesem Zeitpunkt bereits als Staatssekretärin für Familienfragen im Bundeskanzleramt angesiedelt. Ich vereinbarte mit dem Finanzminister Androsch, dass die Familienstaatssekretärin im Finanzministerium angesiedelt wird. Sachlich betrachtet war dies sinnvoll, weil der

Familienlastenausgleichsfonds dem Finanzministerium zugeordnet war. So kam es schließlich dazu, dass ich Staatssekretärin für allgemeine Frauenfragen im Bundeskanzleramt wurde.

Am Morgen des 12. Oktober, am Tag nach diesem ereignisreichen Parteipräsidium, Parteivorstand und der Rücktrittsdrohung des Bundeskanzlers, bat mich Bruno Kreisky an seinen Frühstückstisch und sagte: *„Und jetzt fährst du in die Bundesländer und sagst den Frauen, was sich verändert hat."* Das habe ich dann auch gemacht.

Reaktionen der Medien

Ablehnung und Irritation fanden in Zeitungen und Karikaturen ihre Fortsetzung. Während die „Arbeiter-Zeitung" (13.10.1979) einer Karikatur die Überschrift „Sechs Engel für Bruno" gab, präsentierte die „Kärntner Tageszeitung" (12.10.1979) auf dem Titelblatt neben der fett gedruckten Schlagzeile „Kreisky lässt Frauen regieren!" eine Karikatur, die vier nackte Frauen um einen Pascha gruppiert. Ein Kommentator stellte zum Thema fest: „Kreisky lässt die Puppen tanzen."

In der Wochenzeitung „Die Furche" (17.10.1979) wurde festgestellt, Kreisky habe „unter Zuweisung ‚typisch weiblicher' Spielwiesenaufgaben alleinverantwortlichen Ministern dekorative ‚Gehilfinnen' zur Seite gestellt."

Die „Kronen-Zeitung" (13.10.1979) bezeichnete die neuen Staatssekretärinnen als „Kreiskys neues Frauenkleeblatt" und sprach in diesem Zusammenhang von einer „weiblichen Viererbande" und einem „Damenflor". Auch Ausdrücke wie „kuriose Suffragetten der neueren Machart" und „hehres Emanzentum auf Regierungsebene" wurden zur Beschreibung der weiblichen Regierungsmitglieder verwendet.

Die Tageszeitung „Kurier" bezeichnete uns als „Vier-Mäderl-Haus" (12.10.1979) und als „Kreiskys Damenquartett" (13.10.1979). Eine Karikatur mit dem Untertitel „Das Urteil des Bruno" stellte den Bundeskanzler als Paris dar, einen angebissenen Apfel in der Hand haltend und von jubelnden Frauen umringt. Ein Kommentar auf der Titelseite prophezeite: „So wird also Charme in die Ministerien einziehen. Und freundlich wird der Gruß klingen – falls er anstelle des klassenkämpferischen ‚Freundschaft‘ gestattet ist: Küß die Hand, Frau Staatssekretärin."

Die Tageszeitung „Die Presse" (13. und 14.10.1979) sprach im Zusammenhang mit der Nominierung der Staatssekretärinnen von einer „Damenwahl" und einer „Inflation an Regierungsanhängseln". Eine Karikatur mit dem Titel „der alte Schnipfer" zeigte Bruno Kreisky, wie er aus den Anzugtaschen vier Büstenhalter mit den Vornamen der Staatssekretärinnen zaubert.

Die Wochenzeitung „profil" (1979 Nr. 42, 12) bezeichnete die Regierungspläne Kreiskys als „massierte ‚Harems‘-Pläne" und die „Oberösterreichischen Nachrichten" (13.10.1979) veröffentlichten auf der Titelseite eine Karikatur, die Kreisky als Pascha darstellt, der von vier Haremsdamen verwöhnt wird.

Diese Darstellungen in den Medien entsprachen dem tradierten, nicht mehr zeitgemäßen weiblichen Rollenbild, das Politik als Betätigungsfeld für Frauen ausschließt.

Das Prinzip der Einmischung

Als Staatssekretärin im Bundeskanzleramt war ich unmittelbar dem Kanzler unterstellt und weisungsgebunden. Das hatte Vorteile. Abgeleitet von der gesetzlich festgelegten Koordinationsfunktion des Bundeskanzleramtes konnte ich mich als Staatssekretärin koordinierend in alle Ressorts einmischen; das wäre bei einem abgegrenzten Ressort in dieser Form nicht möglich gewesen. Allerdings habe ich eigene Instrumentarien entwickelt, denn so leicht war das nicht.

Bruno Kreisky selbst stattete damals das Staatssekretariat für allgemeine Frauenfragen nicht mit Kompetenzen im traditionellen Sinne aus. Er verfolgte die Intention, dass Frauenfragen aktualisiert und neue Aufgaben geschaffen werden sollten; über solche Themen sollte überhaupt einmal geredet werden – das war ja bisher nicht der Fall gewesen. Ich sollte meinen Aufgabenbereich selbst bestimmen und mit seiner Unterstützung als Regierungschef rechnen können. Das war natürlich von großer Bedeutung, weil die verfassungsrechtlichen Kompetenzen nur einen sehr geringfügigen Einfluss auf die politischen Entscheidungsprozesse ermöglichten. Weil aber Frauenpolitik auf sämtliche Politikbereiche übergreift und somit auch in den Kompetenzbereich anderer Ressorts fällt, habe ich das wichtigste politische Instrument, das mir später zur Verfügung stand, nämlich das der Einmischung entwickelt – kein leichtes Unterfangen, denn eine solche Einmischung wollten die Minister nicht, auch nicht die eine Ministerin. Von Anbeginn war es mein wichtigstes Arbeitsprinzip, Politik nicht nur für die Frauen, sondern mit den Frauen zu machen.

Ausstattung und Ressourcen

Zu Beginn unserer Arbeit hatten wir folgende Ausstattung: Im Bundeskanzleramt am Ballhausplatz 2 befand sich ein riesiges Zimmer, das Metternich-Zimmer. Hier saß später auch Bundeskanzler Schüssel – das habe ich nie ganz verwunden, weil es ja auch unser Arbeitszimmer gewesen war. Das Metternich-Zimmer diente als Großraumbüro und stand auch uns zur Verfügung, aber nur teilweise; der andere Teil war mit Hilfe von Stellagen abgetrennt, dort befanden sich die Ablagen der Staatssekretäre Nußbaumer und später Lacina. Ständig kamen viele Leute zu ihnen. Außerdem hatte in diesem Zimmer auch ein Personalvertreter seinen Schreibtisch. Zu seinen Aufgaben gehörte es, Tag für Tag den Geburtstagskindern unter den vielen Bediensteten im Bundeskanzleramt alles Gute zu wünschen – schön und laut, sodass wir es alle gehört haben. Das angrenzende, nicht ganz so große Zimmer war mein Büro.

Alle diese Räume muss man sich mit Seidentapeten, riesigen Spiegeln und Antiquitäten vorstellen – alles natürlich unter Denkmalschutz. Die Seidentapeten durften nicht behangen werden. Was macht man also mit Plakaten? Die Sitzmöglichkeiten wiederum haben furchtbare Kreuzschmerzen verursacht, denn sie stammten alle noch aus der Zeit der Monarchie, als die Frauen diese Reifenröcke getragen haben und nur vorne am Stuhlrand gesessen sind. Später, schon in der Amtszeit von Bundeskanzler Sinowatz, sind wir umgesiedelt, weil das Metternich-Zimmer einfach zu klein geworden war. Einen Tag nach unserem Umzug ist die Decke eingestürzt, so gesehen war es ganz gut, dass wir ausgezogen sind.

Wie sahen die personellen Ressourcen aus? Eine Akademikerin als Referentin und eine 17-jährige Schreibkraft, direkt von der Handelsschule gekommen – das waren die personellen Ressourcen. Meine erste Referentin, Rosemarie Dorrer, übersiedelte direkt vom Sozialministerium; mit ihr habe ich bereits in der SPÖ in Penzing zusammengearbeitet. Ein Dienstauto mit Chauffeur war mir natürlich auch zugeteilt.

Damals gab es im Unterschied zu heute aber noch arbeitsmarktpolitische Programme. Später konnte ich daher das von der Arbeitsmarktverwaltung finanzierte, zeitlich begrenzte Akademikertraining in Anspruch nehmen. Da ich fast keine Dienstposten bekam, nützte ich diese Möglichkeit. Aufgrund dieses Akademikertrainings kam eine zweite Referentin, die heutige Anwältin für Gleichbehandlungsfragen, Ingrid Nikolay-Leitner, in das Büro des Staatssekretariats. Diese arbeitsmarktpolitischen Programme waren eine sehr wertvolle Maßnahme, weil viele Frauen auf diese Weise Karriere machen konnten. Wenn ich heute höre, wie viele StudentInnen nach ihrem Studienabschluss Schwierigkeiten haben, eine Stelle zu bekommen, fällt mir diese Maßnahme immer wieder als Beispiel dafür ein, was man alles tun könnte.

Im Zeitraum von elf Jahren – das Staatssekretariat für allgemeine Frauenfragen existierte von 1979 bis 1990 – hat sich der Personalstand auf diese Art und Weise auf fünf bis sechs Akademikerinnen, zwei bis drei Akademikerinnentrainees und ebenso viele Sekretärinnen eingependelt. Im Vergleich zu anderen Ressorts war das Staatssekretariat für allgemeine Frauenfragen sowohl personell wie auch finanziell mit minimalen Ressourcen ausgestattet – das war überhaupt kein Vergleich.

Die Bürokratie des Bundeskanzleramtes und die Macht des Präsidialchefs

Wie war das Staatssekretariat in das Bundeskanzleramt eingebunden? Bundeskanzler, Staatssekretärin, Sektion, Präsidium – das hätte mir alles zur Verfügung stehen müssen, aber das war nicht einfach.

Wir wollten voller Elan die Welt für die Frauen verändern, hatten tausend Ideen und konnten uns auch vorstellen, wie man sie umsetzt – aber dann kam die Mauer.

Meine Vorhaben, Ideen und Absichten erforderten natürlich Personal und Geld, aber die Präsidialbürokratie sah dies ganz anders. Die Bereitschaft, mir entgegenzukommen, war äußerst gering. Das Interesse der männlich dominierten Präsidialbürokratie bestand eher darin, uns bürokratisch auszutricksen und die Aktivitäten zu behindern, aber auch zu verhindern.

Der damalige Beamtenstaatssekretär Franz Löschnak war mit den Koordinierungsaufgaben in der Regierung betraut. Er hatte die Funktion eines Prellbocks zwischen dem Präsidialchef und dem Frauenstaatssekretariat. Das kann man sich so vorstellen: Ich trug dem Präsidialchef meine personellen und finanziellen Wünsche vor, dieser blockte generell ab, informierte umgehend den Beamtenstaatssekretär, dass dies alles nicht möglich sei. Letzteren habe ich dann meinerseits wieder ersucht, mit dem Präsidialchef zu reden. Das Problem war nur, dass bestenfalls der Kanzler einem Präsidialchef Weisungen geben kann, sonst niemand. Die Bürokratie des Kanzleramtes war es ganz einfach nicht gewöhnt, von Politikern detaillierte Vorgaben zu erhalten.

Wenn wir nun mit einem Anliegen kamen und meinten, es müssten einige hunderttausend Schilling für Broschüren, für eine Kampagne, für Veranstaltungen zur Verfügung stehen, erhielten wir dieses Geld ganz einfach nicht, auch dann nicht, wenn am Jahresende mehrere Millionen Schilling überblieben, die dann für das Ressort, für das sie vorgesehen waren, sozusagen verfallen sind. Das hatte natürlich mit den Themen zu tun, diese verursachten einen Schock nach dem anderen. Mit solchen Themen wie „Jeder zweite Abgeordnete ist eine Frau“ oder „Wie können aus Herren Partner werden?“ konnten sie überhaupt nichts anfangen. Ich hätte also bei jedem einzelnen Anliegen den Bundeskanzler bitten müssen, eine Weisung an den Präsidialchef auszugeben. Das war natürlich nicht möglich, ich konnte ja nicht mit jeder einzelnen Veranstaltung an den Kanzler herantreten. Das musste ich schon selber in die Hand nehmen.

Der Umgang mit der österreichischen Ministerialbürokratie will gelernt sein und erfordert viel an Arrangement, vor allem Zeit und Nerven. In den ersten Jahren, während der Amtszeit von Kreisky, war es natürlich ein Vorteil, dass ich eine außerordentlich gute Beziehung zum Bundeskanzler hatte, denn davon wusste auch der Präsidialchef und das genügte schon, damit manches von selber funktionierte. Außerdem konnten meine – wie gesagt nur zwei – Büroleiterinnen, vor allem Rosemarie Dorrer, mit den Beamten und Beamtinnen gut umgehen, weil sie Erfahrung hatten, hartnäckig waren und nicht klein beigaben.

Zur Mühsal mit der Bürokratie einige Beispiele:

Wir hätten ein Flipchart zur Auflistung der Punkte für die internen Bürobesprechungen benötigt, weil wir ja auf die Seidentapeten nichts kleben durften. Das war über die Ministerialbürokratie nicht möglich, also habe ich das Flipchart privat gekauft. Übrigens ist es dann irgendwann einmal verschwunden, wahrscheinlich hat sich die Ministerialbürokratie dieses angeeignet. Auch Diktiergeräte haben wir selber kaufen müssen.

Wenn mich Mitarbeiterinnen auf Dienstreisen begleitet haben, erforderte das unzählige Anträge und Akten. Es gab zum Beispiel klare Vorschriften zu den Aufwendungen von Nächtigungen. Wenn ich mit drei Personen – mit einer A-Beamtin, einer B-Beamtin und einem Chauffeur – auf Reisen ging, so hätten alle in unterschiedlichen Hotelkategorien übernachten müssen. Das habe ich grundsätzlich nicht befürwortet und auch für unpraktisch gehalten. Natürlich haben alle mit mir in einem Hotel gewohnt. Anfangs habe ich die Differenz der Kosten privat bezahlt, später wurde die Amtspauschale, die mir zu einem gewissen Grad für Repräsentationszwecke zur Verfügung stand, eingeführt. Dann haben wir dieses Geld verwendet, ohnehin für ein billigeres Hotel. Das war für eine Staatssekretärin auch nicht so leicht, ganz abgesehen vom Neid unter den BeamtInnen in anderen Dienststellen, wenn diese erfahren haben, dass welche mit einer Staatssekretärin im selben Hotel übernachten dürfen – mittags wurde das ja alles in der Kantine besprochen, das bleibt ja nicht geheim.

Tätigkeiten des Staatssekretariats

Die Tätigkeiten des Staatssekretariats habe ich in drei große Bereiche unterteilt:

1.) Zusammenarbeit mit Frauen in allen gesellschaftlichen Belangen,
2.) die sich daraus ergebenden legistischen Maßnahmen und
3.) die Vertretung des Bundeskanzlers im Parlament und sonstige mir von ihm übertragene Aufgaben.

Meine Strategie war im Wesentlichen von fünf Schritten gekennzeichnet: thematisieren, öffentlich machen, Verbündete suchen, Lösungen mit den Betroffenen und Verbündeten erarbeiten und das Ganze dann sozusagen auf Schiene bringen, wobei angesichts der Vielfalt an Inhalten, die wir bearbeitetet haben, und der Fülle an Aktionen ohnehin immer alle fünf Schritte gleichzeitig stattgefunden haben.

Die Zusammenarbeit mit Frauen in allen gesellschaftlichen Bereichen

Im Folgenden möchte ich Ihnen ein paar Beispiele zur Zusammenarbeit mit Frauen in allen gesellschaftlichen Bereichen vortragen, beginnend mit dem direkten Kontakt zu den Frauen der Frauenservicestelle.

Frauenservicestelle

Diese Einrichtung haben wir gleich zu Beginn ab 1980 propagiert. Mir war es ganz wichtig, von den Frauen direkt zu erfahren, welche Probleme sie haben. Deshalb haben wir jeden Mittwoch von 12 bis 19 Uhr die Möglichkeit geschaffen, dass Frauen direkt zu mir in das Bundeskanzleramt kommen konnten, damit ich mit ihnen ihre Anliegen, Sorgen und Wünsche besprechen konnte. Das war ganz problemlos. Wir machten dieses Angebot öffentlich bekannt, und die Frauen haben sich telefonisch angemeldet. Die meisten Politiker reisen ja immer mit ihren Fotografien und Autogrammkarten. Wir haben in der Hausdruckerei ganz einfach hergestellte Postkarten für die Frauenservicestellen verwendet und sie überall ausgeteilt, zum Beispiel bei allen Betriebsbesuchen – wir haben in diesen Jahren über tausend Betriebsbesuche gemacht. So hat sich dieses Angebot in den vielen Jahren sehr verbreitet. Die Frauen haben angerufen, es wurde ein Termin vereinbart, und dann haben sie mit mir gesprochen. Wenn – was meistens der Fall war – das Problem nicht in einem Gespräch zu lösen war, hat sich eine Mitarbeiterin die Fakten notiert und das Anliegen weiterbearbeitet. Das hat zu einer sehr großen Arbeitsbelastung der Mitarbeiterinnen geführt.

Durch die Frauenservicestelle kam es dazu, dass ganz normale Staatsbürgerinnen im Bundeskanzleramt ein- und ausgingen. Das kam einem Tabubruch gleich und war vielen Beamten suspekt. Aussprüche wie „Was zur Dohnal wollen's? Ja, so schaun's auch aus!" waren an der Tagesordnung und wurden mir oft von meinen Besucherinnen berichtet. Generell kann man sagen, dass die Frauen, die nunmehr im Kanzleramt ein- und ausgingen, tatsächlich verstörten, denn das war etwas ganz Neues. Ansonsten sind ja nur die Beamten ein- und ausgegangen, von 12 bis 15 Uhr hat man einander mit „Mahlzeit" gegrüßt, vorher und nachher mit „Grüß Gott". Dass da plötzlich eine Bewegung und ein Kommen und Gehen stattfand, das war ja zuvor nicht der Fall. Die Frauen kamen natürlich auch in Jeans und T-Shirts, in Flatterkleidern und Latzhosen. Latzhosen waren damals sehr modern, und sie waren nicht gerade mausgrau und unauffällig. Die Kriminalbeamten am Eingang bezeichneten die Frauen wortwörtlich als „Fetzenweiber". Ich kann mich noch an eine ziemliche Aufregung erinnern, als sich eine Gruppe Prostituierter beim Portier zu erkennen gab und mich in der Frauenservicestelle besuchte. In Wien gab es damals eine Gruppe prostituierter Frauen, die sich organisiert hatten. Sie hatten sogar ein kleines Hotel im zweiten Bezirk gemietet und selbstverwaltet geführt. Brigitte Lehmann hat über diese Thematik viel publiziert und den Kontakt zu mir hergestellt. Es gab viele Probleme, die zu lösen waren und die wir auch gelöst haben, unter anderem mit der Gemeinde Wien. Dieser Besuch war jedenfalls ziemlich lange das Tagesgespräch im Bundeskanzleramt.

Durch die Frauenservicestelle kamen jährlich 1.000 bis 1.500 Personen zu mir. Darüber hinaus bearbeiteten meine Mitarbeiterinnen pro Jahr noch zwischen 5.000 und 7.000 Anliegen von Frauen, die sich telefonisch und schriftlich, zusätzlich und über die Frauenservicestelle hinausgehend, an uns wandten. Das war eine ziemliche Belastung, aber die Frauenservicestelle war meine wichtigste Informationsquelle. Viele Gesetzesnovellen nahmen ihren Anfang in der Frauenservicestelle. Ich habe die Probleme, die die Frauen hatten, zuerst einmal erfahren, und dann wurden daraus gesetzliche Änderungen.

Es hat sich natürlich sehr rasch herausgestellt, dass eine solche Frauenservicestelle auch in den Bundesländern notwendig wäre, weil nicht alle Frauen die Zeit und das Geld für eine lange Reise nach Wien hatten, aber trotzdem die gleichen Möglichkeiten haben sollten. Wir nannten dieses Vorhaben „Frauenservicestelle unterwegs" und haben es meistens mit den Frauenforen in den Bundesländern verbunden. Die Frauenforen waren regelmäßige Veranstaltungen in allen Bundesländern, auch dem Auftrag Kreiskys entsprechend: „Geh zu den Frauen und sag ihnen, was sich verändert hat." So hat es in Wirklichkeit nicht funktioniert, denn die Frauen haben mir gesagt, was wir verändern sollen.

Um Ihnen einen Eindruck vom Umfang dieser Aktivitäten zu vermitteln: Allein von Oktober 1982 bis November 1983 fand in Vorarlberg, Tirol, Kärnten, Oberösterreich, Salzburg, Steiermark, Niederösterreich und Burgenland an 53 Orten „Frauenservicestellen unterwegs" statt.

Wir haben die Auswertung dieser Gespräche dokumentiert. Was waren die Probleme, mit denen die Frauen gekommen sind?

- ♀ Öffentlicher Dienst – Aufnahme und Wechsel
- ♀ Öffentlicher Dienst – Diskriminierung
- ♀ Wohnungssuche
- ♀ Scheidung, Unterhalt, Pflegschaft
- ♀ Arbeitslosigkeit, Arbeitssuche
- ♀ Krankenversicherung, Pension
- ♀ Sozialhilfe, finanzielle Schwierigkeiten

- Kinderversorgung, Karenz, Mutterschutz, Kindergarten, Schule
- Arbeitsrecht und Steuerfragen
- Staatsbürgerschaft
- Fragen zum Thema Behinderung
- Aufnahme in ein Heim
- Diverses

Zu diesen Servicestellen kamen auch Frauen mit Anliegen, die mir ganz besonders nahegingen. Ich erinnere mich an eine „Servicestelle unterwegs" im Landhaus in Innsbruck, zu der eine Bäuerin aus dem Zillertal kam, 60 Jahre alt und total abgearbeitet. Sie hat mir erzählt, dass sie sechs Kinder hat und von ihrem Mann, einem Alkoholiker, geprügelt wird. Sie wusste keinen Ausweg mehr. Das war kein Einzelfall. Man muss sich vorstellen: Diese Frau hat um vier Uhr früh ihr Haus verlassen müssen, um unter den gegebenen Verkehrsbedingungen in Innsbruck sein zu können – die Servicestelle hat immer um 9 oder 10 Uhr begonnen. Wir haben die Servicestellen auch über Inserate bekannt gemacht, und zwar nicht in den großen Zeitungen, denn dafür hatten wir kein Geld, sondern in den regionalen Bezirkszeitungen, denen wir nichts oder nur sehr wenig bezahlen mussten. Diese Inserate waren auch sehr wirksam, weil sie sehr viel gelesen wurden, eben auch von dieser Bäuerin aus dem Zillertal. Sie hat sich in den Zug gesetzt und ist zu einer Frau nach Innsbruck gefahren, die sie gar nicht näher kannte. An diesem Beispiel kann man sich vorstellen, welchen Leidensdruck es gab. Helfen konnten wir ihr in Wirklichkeit nicht, weil die Frau von diesem Mann finanziell völlig abhängig war.

So viel zu den Frauenservicestellen in aller Kürze, und das wird sicherlich nicht dem gerecht, was dies alles tatsächlich bedeutet hat.

Kontakt und Austausch mit Frauenorganisationen und Initiativen

Dies war der zweite wichtige Arbeitsbereich, den ich am Beispiel der Frauenenqueten in Wien und der Frauenforen in den Bundesländern veranschaulichen möchte.

Die erste Frauenenquete fand am 14. Dezember 1979 in Wien statt. Am 5. November wurde ich angelobt, einen Monat später gab es schon die erste Frauenenquete. Eingeladen wurden Vertreterinnen von allen organisierten weltanschaulichen Gruppierungen, auch aus der Autonomen Frauenbewegung. Der Versuch, gemeinsam mit Vertreterinnen von Interessenverbänden und unabhängigen Frauenorganisationen in regelmäßigen Enqueten Diskussionen über Probleme zu führen, sollte den Diskussionsstand in Frauenfragen vereinheitlichen und zu einer effektiveren politischen Durchsetzung führen.

Zur ersten Frauenenquete im Palais Dietrichstein in Wien kamen 250 Frauen, ein prominenter Teilnehmer war der Bundeskanzler. Vertreterinnen aus allen politischen und konfessionellen Frauenorganisationen waren anwesend, auch aus Gewerkschaften und sonstigen Interessenvertretungen und der Wirtschaft sowie aus autonomen Fraueninitiativen. Die Hauptaufgabe dieser ersten österreichischen Frauenenquete sah ich damals im Sammeln von Meinungen und Vorschlägen, und zwar auf breitester Basis.

Folgende Bereiche habe ich zur Diskussion gestellt und um Meinungen, Anregungen und Ergänzungen ersucht:

- gleiche Lehrpläne für Knaben und Mädchen, auch als Voraussetzung zur Überwindung des geteilten Arbeitsmarktes
- Chancengleichheit der Frauen im öffentlichen Dienst
- Darstellung der Frau in den Medien und in der Werbung und Sensibilisierung für diese Problematik
- Errichtung von Frauenhäusern auch in den Bundesländern
- Unterstützung von Fraueninitiativen in den Ländern und Gemeinden
- Erhöhung des Frauenanteils in allen politischen Positionen
- Überprüfung und Beobachtung von Gesetzen in ihren Auswirkungen auf Frauen
- Gleichberechtigung der Frauen im Sozialversicherungswesen

Das waren die Themen, von denen ich aufgrund der Erfahrung aus meiner vorherigen politischen Tätigkeit annahm, dass sie zu einem Konsens über Parteigrenzen und über ideologische Verhärtungen aus religiösen Gründen hinweg führen könnten, womit eine Möglichkeit bestünde, sich darüber näherzukommen.

Ich habe dafür plädiert, nicht die Gegensätze, sondern die Gemeinsamkeiten in den Vordergrund treten zu lassen, weil ich der Meinung war, dass der Einfluss auf die Politik der Regierungspartei stärker wird, wenn die Zahl der Verbündeten zunimmt. Diese Verbündeten in den eigenen Reihen zu suchen, sie aber auch außerhalb der Partei zu finden, habe ich als Grundlage für eine wirksame Frauenpolitik im Sinne einer Politik mit den Betroffenen, nämlich den Frauen, verstanden.

Derartige Enqueten fanden in der Folge halbjährlich in Wien statt, in den Bundesländern gab es die Frauenforen. Die Themenstellungen wurden nicht von uns alleine festgelegt, sondern gemeinsam mit den Frauengruppen und Frauenorganisationen aus den Bundesländern im Vorfeld erarbeitet. Eine Mitarbeiterin ist in das jeweilige Bundesland gefahren, ich selber auch, und wir haben diese Themen vor Ort besprochen, mit Funktionärinnen und Vertreterinnen der Fraueninitiativen, auch der katholischen und evangelischen Organisationen.

Die Frauenforen und Enqueten waren für mich eine sehr interessante Erfahrung, auch aufgrund der Reaktionen der SPÖ-Frauen: Sie haben überhaupt nicht verstanden, dass ich eine solche Zusammenarbeit verordne – mit ÖVP- und FPÖ-Frauen, mit katholischen und evangelischen Frauen sowie autonomen und kommunistischen. Für meine lieben Parteifreundinnen war es also gar nicht so einfach. Bei den autonomen Frauen gab es auch so einiges, das ihnen suspekt war: Sollen sie sich jetzt auf ein Podium setzen und sich alle gemeinsam präsentieren? Von mir hätten sie eigentlich erwartet, nur rein sozialistische Veranstaltungen zu machen, weil ich doch eine sozialdemokratische – damals dem Namen nach noch sozialistische – Politikerin war.

Ich habe an diese Frauenforen auch viele nette Erinnerungen. In jedem Bundesland war es ein wenig anders.

Beim Frauenforum in Tirol im Jahr 1980 habe ich bereits in der Früh den damaligen Landeshauptmann Wallnöfer getroffen. Ich habe die Frauenforen immer mit einem Besuch beim Landeshauptmann verbunden. Bei diesem Treffen hätte ich bereits um 8 Uhr morgens einen Rotwein trinken sollen, dazu war ich nicht im Stande. Zu dieser Zeit gab es eine große Diskussion über das autonome Tiroler Frauenhaus, das vom Land Tirol keine Subventionen mehr erhalten sollte. Ich habe aber den Herrn Landeshauptmann davon abgebracht, ich habe ihm nämlich gesagt: *„Also wissen Sie, Herr Landehauptmann, geschlagen werden alle Frauen, rote genauso wie schwarze."* Es ging um 500.000 Schilling Landessubvention, und die er hat mir zugesagt. Gleich darauf bin ich zur Radiosendung „Autofahrer unterwegs" gegangen und habe dort mitgeteilt, was ich gerade mit dem Landeshauptmann ausgemacht habe. Es gab kein Zurück mehr, der Landeshauptmann hat sein Wort gehalten.

Bei diesem Tiroler Frauenforum wollte Herr Prior, damals Landeshauptmannstellvertreter, den Saal sperren lassen, weil er tatsächlich überfüllt war. Auch die Katholische Frauenbewegung hat dieses Frauenforum wochenlang vorher mit Rundschreiben beworben und Busse für den Transport von Frauen mit Transparenten gegen die Fristenregelung und gegen meine Person organisiert. Der Saal war klarerweise überfüllt, die autonomen Frauen sind hinter der Bühne am Boden gesessen, weil alle Plätze schon besetzt waren, und die SPÖ-Frauen standen ganz verschüchtert draußen bei den Infoständen. Aber Wanda Brunner, die damalige Landesfrauenvorsitzende, ist über sich hinausgewachsen. Sie hat nämlich in ihrem Einleitungsstatement gegenüber den Tiroler Männern so feministische und radikale Worte gefunden, dass ich mir gedacht habe: Das darf sie jetzt nicht tun, das darf sie nicht tun!

Das allererste Frauenforum hat im Jahr 1980 in Vorarlberg stattgefunden, dort sind die Frauen der Katholischen Frauenbewegung auch so aufmarschiert wie in Tirol. Jede Frau ist aufgestanden und hat gesagt: *„Ich bin verheiratet und Mutter von sieben Kindern"*, *„... von acht Kindern"*. Dann meldete sich eine junge Frau in Jeans, und ich habe mir gedacht, vielleicht kommt jetzt eine andere Wortmeldung. *„Ich bin verheiratet und Mutter von 10 Kindern"*, sagte sie. Das war natürlich eine konzertierte Aktion, die beweisen sollte, wie familienzerstörend diese Staatssekretärin und ihre Politik sind. In Vorarlberg ging es in erster Linie um Kinderbetreuungseinrichtungen, diese Frauen sind deshalb organisierterweise aufgestanden und haben gesagt: *„In Vorarlberg gehören die Kinder zu Mittag am Tisch."* Ohne zu bemerken, dass das Mikrofon noch eingeschaltet war, habe ich gesagt: *„Meine Großmutter hat immer gemeint, was auf den Tisch kommt, wird gegessen."* Das war dann, ja … etwas schwierig.

Kommentar von Annemarie Aufreiter

Zusätzlich zu den Frauenforen in den Bundesländern fanden im Frauenstaatssekretariat die „Tage der offenen Tür" statt. Alle Mitarbeiterinnen haben Prospekte verteilt und Beratungsgespräche geführt. Es gab sehr viel direkten Kontakt mit Frauen.

Vor der Eingangstür zum Metternich-Zimmer und dem angrenzenden Raum befand sich ein von mir gezeichneter Plan, wo was stattgefunden hat. In der Küche, einem ganz kleinen Raum, gab es Getränke. Mit Informationskojen, Plakaten und Stellwänden wurde Wissenswertes beispielsweise zu Arbeit und Schule oder zu Selbstbewusstseinsseminaren präsentiert. Weil wir die Seidentapeten nicht behängen durften, haben wir die alten, vergoldeten Kamine mit Plakaten umwickelt.

Die „Tage der offenen Tür" hatten bestimmte Themenschwerpunkte, im Jahr 1988 zum Beispiel zur Begegnung der Generationen von 1938 bis 1988. In den Räumen des Frauenstaatssekretariats fanden zahlreiche Diskussionen statt, Frauen der Generation aus der Zeit des Nationalsozialismus kamen mit Frauen aus der damaligen Generation des Jahres 1988 ins Gespräch. Auch Schüler und Schülerinnen ganzer Schulklassen haben mit Zeitzeuginnen diskutiert.

Wir haben uns auch sehr viel Kreatives einfallen lassen. Einmal zum Beispiel haben wir anlässlich des Internationalen Frauentages ein Sonderpostamt mit einer eigenen Briefmarke eingerichtet. In das Frauenstaatssekretariat kamen unendlich viele Briefmarkensammler, die zuerst durch die zahlreichen Informationskojen gelotst wurden, bis sie schließlich beim Sonderpostamt ankamen.

Im Folgenden möchte ich Ihnen einige unserer Projekte dazu vorstellen.

Die „Aktion Medienbeobachtung" verfolgte das Ziel, ZuschauerInnen zu ermutigen, sich kritisch mit den im Fernsehen, in Filmen, in der Werbung, in Informationssendungen gezeigten Rollenklischees auseinanderzusetzen. Wir haben mit Fachfrauen einen Fragebogen erstellt und verteilt, der für damalige Verhältnisse einen spektakulären Rücklauf hatte: Über 4.000 TeilnehmerInnen, hauptsächlich Frauen, aber auch Männer, haben drei Wochen lang die Darstellung der Frau im Fernsehen beobachtet. Auch Schulklassen haben sich für diesen Aufwand bereit erklärt und die Bögen ausgefüllt. Die Ergebnisse dieser Umfrage wurden dann sowohl in Schulen als auch in Frauengruppen diskutiert, vor allem aber wurden die verantwortlichen Programmgestalter und Programmgestalterinnen des ORF damit konfrontiert. Eine Folge dieser „Aktion Medienbeobachtung": Wir haben Seminare für JournalistInnen entwickelt, angeboten und durchgeführt, um sie zu sensibilisieren.

Eine andere Aktion war ein Kinderbuchwettbewerb, den wir gemeinsam mit einem Kinderbuchverlag ausgeschrieben haben. Gesucht wurden Kurzgeschichten, in denen die herkömmlichen Rollenbilder in Frage gestellt wurden. Daraus entstand das im Handel erhältliche Buch „Mädchen dürfen pfeifen, Buben dürfen weinen".

Aufgrund der Tatsache, dass Comics bei Kindern besonders beliebt sind, haben wir weiters einen Wettbewerb zu Bildergeschichten veranstaltet, um eingefahrene Gleise hinsichtlich der Rollenklischees zu verlassen. Das Heft, das den ersten Preis erhielt – „Eine Familie. Geschichten aus dem Alltag" –, wurde im Herbst 1984 an 105.000 SchülerInnen und LehrerInnen versandt. Für das Lehrpersonal wurde ein didaktisches Beiblatt erarbeitet, das Anregungen und Beispiele enthielt, wie der Unterricht mit Hilfe der Comics gestaltet werden könnte. Schlussendlich gab es noch einen Wettbewerb für ein Bilderbuch, das vor allem die klischeehaften Vorstellungen über Großmütter ad absurdum führen sollte. Das prämierte Buch trug den Titel „Omageschichten".

Selbstbewusstseinsseminare für Frauen

In Zusammenarbeit mit verschiedenen Einrichtungen in der Erwachsenenbildung, mit den Gewerkschaften und kirchlichen Organisationen haben wir in ganz Österreich Seminare unter dem Titel „Selbstbewußtsein kann man lernen" durchgeführt. Auch ein Seminar zur Fortsetzung sowie thematisch weiterführende Seminare wurden angeboten. Für diese Selbstbewusstseinsseminare wurde ein eigener Trainerinnenleitfaden hergestellt, dieser erhielt übrigens den Preis für Erwachsenenbildung der Republik Österreich. Der Leitfaden diente der Ausbildung, später wurden auch Supervisorinnen für die Trainerinnen organisiert.

An den Seminaren nahmen Tausende Frauen aus ganz Österreich teil. Noch heute, wenn ich unterwegs bin, kommen Frauen in ganz unterschiedlichen Situationen, im Theater oder in einem Beisl, auf mich zu und deklarieren sich als „Seminarfrau". Das war in dieser Zeit ein Begriff. Begonnen habe ich mit den Seminaren in meiner Funktion als Frauensekretärin in der Wiener SPÖ für die SPÖ-Frauen, und sie wurden so erfolgreich, dass wir sie überparteilich und für ganz Österreich weiterentwickelt und angeboten haben. Von der Wiener SPÖ wurde mir dann der Vorwurf gemacht, dass wir mit den Seminaren die Familien zerstören und die Genossen aus der Partei austreten würden, weil sie jetzt mit einer Emanze verheiratet seien. Daraufhin haben wir wieder Parteibeitritte von Frauen organisiert. Was mich wirklich sehr freut: Die Katholische Frauenbewegung arbeitet heute immer noch mit diesem Trainerinnenleitfaden, zwar modifiziert für ihre Bedürfnisse, aber nicht hinsichtlich der Grundstruktur und des zentralen Anliegens.

Förderung und Unterstützung von Fraueninitiativen

Im diesem Bereich waren wir zunächst für bereits bestehende Frauengruppen oder solche in der Gründungsphase eine Anlaufstelle zur Weitergabe erforderlicher Informationen und zur Unterstützung bei der Realisierung ihrer Projekte. Die Broschüre „Schritt für Schritt" zum Beispiel war ein Wegweiser für Fraueninitiativen mit Informationen, die von der Gründung eines Vereins bis zur Hilfestellung bei Öffentlichkeitsarbeit und Förderanträgen reichten. Unabhängig davon kamen viele Frauen, die kein Geld zur Verfügung hatten, in das Bundeskanzleramt, um die Einladungen für ihre Veranstaltungen zu kopieren. Wir waren natürlich auch Vermittlungsstelle zu Behörden und haben bei Subventionsansuchen geholfen. Meine Mitarbeiterinnen waren wirklich Expertinnen. Sie wussten, wie man wo was mit welchen Formalitäten ansuchen musste. Ich selbst habe viele Interventionsgespräche führen müssen, vor allem in den ÖVP-dominierten Bundesländern, und ich habe auch bei der Aufklärungs- und Öffentlichkeitsarbeit unterstützend gewirkt, um den Weiterbestand von Frauenprojekten zu sichern oder neue zu initiieren.

Selber konnten wir mit dem Budget, das zur Verfügung stand, vor allem die Frauenberatungsstellen unterstützen, und zwar in Zusammenarbeit mit dem Sozialministerium. Aus Mitteln der Arbeitsmarktverwaltung wurden Frauenberatungsstellen vom Sozialministerium finanziert. Für jede Frauenberatungsstelle konnte ich pro Jahr etwa 300.000 Schilling bereitstellen, allerdings war ich zu diesem Zeitpunkt schon Ministerin. Als Staatssekretärin konnte ich die Frauenberatungsstellen nicht in diesem Ausmaß finanziell absichern. Die Entwicklung war allerdings dann eine andere: Nachdem es der Industriellenvereinigung und der Bundeswirtschaftskammer leider gelungen war, ihren jahrelang gehegten Wunsch nach einer Umstrukturierung der Arbeitsmarktverwaltung zu realisieren und diese im Jahr 1994 aus dem Bundesministerium für Arbeit, Gesundheit und Soziales auszugliedern, das Arbeitsmarktservice sozialpartnerschaftlich zu besetzen und somit die Mitbestimmung der Unternehmerseite zu gewährleisten, musste evaluiert werden. Schwerpunkte, die bei den Frauenberatungsstellen ganz wichtig waren, nämlich das persönliche Umfeld der Frauen einzubeziehen, durften nicht mehr gesetzt werden. Es ging nun zunehmend um Arbeitsvermittlung. Erfolgsziffern darüber, wie viele Personen auf eine Arbeitsstelle vermittelt werden konnten, wurden in den Vordergrund gestellt. Die persönliche Situation der Frauen und die gesamte Umfeldbetreuung, die Frauen nach Scheidungen oder fürchterlichen Lebenserfahrungen brauchen, wurde immer mehr zurückgedrängt.

Wie gesagt, sehr viel Geld hatten wir selber nicht zur Verfügung. Als ich ausgeschieden bin, betrug das Jahresbudget der Frauenministerin 38 Millionen Schilling, davon waren 35 Millionen an die Subventionierung von Fraueninitiativen und Frauenservicestellen gebunden. Für Broschüren, Veranstaltungen und alle weiteren Vorhaben waren maximal drei Millionen Schilling pro Jahr übrig. Wenn man diesem Betrag die vielen Millionen Euro, die in den letzten paar Jahren für Propaganda und Eigenwerbung ausgegeben wurden, gegenüberstellt, muss man ganz klar sagen, dass das Frauenministerium solche Summen während der ganzen Zeit nicht zur Verfügung hatte.

Ratgeberinnen

Abschließend möchte ich noch zwei unserer Publikationen erwähnen, die sich besonders hoher Nachfrage und vieler Auflagen erfreuten.

„Was tue ich, wenn es zur Scheidung kommt?", eine Informationsbroschüre, wurde immer wieder neu aufgelegt, weil sich die rechtliche Situation im Laufe der Jahre ständig veränderte. Eine solche Informationsschrift war notwendig, weil wir, vor allem in den Frauenservicestellen, gemerkt haben, dass die Frauen über ihre Rechte nicht Bescheid wussten und von den Anwälten oft nicht richtig aufgeklärt und ausreichend in Kenntnis gesetzt wurden.

Die Broschüre „Frauenratgeberin. Informationen von A-Z" beinhaltete wichtige Informationen, die immer auch darauf beruhten, was an uns herangetragen wurde und an welchen Stellen wir ein Manko bemerkt haben. Themen in diesem Ratgeber etwa waren Mutterschutz, Kredithaftung, Arbeitslosengeld, Schuldnerberatung oder Karenzgeld. Weiters enthielt er die Adressen und Telefonnummern aller Landesregierungen; auch Selbsthilfegruppen und Frauenorganisationen waren aufgeführt und man konnte sich informieren: Welche Gruppierungen gibt es, womit beschäftigen sie sich, wo kann frau hingehen, wenn sie ein bestimmtes Problem hat.

Für die Herstellung dieser Broschüren musste ich mir von anderen Ministerien finanzielle Mittel verschaffen und mich um Förderungen vom Sozialministerium oder vom Justizministerium bemühen, denn mit eigenen Geldmitteln hätten wir diesen Ratgeber nicht publizieren können.

Mit diesen Beispielen habe ich versucht, Ihnen einen Einblick zu geben, wie bei uns gearbeitet wurde. Die damalige Vorsitzende der Katholischen Frauenbewegung, Ingrid Klein, mit der ich sehr gut zusammengearbeitet habe, hat einmal gesagt: *„Wenn man bei euch ins Büro kommt, glaubt man, man ist in einem autonomen Frauenzentrum."*

Und in Wirklichkeit hat es sich ja auch so abgespielt.

Kommentar von Annemarie Aufreiter

Mit Initiativen von Frauen, die im Kultur- und Kunstbereich gearbeitet haben, gab es immer eine gute Zusammenarbeit. Anlässlich des Frauentages haben wir zum Beispiel vom 8. bis 13. März 1992 eine Frauenprojektmesse mit dem Titel „Leben, Arbeit und Kultur" veranstaltet. Johanna Dohnal hat immer Wert darauf gelegt, dass mit Veranstaltungen auch öffentliche Räume besetzt werden und Frauen sich beispielsweise nicht nur in einer Räumlichkeit der Volkshochschule, sondern auch in der Börse, der Hofburg oder dem Palais Dietrichstein einfinden. Die Frauenprojektmesse fand daher in der Hofburg statt – ein enormer Aufwand in diesen Heldengemäuern.

Der repräsentative Hintergrund der Hofburg und die Buntheit der österreichischen Frauenszene mit ihrem Aktionismus zeichneten dieses Ereignis aus. Mehr als 100 Fraueninitiativen haben sich mit eigenen Informationsständen präsentiert, und zwar sowohl parteipolitische und konfessionelle Frauengruppen und Organisationen sowie Interessenvertretungen als auch autonome Frauengruppen, Selbsthilfegruppen, Kunst- und Kulturschaffende. Darüber hinaus fanden Diskussionsveranstaltungen und Filmvorführungen statt. Jeden Tag konnte ein umfassendes Programm besucht werden mit Themen wie Frauenbewegung, Frauengesundheit, Erziehung oder Gewalt gegen Frauen.

Über diese Frauenprojektmesse gibt es im Johanna-Dohnal-Archiv ein Filmdokument, das einen Eindruck von der Stimmung und der Vielfalt an Inhalten und Aktivitäten vermittelt. Der 24 Minuten lange Film wurde von einem ORF-Team gedreht, zweieinhalb Minuten davon wurden damals auch im Fernsehen gezeigt.

Zur Arbeitsweise im legistischen Bereich

Das wirksamste und für mich in dieser Funktion wahrscheinlich einzig mögliche Instrumentarium war die Einrichtung von Interministeriellen Arbeitsgruppen, und zwar aus folgenden Gründen:

Eine Staatssekretärin beziehungsweise ein Staatssekretär hat laut Verfassung keine eigenen Kompetenzen. Um Gesetzesvorlagen einzubringen, braucht man den jeweils zuständigen Ressortminister. Der zweite Grund betrifft die Ressourcen. Die Interministeriellen Arbeitsgruppen haben mir einen direkten Zugriff auf das erforderliche ExpertInnenwissen in den einzelnen Ressorts ermöglicht, um in den verschiedenen Politikfeldern Empfehlungen und Richtlinien zum Abbau geschlechtsbedingter Diskriminierungen von Frauen ausarbeiten zu können.

Für die Gründung einer Interministeriellen Arbeitsgruppe war die Zustimmung des jeweiligen Ministers, der jeweiligen Ministerin erforderlich. Für den öffentlichen Dienst war eigentlich der Bundeskanzler zuständig, aber es gab immer einen Beamtenstaatssekretär, mit dem ich natürlich auch das Einvernehmen herstellen musste. Grundsätzlich mussten aber die jeweiligen Minister zustimmen. Deshalb ging es zum Beispiel im Bereich Unterricht darum, den Unterrichtsminister von der Notwendigkeit einer Interministeriellen Arbeitsgruppe mit seinen BeamtInnen zu überzeugen.

Abgesehen von der Zustimmung der jeweils zuständigen MinisterInnen mussten diese Arbeitsgruppen durch einen Ministerratsbeschluss institutionalisiert werden. Ich hatte einen Vortrag an den Ministerrat eingebracht, und zwar über den Bundeskanzler, der mein zuständiger Ressortminister war. Im Ministerrat wurde dann der Beschluss gefasst, eine Arbeitsgruppe für einen bestimmten Bereich einzurichten. Diese Arbeitsgruppen standen unter meinem Vorsitz, teilgenommen haben BeamtInnen aus den Ministerien, VertreterInnen der politischen Parteien, ExpertInnen und PraktikerInnen, diese konnte ich einladen.

Auf diese Art und Weise gelang es mir, auf die Ressorts Unterricht, Inneres, Justiz und Kunst sowie auf den öffentlichen Dienst einzuwirken. Das waren die wesentlichen Bereiche, in denen Aktivitäten entfaltet werden konnten und in denen Interministerielle Arbeitsgruppen von Anfang an, also ab 1980 gegründet wurden. Auch der Bereich Soziales wäre wichtig gewesen, aber mit dem Sozialminister ist es nie gelungen, eine solche Arbeitsgruppe zu installieren.

Öffentlicher Dienst

Aufgabe der Interministeriellen Arbeitsgruppe im öffentlichen Dienst war es, Maßnahmen zur Förderung und Durchsetzung der Chancengleichheit und Gleichbehandlung im öffentlichen Dienst zu entwickeln.

Das wichtigste Ergebnis – gleich zu Beginn – war die Erstellung eines Förderungsprogramms für Frauen im Bundesdienst, das im Herbst 1981 im Ministerrat beschlossen und von der Bundesregierung verabschiedet wurde. Jeder Minister und jede Ministerin war nun aufgefordert, jährlich dem Ministerrat einen Bericht über den Stand der Verwirklichung dieses Frauenförderungsprogramms abzugeben.

Das Frauenförderungsprogramm umfasste folgende Bereiche:

- Neubewertung von Frauenarbeitsplätzen im Bundesdienst und den nachgeordneten Dienststellen
- Weiterbildung und Beförderung
- geschlechtsneutrale Stellenausschreibungen
- Bevorzugung von Frauen, bis ihr Anteil in leitenden Positionen dem durchschnittlichen Frauenanteil in der jeweiligen Organisationseinheit entspricht.
- Einsetzung von Kontaktfrauen, die für die jeweiligen Ressorts Aktionspläne zur Umsetzung entwickeln.

Das Programm hatte zum Beispiel zur Folge, dass in den Lehrwerkstätten von Bahn und Post nun auch Mädchen zu Mechanikerinnen und Fernmeldemonteurinnen ausgebildet wurden und den Frauen der Zugang zur Flugsicherung, die damals noch im Staatsdienst angesiedelt war, eröffnet wurde. Es war viele Jahre wirksam und wurde in kontinuierlichen, monatlich stattfindenden Sitzungen dieser Interministeriellen Arbeitsgruppe vorangetrieben. Auch Einzelverhandlungen meiner Mitarbeiterinnen mit Beamten des jeweiligen Ressorts fanden statt, bis hin zu jenen heiklen Fragen, mit denen ich selbst mit dem jeweiligen Minister Kontakt aufnehmen musste.

Nach einigen Jahren wurde das Frauenförderungsprogramm unter der Leitung von Eva Kreisky von der Verwaltungsakademie umfassend evaluiert, daraus entstand die Grundlage für das Bundesgleichbehandlungsgesetz, das 1993 in Kraft trat. Das war die Weiterentwicklung, aber zugleich von Anfang an das Ziel. Es konnte erst später erreicht werden, weil es bereits gegen das Frauenförderungsprogramm im Bundesdienst Widerstände gegeben hat, und zwar nicht nur von den Ministern, sondern auch von der Gewerkschaft und den PersonalvertreterInnen im öffentlichen Dienst. Diese hatten von vornherein eine ablehnende Haltung.

„Das ist Aufgabe der Gewerkschaft. Was will da die Dohnal? Das machen wir! Wir kümmern uns ohnehin darum, dass es den Frauen besser geht ...“

Nur, das war nicht wahr, nichts haben sie gemacht. Die Widerstände waren natürlich sehr stark, das kann und will ich nicht verschweigen.

Ein Gleichbehandlungs- und Frauenförderungsgesetz ließ sich also nur über den Umweg eines Frauenförderungsprogramms als ersten Schritt verwirklichen. Ein Programm tut weniger weh, es ist noch kein Gesetz.

Nach langwierigen, jahrelangen Verhandlungen wurde das Bundesgleichbehandlungsgesetz also 1993 beschlossen. Das Gleichbehandlungsgebot in diesem Gesetz entspricht demjenigen, das auch für die Privatwirtschaft Geltung hat. Es besagt, dass niemand aufgrund seines Geschlechtes mittelbar oder unmittelbar benachteiligt werden darf.

Im Unterschied zum Gleichbehandlungsgesetz für die Privatwirtschaft enthält das Bundesgleichbehandlungsgesetz aber nicht nur ein Gleichbehandlungsgebot, sondern auch ein Frauenförderungsgebot. Das bedeutet, dass die Chancengleichheit der Frau gemäß der von Österreich ratifizierten UN-Konvention zur Beseitigung jeder Form von Diskriminierung der Frau aktiv zu fördern ist. Zu diesem Zweck sind – das schreibt das Gesetz vor – die einzelnen Frauenförderungspläne zu erstellen. Frauen sind entsprechend der Vorgaben dieser Förderungspläne bevorzugt zur Teilnahme an Aus- und Weiterbildungsmaßnahmen zuzulassen; sie sind in jenen Bereichen, in denen sie unterrepräsentiert sind, bevorzugt aufzunehmen beziehungsweise zu befördern, sofern sie nicht geringer geeignet sind als der geeignetste männliche Mitbewerber. Als unterrepräsentiert gelten Frauen, wenn ihr Anteil an der Anzahl der dauernd Beschäftigten in der betreffenden Verwendungsgruppe oder der Funktion, welche auf die in der betreffenden Verwendungsgruppe dauernd Beschäftigten entfallen, im Wirkungsbereich der jeweiligen Dienstbehörde weniger als 40 Prozent beträgt. Das ist – im Umkehrschluss – eigentlich gleichbedeutend mit der Einführung einer Quotenregelung im öffentlichen Dienst.

Das Bundesgleichbehandlungsgesetz fordert nicht nur die Gleichbehandlung der Geschlechter, es nimmt auch die sprachliche Gleichbehandlung von Frauen ernst. Es war nämlich das erste österreichische Gesetz, in dem bei personenbezogenen Bezeichnungen nicht nur die männliche Form (zum Beispiel Bewerber), sondern die männliche und die weibliche Form (Bewerber und Bewerberin) verwendet wurde. Das erste Bundesland, das auf Landesebene ein Förderungsprogramm verabschiedet hat, war Salzburg.

Unterricht

Eine weitere Interministerielle Arbeitsgruppe wurde für den Bereich Unterricht eingerichtet, der ganz wichtig für die von mir zu bearbeitenden Fragen war. Hier konnten wir die Angleichung der Lehrpläne für Knaben und Mädchen in der Schule der 10- bis 14-Jährigen erreichen.

Die „Richtlinien für eine realitätsbezogene Darstellung von Frau und Mann im Schulbuch" möchte ich etwas näher ausführen. Diese wurden von den

BeamtInnen des Unterrichtsministeriums für die Analyse und Bewertung von Schulbüchern ausgearbeitet. Folgende Gesichtspunkte wurden berücksichtigt:

- Frau und Mann in der Familie
- Frau und Mann in der Arbeitswelt
- Frau und Mann im öffentlichen Leben, in Kultur und Freizeit
- die Beziehung der Menschen zueinander
- die Bewältigung der Verbindung von Familie und Arbeitswelt beziehungsweise öffentlichem Bereich durch Frau und Mann

Schulbücher sollten entsprechend dieser Richtlinien in den Schulbuchkommissionen approbiert, also zugelassen, empfohlen oder abgelehnt werden. Gleich vorweg: Der Erfolg war nicht sehr großartig, aber zumindest wurden die in den Schulbüchern vermittelten Rollenbilder zum Thema. Darüber hinaus bekamen engagierte LehrerInnen an Schulen konkrete Möglichkeiten in die Hand, um im Unterricht tätig zu werden. Man kann nämlich auch mit einem Schulbuch eine – in unserem Sinne – verquere Darstellung von Mann und Frau verfestigen. Als engagierte Lehrperson kann ich aber trotz eines negativen Beispiels etwas aufzeigen. In diesem Fall ging es um solche Diskussionen, um das Erzeugen eines Bewusstseins.

Ein besonders krasses Beispiel, mit welchen Weisheiten Lehrlinge vollgestopft wurden, will ich Ihnen nicht vorenthalten.

In einem Buch für Verkaufstechnik, das 1974 approbiert wurde, steht geschrieben: „*Männer gelten als verstandesbetont, legen Wert auf Wissen und Können; treffen Entscheidungen gerne selbst. Sie lieben fast durchwegs technische Spielereien und Basteleien, beachten Qualität, Einzelheiten und praktische Verwendungsmöglichkeiten. Meist sind sie großzügiger als Frauen, eigenwillig und rechthaberisch, wobei sie in der Regel im Vorhinein wissen, was sie kaufen wollen.*“

Und über die Frauen heißt es: „*Einkaufen bedeutet den meisten Frauen durchwegs mehr als ein notwendiges Übel. Es ist ein Erlebnis. Anschauen und Aussuchen von Waren, die Atmosphäre des Geschäftes oder Kaufhauses, das Gespräch mit der Verkäuferin oder dem Verkäufer sind für sie eine Art gesell-*

schaftlichen Vergnügens. (...) Es ist statistisch erwiesen, daß der gefühlsbetonte Persönlichkeitstypus bei Frauen häufiger anzutreffen ist als bei Männern, (...) technische Probleme interessieren sie weniger; für sie sind Form, Farbe sowie Gestaltung einer Ware – das Aussehen – wichtig. (...) Im Allgemeinen wirken Frauen meist kritischer, können sich nur schwer zu einem Kauf entschließen und wechseln häufig das Geschäft. Das Bild der Frau als Konsumentin erfährt insofern Einschränkungen, als die moderne berufstätige Frau weniger Zeit zur Verfügung hat, zielbewußter handelt und in Geldfragen (Preis) unabhängiger ist." (zit. n. Waschek/Karlsson 1989, 41)

Nun ja, jede und jeder kann sich selber ein Bild darüber machen.

Mit Autoren und Schulbuchbegutachtern wurden zu dieser Problematik Enqueten abgehalten. Konzepte für die Lehrerfortbildung wurden entwickelt, Materialien über rollenspezifische Erziehung erarbeitet, Vergleiche zwischen Schultypen und Berufschancen der SchulabgängerInnen durchgeführt und die Lehrpläne der höheren Lehranstalt für wirtschaftliche Berufe und der Fachschule für wirtschaftliche Berufe mit anderen berufsbildenden Schulen verglichen.

Mit dieser Interministeriellen Arbeitsgruppe konnte eine Veränderung der Ausbildung der Arbeitslehrerinnen durchgesetzt werden. Das steht primär im Zusammenhang mit der Durchsetzung gleicher Lehrpläne, denn früher war in der Volksschule technisches Werken nur für die Buben und textiles Werken nur für Mädchen verpflichtend. Das zu erreichen war ein jahrelanger Kulturkampf, das Abendland ging ja beinahe zugrunde, konnte man glauben. Die Arbeitslehrerinnen waren sehr darauf bedacht, ihren Status zu behalten, und sie hatten Angst, ihre Arbeitsmöglichkeit zu verlieren, wenn in diesem Bereich etwas verändert wird. Gleiche Lehrpläne konnten also erst durchgesetzt werden, als es uns gelungen ist, mit der Gewerkschaft Verbesserungen für die Arbeitslehrerinnen zu erreichen. Sie haben nichts verloren, sondern etwas dazu gewonnen. Mit der Integration in die pädagogische Akademie wurden sie Lehrerinnen für Werkerziehung, sie konnten nun auch technisches Werken unterrichten. Sie erhielten eine geschlechtsneutrale Bezeichnung und wurden dienstrechtlich den Volksschullehrerinnen gleichgestellt, was auch eine Einkommenserhöhung zur Folge hatte.

Die Herstellung des Medienkoffers für alle österreichischen Schulen im Jahr 1987 ist ein weiteres Beispiel dafür, was in dieser Arbeitsgruppe erarbeitet wurde und in der Bewusstseinsbildung viel erreicht hat. Der Medienkoffer „Frau, Mann und Partnerschaft" enthielt viele Materialien, die im Schulunterricht verwendet werden konnten.

Inneres

In der Interministeriellen Arbeitsgruppe im Bereich Inneres ging es um die Schaffung einer frauenfreundlicheren Verwaltung. In allen Ministerien wurden Verwaltungsauskunftsstellen eingerichtet. Es ist wahrscheinlich bis heute noch so, dass Frauen viel mehr Ängste vor öffentlichen Institutionen und deren Dienstleistungsangebot zu überwinden haben. Hier ging es nicht nur um eine frauenspezifische Maßnahme, aber sie wurde hauptsächlich von Frauen gefordert.

Im Staatsbürgerschaftsrecht beispielsweise wurden frauendiskriminierende Bestimmungen ausfindig gemacht und Änderungsvorschläge erarbeitet, die anschließend die Grundlage für eine entsprechende Gesetzesvorlage waren. Die Weitergabe der Staatsbürgerschaft zum Beispiel war früher nur durch den Vater möglich, dann konnte auch die Mutter ihre Staatsbürgerschaft an das Kind weitergeben. Es gab auch unterschiedliche Fristen für den Erwerb der Staatsbürgerschaft. Alle diese diskriminierenden Bestimmungen wurden ausgeforscht und sukzessive verändert. Über die Interministerielle Arbeitsgruppe Inneres gelang es auch, dass Frauen in den Polizei- und Gendarmeriedienst[19] aufgenommen wurden.

19 *Die österreichische Gendarmerie, gegründet 1849, wurde 2005 als eigenständiger Wachkörper aufgelöst und mit der Bundespolizei zusammengelegt.*

Justiz

In der Interministeriellen Arbeitsgruppe Justiz ging es um die frauenspezifischen Aspekte im Bereich der Justiz, und zwar um einen besseren Zugang zum Recht. Zu diesem Thema haben wir auch Enqueten veranstaltet und Broschüren herausgegeben, immer in Zusammenarbeit mit dem Ressort und deren ExpertInnen. Alleine hätten wir das alles gar nicht schaffen können, ich erinnere an die paar Mitarbeiterinnen, wir haben also dringend die Ressourcen in den Ressorts gebraucht. Scheidungsfragen oder Unterhaltsrecht waren weitere Themen.

Mit den JuristInnen aus dem Justizministerium wurden Richtlinien zur Begutachtung der Gesetze erarbeitet, damit bereits bei der Entstehung von Gesetzesvorhaben frauenspezifische Aspekte berücksichtigt werden konnten. Es hat sich auch eine Gruppe von Juristinnen gebildet, die das gesamte österreichische Recht durchforstet und einen Katalog aller Frauendiskriminierungen angelegt hat. Dieser Katalog war dann viele Jahre lang eine Grundlage für die Abschaffung dieser Diskriminierungen – eine ganz wichtige Arbeit, die hier geleistet wurde. In dieser Arbeitsgruppe wurde übrigens auch die Novelle zum Eherecht vorbereitet, mit der das zehnmonatige Heiratsverbot für geschiedene Frauen abgeschafft wurde.

Ausgangspunkt für die meisten Themen, die in dieser Arbeitsgruppe behandelt wurden und die wir eingebracht haben, waren die Frauenservicestellen. Die Frauen kamen zu uns, haben sich Hilfe erwartet, wollten sich informieren oder auch nur beschweren. Ich komme auf diese Frauenservicestellen immer wieder zurück, weil das eine ganz wichtige Ausgangsbasis für unsere Arbeit war.

Kunst

Die Interministerielle Arbeitsgruppe Kunst hat eigentlich mit dem Ausschluss der Musikerinnen aus den großen Orchestern begonnen. Da gäbe es wunderschöne Geschichten zu erzählen, ich nehme jetzt einmal nur die Wiener Philharmoniker. Eine Begründung, warum Frauen nicht bei den

Philharmonikern aufgenommen werden, war, dass Frauen ja schwanger werden können und das störe das Bild des Orchesters. Und dann habe ich mir die Männer, die dort alle gesessen sind, einmal genauer angesehen. Na, schwanger können sie nicht werden, aber einige davon schauen so aus. Es hat alles nichts genützt, es ging dann auch darum, dass man den Frauen auf Tournee die Bassgeige tragen muss – also abenteuerlich. Im Übrigen wurde 1982 ein Frauen-Kammerorchester gegründet, und zwar als Antwort auf die Tatsache dieser – ich weiß nicht, wie ich das bezeichnen soll – fast kranken Ansichten, mit aber ganz pragmatischen Auswirkungen, weil die Frauen ja tatsächlich ausgeschlossen wurden. Im Zusammenhang mit diesem Frauen-Kammerorchester hat sich Franziska Fast, Staatssekretärin im Sozialministerium, sehr verdient gemacht, sowie auch Brigitte Ratz.[20]

Durch direkte Verhandlungen mit den Beamten im Ministerium haben wir über diese Arbeitsgruppe Folgendes erreicht: eine stärkere Berücksichtigung der Künstlerinnen in der Ankaufs- und Förderpolitik des Bundesministeriums für Unterricht und Kunst und eine Heraufsetzung der Altersgrenze bei den Staatsstipendien für bildende Künstlerinnen. Die Altersgrenze bei Frauen hinaufzusetzen war notwendig, weil sie oft einen ganz anderen Lebensverlauf haben und auch Künstlerinnen Kinder bekommen. Erreicht haben wir weiters eine stärkere Beteiligung von Künstlerinnen in den Kommissionen und Jurys, dort waren früher überhaupt keine Frauen. Erstmals wurde der „Große Österreichische Staatspreis" 1988 an eine Frau verliehen, nämlich an Maria Lassnig.

Mit einigen Künstlerinnen und Frauen aus dem Kunstbereich – Valie Export, Sylvia Eiblmayr, Grita Insam – haben wir einen Verein gegründet, ich war auch bei diesem Verein. Er hieß „Brennpunkt 84", weil 1984 die Veranstaltungen begonnen haben, die wir im Rahmen des großen Projektes „Brennpunkt: Kunst von Frauen" durchführten. Wir mussten aus budgettechnischen Gründen einen Verein zur Finanzierung der Ausstellungen gründen, weil öffentliche Gelder als Subventionen nur an nicht-kommerzielle Antragsteller vergeben werden können. Ein solches Projekt konnte

20 Schauspielerin. Gründerin des „1. Frauen-Kammerorchesters von Österreich" 1982

man nur mit Fachfrauen, mit Künstlerinnen machen, denn keine Beamtin, keine Staatssekretärin kann sich anmaßen, über Kunst zu befinden. Hier mussten die Künstlerinnen selbst zu Wort kommen.

Von 1984 bis 1985 fand unter dem Titel „Brennpunkt: Kunst von Frauen" eine Veranstaltungs- und Ausstellungsreihe statt, zu der mehr als 90 Institutionen aus ganz Österreich eingeladen wurden, die 255 Werke in- und ausländischer Künstlerinnen gezeigt haben – mit ganz berühmten Namen. Aus öffentlichen Mitteln wurden Ausstellungen finanziert wie „Kunst mit Eigensinn" im Museum des 20. Jahrhunderts, dem Zwanzger Haus Wien. Über diese eine Ausstellung gibt es einen Katalog. Die internationale Arbeitsgemeinschaft bildender Künstlerinnen, die schon vor 30 Jahren gegründet wurde, sie heißt INTAKT, hat „Identitätsbilder" in der Secession veranstaltet. INTAKT war sozusagen eine autonome Künstlerinnengruppe. Und dann gab es noch die „Standpunkte" in Wien in der Galerie von Grita Insam.

Etwas Vergleichbares hat es vor- und nachher nicht mehr gegeben, auch mit großen Auseinandersetzungen unter den Künstlerinnen. Die einen waren der Ansicht, es gebe keine feministische Kunst – Kunst sei per se geschlechtsneutral; die anderen haben den Standpunkt vertreten, dass selbstverständlich die ganze Problematik, die jemanden auch aufgrund des Geschlechtes zum Menschen mache, in der Kunst zum Ausdruck komme. Das war sehr spannend, als Zuhörerin habe ich viel gelernt.

Arbeitskreis Bäuerinnen

Die bisherigen Interministeriellen Arbeitsgruppen hatten eine gesetzliche Grundlage, die alle anerkennen mussten, mehr oder weniger, mit oder ohne Widerstand. Es gab aber schon seit dem Jahr 1980 einen anderen Arbeitskreis, den Arbeitskreis Bäuerinnen. Dieser war informell, das heißt er beruhte nicht auf einem Ministerratsbeschluss. Hier haben wir die Probleme der Bäuerinnen beraten und diesbezügliche Initiativen vorgeschlagen. Der Arbeitsgruppe gehörten Vertreterinnen aller Bauernorganisationen an. Wir haben dort unter anderem über den Mutterschutz für Bäuerinnen beraten, die ja bis dahin in die Mutterschutzregelung nicht einbezogen wurden. Die nachfolgenden gesetzlichen Veränderungen sahen erstmals einen Mutterschutz für Bäuerinnen und auch für gewerblich Selbstständige vor, um diese Berufsgruppen acht Wochen vor und nach der Entbindung von der Berufstätigkeit zu entlasten. Die Bäuerinnen haben meistens bis zum letzten Tag vor der Geburt gearbeitet, auch die Selbstständigen. Hier hilft die Geldleistung nicht, es braucht auch Personen, die währenddessen die Arbeit sowohl im landwirtschaftlichen als auch im Gewerbebetrieb machen.

Es ging also darum, eine Lösung zu finden, sodass für den bäuerlichen Betrieb eine Betriebshilfe finanziert werden konnte. In diesem Zusammenhang sind wir auch darauf gestoßen, dass viele Betriebe nicht gewillt waren, eine fremde Person zur Hilfestellung auf den Hof zu lassen. Das war für mich eine neue Erfahrung, aber die musste gemacht werden. Es hat sich dann doch eine Lösung ergeben, vergleichbar dem Wochengeld, das unselbstständige Erwerbstätige bezogen haben. Eine Ersatzarbeitskraft konnte eingestellt werden, bäuerliche und selbstständig Beschäftigte wurden dazu aber nicht gezwungen.

Berichtswesen als Kontrollinstrument

Abschließend möchte ich noch auf das Berichtswesen als wichtiges Kontrollinstrument eingehen. Für die Frauenpolitik ist es notwendig, dass die öffentliche Verwaltung inklusive der politischen Instanzen gesetzlich verpflichtet wird, gewissen Aufgaben nachzukommen. Es reicht nicht aus, sich darauf zu verlassen, dass sich Veränderungen von selber ergeben oder dass jemand gutwillig handelt. Alles ist gesetzlich zu regeln und vorzuschreiben, und ein wichtiges Kontrollinstrument sind natürlich die Berichte darüber. Wenn sich niemand darum kümmert, dass die Gesetze durchgeführt werden und niemand eine Berichtslegung einfordert, nützen die besten Gesetze nichts. Das Parlament muss in erster Linie die Institution sein, bei der die Berichtslegung zu erfolgen hat. Am Wichtigsten in diesem Zusammenhang sind die Implementierung, die Durchführung und die Kontrolle. Und zur Kontrolle braucht man Berichte.

Folgende Arten von Berichten, die es vorher nicht gegeben hat, haben wir durchgesetzt:

* Bericht über die Vollziehung des Gleichbehandlungsgesetzes in der Privatwirtschaft. Das Gleichbehandlungsgesetz trat 1979 für die Privatwirtschaft in Kraft und war von Anfang an mit einer Berichtslegung verbunden, die drei Teile umfasste: die Tätigkeit der Gleichbehandlungsanwaltschaft, die Tätigkeit der Gleichbehandlungskommission und die gesetzlichen Änderungen, die sich in der Zeit zwischen den einzelnen Berichten ergeben haben.
* Fünf-Jahres-Gleichbehandlungsbericht. Hierbei handelt es sich um einen Zustandsbericht, der auch die Berichtsteile der Sozialpartner enthält. Die Gewerkschaft, die Industriellenvereinigung und die Wirtschaftskammer haben sich bereit erklärt, in ihren Bereichen ebenfalls Gleichbehandlung durchzuführen und alle fünf Jahre einen Bericht zu legen.
* Bundesgleichbehandlungsbericht. Hier musste über die Koordination der Tätigkeitsberichte der einzelnen Ressorts und über den Stand der Verwirklichung der Gleichbehandlung und Frauenförderung im Bundesdienst berichtet werden.
* Bericht über den Abbau der Benachteiligung von Frauen. Dieser Bericht steht in Zusammenhang mit dem Gleichbehandlungsgesetz, das im Jahre 1992 aufgrund eines Urteils des Verfassungsgerichtshofes entstanden ist. Mit dem Urteil wurde das ungleiche Pensionsalter von Mann und Frau aufgehoben. Allerdings wurde festgehalten, dass das Pensionsalter nicht die Ungleichbehandlung der Frauen im Arbeitsleben und im gesamten Lebensverlauf abbauen kann. Wir haben damals gesagt, die Gleichbehandlung wird nicht beim Pensionsalter anfangen, sondern wir schnüren ein Paket, das Gleichbehandlungspaket, in dem wir alle Maßnahmen unterbringen wollen, die getroffen werden müssen, damit tatsächlich von Gleichbehandlung die Rede sein kann. Die Bundesregierung hat einen Zustandsbericht über gesetzte Maßnahmen zum Abbau von Benachteiligungen zu legen. Wenn dieser Bericht für das Parlament nicht zufriedenstellend

ist, kann bis zum Jahr 2019 das Pensionsalter für Frauen nicht erhöht werden. Wir haben erreicht, dass erst mit dem Jahr 2019 begonnen wird, das Pensionsalter für Frauen in Halbjahresschritten hinaufzusetzen.

* CEDAW-Bericht[21] über die Ratifizierung der UN-Konvention zur Beseitigung jeder Form der Diskriminierung der Frau. Bei der Weltfrauenkonferenz in Kopenhagen im Jahr 1980 habe ich für Österreich diese Konvention unterschrieben. 1982 wurde sie von der Bundesregierung ratifiziert, das heißt sie wurde in Österreich wirksam. Der Bericht über die Durchführung der in der Konvention getroffenen gesetzgeberischen, gerichtlichen, Verwaltungs- und sonstigen Maßnahmen ist den Vereinten Nationen zu legen. Der Bericht ist ziemlich unregelmäßig zu legen, es gibt immer eine Aufforderung durch die Vereinten Nationen, die auch Umfang und Inhalte bestimmen.
* Bericht über die Situation der Frau in Österreich – der Frauenbericht. Für diesen Bericht gibt es keinerlei gesetzliche Verpflichtung und es war wahrscheinlich ein Fehler, ihn nicht gesetzlich abzusichern. Diesen Bericht hat die Frauenministerin beziehungsweise die Frauenstaatssekretärin gelegt. 1985 gab es einen Zehn-Jahres-Bericht, 1995 ebenfalls. Auch der letzte Bericht von 1995 entstand noch unter meiner Verantwortung. 2005 wäre der nächste fällig gewesen, er wurde aber von dieser Regierung nicht gelegt.[22] Ich bin mir nicht sicher, ob ich darüber nicht froh sein soll, denn was wäre in diesem Bericht schon zu lesen gewesen – außer Lügen?

Das sind also die Berichte, die bis auf den letzten gesetzlich vorgeschrieben sind.

21 *CEDAW: Convention on the Elimination of All forms of Discrimination against Women.*

22 *Erst im Jahr 2010 wurde von der damaligen Frauenministerin Gabriele Heinisch-Hosek wieder ein Frauenbericht gelegt.*

Vertretung des Bundeskanzlers im Parlament und sonstige von ihm übertragene Aufgaben

Der letzte Tätigkeitsbereich umfasste die Stellvertretungen des Bundeskanzlers und Beauftragungen, die er mir zukommen lassen konnte und die ich auch wahrzunehmen hatte. Ich habe den Kanzler auf der Regierungsbank vertreten können oder müssen, wenn es angeordnet war, und ich musste an Veranstaltungen und Empfängen teilnehmen, wenn der Bundeskanzler das gewünscht hat. Das tat ich natürlich, ich habe ihn nur gebeten, er solle mich mit den Empfängen verschonen, weil diese kann ich wirklich nicht ausstehen. Das hat er auch berücksichtigt.

Zwei konkrete Beispiele für Aktivitäten:

Anlässlich des 25-jährigen Jubiläums des österreichischen Staatsvertrages wurde von der österreichischen Bundesregierung ein Solidaritätsfonds für die Kinder der Dritten Welt gegründet, der über viele Jahre Hilfsprojekte für Mütter und Kinder in Entwicklungsländern finanziert hat, um deren Lage zu verbessern. Ich war mit der Koordination und Abwicklung dieses Fonds beauftragt. Der Fonds hat in akuten Notsituationen Hilfe geleistet und gleichzeitig langfristige Maßnahmen unterstützt, zum Beispiel im Bereich von Erziehung und Ausbildung. Wir haben Projekte im Sudan, in Äthiopien, Nicaragua, Costa Rica und im Libanon unterstützt. Das war eine mühselige, aber für mich ganz wertvolle Arbeit, weil ich dadurch mit der Entwicklungszusammenarbeit und den Problematiken der Länder der sogenannten Dritten Welt, der Entwicklungsländer, konfrontiert war und seither immer wieder in diesem Bereich engagiert bin. Ich habe alle großen Organisationen in Österreich – das ganze Spektrum von Caritas über SOS Kinderdorf und Rettet das Kind bis Volkshilfe – eingeladen, wirklich alle, denn ich habe schon gewusst, dass man sehr schnell in Schwierigkeiten kommen kann, weil diese Organisationen sehr daran interessiert sind, für sich selber Projekte durchzuführen. Das ist ein sehr glattes Parkett, auf dem man sich hier bewegt, aber da alle zusammengearbeitet haben, war ich ziemlich abgesichert. Das ist, glaube ich, auch eine gute Sache gewesen, und ich habe viel gelernt. Sonst wäre ich ja nie dazu gekommen, soviel von dieser Welt zu erfahren.

Ein weiteres Beispiel ist das Bürgerservicemodell. Wir starteten zwei Modellversuche für ein mobiles Bürgerservice, um den StaatsbürgerInnen den Zugang zum Recht zu erleichtern, und zwar einen im ländlichen und einen im städtischen Bereich. Der ländliche Bereich war Tirol, der städtische Wiener Neustadt. Ein mobiles Beratungsteam kam in die einzelnen Gemeinden zu den BürgerInnen – und nicht umgekehrt. Unter anderem sollten damit regionale Beratungsdefizite ausgeglichen und eine Art Beratungsverbund geschaffen werden, der verhindert, dass die Menschen durch einen Beratungsdschungel hindurchgehen müssen. Das Angebot zu bündeln, überschaubar und effizient für die Menschen zu machen, so war die Idee dahinter, und das ist auch gelungen. Drei Jahre wurde dieser Modellversuch in verschiedenen Tiroler Gemeinden durchgeführt und dann per Ministerratsbeschluss in eine ständige Einrichtung umgewandelt. Je ein Vertreter der Landesregierung, des Oberlandesgerichtes, des Finanzamtes, der Pensionsversicherungsanstalt der Arbeiter und Angestellten und des Landesinvalidenamtes besuchten drei Mal jährlich 55 Tiroler Gemeinden, um dort Auskünfte zu geben sowie Anträge und Beschwerden, Anfragenund Anregungen entgegenzunehmen.

Schwangerschaftsabbruch

18. November 2006

Der Schwangerschaftsabbruch ist in Österreich seit Beginn des vorigen Jahrhunderts ein politisches Konfliktthema. Die sozialdemokratischen Frauen haben sich bereits in der Ersten Republik besonders engagiert, indem sie öffentlich und parteiintern für eine Liberalisierung, mitunter sogar für eine Streichung des Paragrafen 144 gekämpft haben. Sie sahen im strikten Abtreibungsverbot in erster Linie eine soziale Ungerechtigkeit. Es ist wichtig, um die Motivation für politisches Engagement in der jeweiligen Zeit zu wissen, weil diese sich im Laufe der Jahrzehnte verändert hat.

Nur Frauen aus den unteren Schichten, die kein Geld hatten, waren gezwungen, ihre Gesundheit und ihr Leben zu riskieren, wenn sie im Fall einer unerwünschten Schwangerschaft nicht willens waren, das Kind tatsächlich in eine Welt zu setzen, die – ganz wichtig für diese Zeit – einem Proletarierkind nicht günstig gesonnen war. Der Paragraf 144 wurde auch Klassenparagraf oder Schandparagraf genannt. Die Befürworterinnen der Liberalisierung beziehungsweise Abschaffung argumentierten, dass dieser Klassenparagraf nicht verhindere, dass bürgerliche Frauen – das war die damalige Terminologie, gemeint waren Frauen, die Geld hatten und wohlhabend waren – ihre nicht gewollten Schwangerschaften unter hygienischen Bedingungen beenden lassen konnten. Diese hatten keine Probleme mit diesem Paragraf. Es haben sich immer Ärzte gefunden, die die Schwangerschaftsabbrüche um viel Geld durchgeführt haben. Es gab immer Sanatorien im Ausland, wohin diejenigen, die es sich leisten konnten, gefahren sind.

Am 23. Jänner 1974 bestätigte der österreichische Nationalrat mit den Stimmen der damals regierenden SPÖ in einem Beharrungsbeschluss das Strafgesetz von 1974 inklusive der darin enthaltenen Fristenregelung. Viele ZeitgenossInnen haben dies als Schlusspunkt einer jahrzehntelangen Auseinandersetzung sowie als politischen Erfolg der SPÖ-Frauen und der Autonomen Frauenbewegung verstanden. Wie es nun in diesem Kräftefeld, das ich hier nur ganz kurz beschrieben habe, den Frauen der Zweiten Frauenbewegung gelang, das gesetzliche Abtreibungsverbot zu Fall zu bringen, möchte ich im Folgenden erläutern.

Seit dem Jahr 1919, seit Frauen das allgemeine Wahlrecht ausüben konnten, war die Liberalisierung oder Aufhebung des Paragrafen 144 eine Forderung sozialdemokratischer und kommunistischer Frauenorganisationen. Die Unterstützung innerhalb der Sozialdemokratie war schon während der Ersten Republik eher zweifelhaft. Eugeniker wie der einflussreiche Wiener Gesundheitsstadtrat Julius Tandler hatten vielmehr die „rationale Bewirtschaftung des organischen Kapitals“ (vgl. Lehner 1989) als das autonome Handeln von Frauen im Auge.

Die Ausschaltung der demokratischen Institutionen im autoritären christlichen Ständestaat und die Nationalsozialisten bereiteten jeder öffentlichen Diskussion über die Liberalisierung des Abtreibungsparagrafen ein Ende. Während es Ziel der austrofaschistischen Politik war, Schwangerschaftsabbrüche generell zu verhindern, unterwarfen die Nationalsozialisten die gesetzliche Regelung und Praxis der Abtreibung den Prämissen ihrer rassistischen Bevölkerungspolitik. Während die Abtreibung der vom Staat erwünschten Föten per Todesstrafe verboten wurde, waren andererseits Zwangssterilisation und Zwangsabtreibung Instrumente der nationalsozialistischen Vernichtungspolitik.

Mit dem Ende des Nationalsozialismus erfolgte die diskussionslose Wiederherstellung des Abtreibungsverbotes der Ersten Republik, die Bestimmungen aus dem Strafgesetzbuch der Ersten Republik wurden im Juni 1945 bruchlos übernommen. Auch die sozialdemokratischen Frauen nahmen ihre Tradition wieder auf, forderten die Liberalisierung der Abtreibungsgesetze und waren sehr schnell wieder mit Widerstand aus der eigenen Partei konfrontiert. Die männlich dominierte Parteiführung brachte die Vertreterinnen der Frauenorganisation zum Teil durch Nichtbeachtung – das war übrigens immer schon ein probates Mittel – und durch Verzögerungstaktik, zum Teil durch informellen, aber großen Druck dazu, dieses Thema nicht mehr öffentlich zu diskutieren. Dies war weniger inhaltlich als vielmehr strategisch bedingt, denn das Thema Abtreibung hatte ja auf der sozialdemokratischen Agenda dieser Zeit, der Aufbauzeit, die von wirtschaftlichen Themen dominiert war, schlichtweg keine Priorität. Ein Insistieren auf der traditionellen Forderung nach gesetzlicher Liberalisierung wäre, so meinte man – Mann – damals, Sand im Getriebe der großen Koalition und daher zu vermeiden. Außerdem hätte ein Beharren auf der Lockerung der Gesetze die von der SPÖ mit Nachdruck betriebene Aussöhnung mit der katholischen Kirche zumindest gefährdet. So begnügte sich der damalige sozialdemokratische Justizminister Otto Tschadek damit, in seinen jährlichen Vorhabensberichten an das Parlament regelmäßig die Gesetze zur „Fruchtabtreibung“ als reformbedürftig zu bezeichnen. Das war natürlich nur eine Alibihandlung, es folgten keinerlei Aktivitäten.

Die Frauenorganisation der Sozialdemokratie entschied sich in dieser Situation, wenn auch Zähne knirschend, der Parteidisziplin Priorität einzuräumen. Zwar wurde in den Sitzungen hinter verschlossenen Türen viel über die Ignoranz der Männer geklagt, aber Bündnisse mit anderen politischen Kräften, etwa mit den Kommunistinnen, die sich ebenfalls für eine Liberalisierung der Abtreibungsbestimmungen einsetzten, waren in der sozialdemokratischen Welt der großen Koalition der damaligen Zeit denkunmöglich. Denkunmöglich war aber auch ein Appell an die Öffentlichkeit außerhalb der SPÖ. Die Sozialdemokratinnen der damaligen Zeit fügten sich daher den Richtlinien der Parteiführung und arbeiteten an einem familienfreundlichen Image ihrer Partei, nicht aber an einer Reform des Paragrafen 144.

Gleichzeitig agierten katholische Medien und Organisationen im Kontext der Forderung nach Hebung der Geburtenziffern für den unbedingten Schutz des keimenden Lebens und für ein effizienteres Abtreibungsverbot. Dieses war ein Symbol für die Bewahrung der traditionellen Geschlechterordnung und musste stellvertretend für die Kultur des christlichen Abendlandes und gegen die Bedrohung des Modernismus, des Materialismus und der Dekadenz gesichert werden. Dieses Verbot, das sogar noch verstärkt werden sollte, war für sie der Ansatzpunkt zur Erhaltung traditioneller Familienbilder und Geschlechterverhältnisse, die einerseits durch den Krieg, anderseits aber auch durch einen generell beschleunigten Wandel der Gesellschaft und der Arbeitsbeziehungen bedroht schienen.

Um diesen Konflikt zu kanalisieren und zu entpolitisieren, delegierten die großkoalitionären Politikereliten das Problem der Abtreibung schließlich an Experten, nämlich an die Strafrechtsreformkommission, die es objektiv und unter Ausschluss der Öffentlichkeit diskutieren sollte. Diese Kommission tagte bis zum Jahr 1962 nahezu unter Frauenausschluss, denn die Experten waren definitiv männlich. Thema war nicht mehr die Streichung des Paragrafen beziehungsweise die Aufhebung des Verbotes oder eine Fristenregelung, die auch schon in der Ersten Republik gefordert wurde, sondern es ging nur mehr um jene Varianten des Themas, die allesamt festlegen sollten, unter welchen Umständen Experten in welcher Zusammensetzung über die Schwangerschaft einer Frau zu entscheiden hätten – es ging also um das Prinzip der Indikationen. Das bedeutete, unbeteiligte Dritte, ausgestattet mit dem Expertenstatus, sollten eine Entscheidung treffen dürfen, die der unmittelbar Betroffenen, nämlich der schwangeren Frau, nicht zugetraut wurde – eine Entscheidung der Frau stand überhaupt nicht zu Debatte.

Die Protokolle der Strafrechtsreformkommission sind vor allem aus sprachlich-semantischen Gründen interessant. Die Sprache, in der Männer unter sich über Frauen redeten, spiegelten die Werthaltungen und Einstellungen von Angehörigen der medizinischen, juristischen und bürokratischen Elite des Landes Mitte der 1950er-Jahre wider, vor allem wenn sie sich unbeobachtet glaubten. So konnte ein Staatsanwalt, der – allerdings ausschließlich im Falle einer Vergewaltigung – für die Aufhebung des Abtreibungsverbotes eingetreten war, folgendermaßen argumentieren: *„Verzeihen Sie, wenn ich mir als Praktiker den Fall vorstelle, dass Ihre Tochter von einem Negersklaven vergewaltigt worden ist und die Kommission, die wir einsetzen wollen, gezwungen sein wird zu sagen, Ihre Tochter müsse das Negerkind austragen. (…) Mit welchem Recht können Sie von einem Mädchen aus gutem Hause verlangen, dass es das Kind eines Verbrechers austrägt?“*

Ein Arzt, der dagegen war, aufgrund einer Vergewaltigung das Verbot aufzuheben, sagte zum Beispiel: *„Wenn ein Mädel oder eine Frau vergewaltigt wird, wird sie den kleineren oder größeren Schock in ein paar Tagen überstehen.“*[23]

Frauen kamen in diesen Reden nur vor, sie sprachen nicht selbst. Nicht einmal als Bezugspunkt der Diskussion waren sie von großer Bedeutung, weil es immer – und das ist alles nachzulesen in diesen Protokollen – um höhere Werte ging, um das Wohl von Gruppen, denen Frauen mit ihrer Gebärfähigkeit selbstverständlich zu dienen und deren Bedürfnisse sie zu akzeptieren hätten. Diese Werte waren der Ruf der guten Familie, die Wahrung unserer Kultur, die Reinheit der Rasse.

23 *Beide Zitate stammen aus den Protokollen der Strafrechtskommission.*

Bis zu den 1960er-Jahren wurde öffentlichkeitswirksam und politikgestaltend nicht angezweifelt, dass Männer über die Entscheidungskompetenz in dieser Frage verfügten. Auch politisch aktiven Frauen der damaligen Zeit, die sich wie viele in der SPÖ als Streiterinnen für die Frauenemanzipation verstanden, war es in den 1950er- und -60er-Jahren nicht möglich, dieses männlich geprägte Redemonopol, das natürlich auch ein Definitionsmonopol war, herauszufordern, vor allem dann, wenn es von Männern der eigenen Parteien verwendet und behauptet wurde.

Bis in die späten 1960er-Jahre wurde die Liberalisierung oder Abschaffung der Bestrafung des Schwangerschaftsabbruches in einem Umfeld verhandelt, in dem Frauen nur vereinzelt vertreten waren, meist als Sprecherinnen ihrer Parteien. Das galt auch für die Frauen in der SPÖ. Sie fungierten als Sprachrohr bei Frauenthemen, aber vertreten wurde das, was Männer vorherbestimmt hatten.

Das veränderte sich grundsätzlich erst Ende der 1960er-Jahre. Der Einfluss der US-amerikanischen Neuen Frauenbewegung erreichte über die Bundesrepublik Deutschland auch Österreich. Eine junge Generation von Frauen traf das Thema Schwangerschaftsabbruch sozusagen wie der Blitz. Unter dieser jungen Generation von Frauen war auch ich zu finden.

Dies blieb nicht ohne Auswirkungen auf die Diskussion über das Abtreibungsverbot: Nachdem bislang nur Juristen, Mediziner und einzelne PolitikerInnen öffentlich über Abtreibungsregelungen diskutiert hatten, gelang es den Akteurinnen nun, Frauen als selbstständige Gruppe zu legitimen Teilnehmerinnen des Diskurses zu machen und Einfluss auf die gesellschaftliche Definition zu nehmen, wie von wem über Abtreibung zu diskutieren sei.

Der Slogan des „Komitees zur Abschaffung des Paragrafen 144" propagierte: „Mein Bauch gehört mir!" Eine solche Aussage hat die FunktionärInnen in der SPÖ schockiert. Die Forderung nach Selbstbestimmung wurde das zentrale neue Argument der Gegnerinnen des Abtreibungsverbotes. Das Recht der Frauen, über eine Schwangerschaft selbst zu entscheiden, wurde zur conditio sine qua non der Emanzipation.

Der damalige Justizminister Christian Broda brachte 1971 eine Regierungsvorlage für eine Novelle des Strafgesetzbuches in das Parlament. Ich erinnere: 1970 erreichte die SPÖ das erste Mal eine Mehrheit und regierte ein Jahr mit einer Minderheitsregierung, 1971 erhielt sie die absolute Mehrheit und konnte eine Alleinregierung bilden. Entgegen der parteiintern immer wieder erhobenen Forderung nach Streichung des Abtreibungsverbotes beziehungsweise nach einer Fristenregelung enthielt diese Regierungsvorlage wiederum die Indikationenlösung. Nicht die Frau hätte entscheiden sollen, sondern im Fall einer sozialen Indikation vielleicht eine Fürsorgerin, bei einer medizinischen Indikation ein Arzt, bei eugenischer Indikation irgendein Gerichtshof. Die Frau hätte bei einer Kommission vorstellig werden und bitten müssen, ob sie einen Schwangerschaftsabbruch durchführen lassen darf oder nicht. Das war für uns junge Frauen unannehmbar, aber es war ein Faktum. Was war die Überlegung von Christian Broda? Er wollte einen politischen Konsens im Nationalrat erreichen. Alle Parteien sollten einer solchen Änderung zustimmen. Viele damalige Funktionärinnen in der Sozialdemokratie sahen keine andere Möglichkeit, als sich wieder einmal zu fügen.

Broda hatte allerdings nicht vorhergesehen, dass sich dieses Mal an sehr unerwarteter Stelle Widerspruch erheben würde: Junge Frauen – manche aus der SPÖ, manche auch auf nicht traditionelle Weise organisiert – hatten ein „Aktionskomitee zur Abschaffung des § 144“ gegründet und verfolgten damit eine zweifache Strategie.

Zum einen wurden die Strukturen der SPÖ genutzt, um für eine weitergehende Liberalisierung zu werben. Hier war ich eine der Proponentinnen, die diesen Part innerhalb der Partei übernahm. Die Diskussion wurde in jede Ortsorganisation gebracht. In der Partei haben wir die Unterschriftenlisten dieses Aktionskomitees vehement verteilt und waren damit auch erfolgreich.

Das führte schließlich dazu, dass sich die in der SPÖ herrschende Meinung veränderte. Auf dem Villacher Parteitag im April 1972 stimmten die Delegierten der Forderung nach einer Fristenregelung zu. Christian Broda selbst hat an diesem Parteitag in einer sehr emotionalen Rede dazu aufgefordert, dem Antrag, den das Bundesfrauenkomitee vor diesem Parteitag beschlossen hatte, zuzustimmen. Die SPÖ stand in dieser Zeit auch unter dem Druck, die Reformen, die sie versprochen hatte, umzusetzen, das heißt ihre Reformfähigkeit auch vor einer kritischen Öffentlichkeit unter Beweis zu stellen, in der nicht zuletzt die Stimmen der Autonomen Frauenbewegung eine prägende Rolle spielten.

Die SPÖ machte also die Fristenregelung zu ihrem Thema. Zu diesem Meinungsumschwung hat aber vieles beigetragen, auch persönliche Beziehungen zwischen den handelnden Personen. Die Parteielite war ja immer noch überwiegend männlich und die junge Frauengeneration daher darauf angewiesen, die mächtigen Männer zu überzeugen.

Es gab nun viele Gespräche, zum Beispiel mit dem zögernden Bruno Kreisky und seiner Schwiegertochter Eva Kreisky, und auch politisch eingesetzte Druckmittel zwischen Christian Broda und mir – wir waren ja im selben Bezirk ParteifunktionärInnen. Wir haben Frauenveranstaltungen organisiert und Broda eingeladen. Dort haben wir massiven Druck ausgeübt, Frauenschicksale vorgeführt und klargemacht, was wir nicht wollen.

In der Hierarchie der SPÖ-Frauenorganisation gab es darüber hinaus einen Generationenkonflikt zwischen Jung und Alt, auch in dieser Frage, nicht jedoch an der Basis, weder an der Parteibasis noch bei den Menschen selbst – hier waren die wichtigsten und vehementesten Mitstreiterinnen ältere Frauen. Aber in der Hierarchie der Frauenorganisation war dies anders. Benennen wir den Konflikt mit Namen: Hertha Firnberg als Vorsitzende und die kleine Wiener Frauensekretärin Johanna Dohnal. Nicht nur ein Leben und zwei Erfahrungen standen hier dazwischen, sondern auch natürlich generell der Altersunterschied. Aber dieser Konflikt spiegelte nicht wider, was sich tatsächlich bei den Menschen und in der Öffentlichkeit abspielte.

Zum anderen wandten wir uns auch an eine außerparteiliche Öffentlichkeit – das war neu in der Geschichte. Wir sammelten gemeinsam mit dem Aktionskomitee in den Straßen und auf Plätzen Unterschriften und nahmen an Demonstrationen teil. Ich habe als Wiener Frauensekretärin die Aktivitäten des „Aktionskomitees zur Abschaffung des § 144" finanziell unterstützt, ohne mir die Zustimmung des Bundesfrauenkomitees einzuholen, was ich ja als Landesfrauensekretärin hätte tun müssen.

Hier war also schon viel Untergrundarbeit notwendig. Wir kooperierten mit der damals entstehenden Autonomen Frauenbewegung auch bei spektakulären Aktionen. Nahezu legendär wurde die Demonstration in der Nähe eines Einkaufszentrums an einem Samstag in der Vorweihnachtszeit des Jahres 1972.

Erika Mies wurde mit einem Sträflingsgewand in einem Käfig – symbolisch bewacht von Priester, Arzt und Rechtsanwalt – durch die bevölkerte Mariahilfer Straße in Wien gezogen. Das war der Untergang des Abendlandes. Damals hat jedenfalls für mich und andere – viele waren wir ja nicht – die Zusammenarbeit, die Öffnung der Partei begonnen, die Kreisky ja einige Jahre später propagiert hat. Er wollte die Partei für alle öffnen, wir haben das schon vorher gemacht. Das hat der Partei zu diesem Zeitpunkt noch nicht gepasst, aber wir haben schon vorausschauend den Auftrag des „Parteivaters" erfüllt.

In dieser Zeit haben sich nicht nur die Orte frauenpolitischen Handelns verändert, auch die Sprache hat sich gewandelt.

Bisher hatten sich die GegnerInnen des Abtreibungsverbotes immer als FürsprecherInnen von Frauen dargestellt und behauptet, dass eine feindliche Gesellschaft die Frauen an der Erfüllung ihres natürlichen Kinderwunsches hindere – das ist verständlich aus der Sicht derjenigen, die Frauen, denen es schlecht geht, im Auge haben. Aber es war nicht denkbar, dass manche Frauen grundsätzlich keine Kinder wollten. Es müssten nur die richtigen sozialen Bedingungen geschaffen werden, das war die gängige Meinung.

Wir aber stellten unmissverständlich klar, dass es unter auch noch so guten sozialen Voraussetzungen immer Frauen geben wird, die sich zu einem bestimmten Zeitpunkt oder ganz generell keine Kinder wünschen und dass dieser Wunsch zu akzeptieren ist – auch vom Gesetzgeber. Ich höre heute oft noch in Diskussionen, wie befreiend es für viele Frauen gewirkt hat, dass sie eine solche Aussage von einer, die in der Regierung war oder eine Funktion hatte, hören konnten.

Der Druck der ungewöhnlich polarisierten Öffentlichkeit, die Hartnäckigkeit der meist weiblichen Aktivistinnen in und außerhalb der SPÖ und natürlich die absolute Stimmenmehrheit der SPÖ – eine zentrale Voraussetzung – führten schließlich gegen den heftigen Widerstand katholisch konservativer Gruppen, vor allem der „Aktion Leben", zur parlamentarischen Verabschiedung der Fristenregelung am 21. Jänner 1974.

Dieser Erfolg trug allerdings ein Scheitern in sich, weil Kreisky sehr früh die Grenze klar und deutlich zog, indem er sagte: *„Es besteht ja kein Rechtsanspruch auf den Abbruch."* Das war übrigens das erste Mal, dass Kreisky nicht von der Regierungsbank aus zum Parlament sprach, sondern vom Abgeordnetenpult. Die damalige Vorsitzende der Frauenorganisation, Hertha Firnberg, unterstützte ihn und argumentierte: *„Die sozialistischen Frauen müssen ihre Forderungen auf das Gesetz beschränken. Unser wichtigstes Anliegen war die Straffreiheit des Schwangerschaftsabbruchs, und die haben wir erreicht."* (Vgl. Mesner 1993)

Der parteiintern häufig geäußerte Verdacht, das Bestehen auf der Fristenregelung hätte der SPÖ Wählerinnenstimmen gekostet, war ebenso hartnäckig wie unbeweisbar, aber auch ein Zeichen für die Skepsis, die in weiten Teilen der Partei herrschte. Trotzdem bestanden wir, die die gesetzliche Liberalisierung erstritten hatten, weiterhin öffentlich auf der Forderung nach Übernahme der medizinischen Kosten eines Abbruchs durch die Krankenkassen. Wir beklagten den faktischen Boykott der Fristenregelung im Westen Österreichs und setzten Initiativen, diesen Boykott durch die Schaffung von nicht auf Gewinn ausgerichteten Ambulatorien zu durchbrechen.

Gemeinsam mit dem Arbeiter-Samariter-Bund errichteten wir in Wien Beratungsstellen für junge Menschen und setzten durch, dass hier kostenlose Verhütungsmittel ausgegeben wurden. In der Folge hatten wir laufend Kontakte mit den Wiener Spitälern, damit die Durchführung eines Schwangerschaftsabbruchs – auch immer wieder mit Schwierigkeiten – gesichert werden konnte. Ich kann mich zum Beispiel daran erinnern, wie oft ich in das Wiener Wilhelminenspital pilgern musste und dort mit dem damaligen Primar heftige Auseinandersetzungen hatte.

Nachsatz zum Thema aus der Diskussion mit dem Publikum

Ich darf aber noch eine Ergänzung zum Volksbegehren der „Aktion Leben" aus dem Jahr 1975 machen. Die „Aktion Leben" richtete sich auch gegen die bis 1973 in Diskussion befindliche Indikationenlösung. Als dann die Fristenregelung beschlossen wurde, leitete die „Aktion Leben" ein Volksbegehren gegen die Fristenlösung ein und trat dann für die Indikationenlösung als Kompromiss ein. Also man sieht daran einiges. Weiters wurden gleichzeitig mit der Fristenregelung flankierende Maßnahmen beschlossen wie die Schaffung von Familienberatungsstellen in ganz Österreich und auch finanzielle Hilfestellungen für Frauen, zum Beispiel das erhöhte Karenzgeld für allein stehende Frauen, und zwar mit der Argumentation: Genauso wie wir wollen, dass die Frauen entscheiden können, ob sie ein Kind wollen oder nicht, soll auch keine Frau gezwungen sein, aus finanziellen Gründen einen Schwangerschaftsabbruch durchzuführen, weil sie sich die Existenz nicht sichern kann.

Sehr bald wurde dieses Karenzgeld für Alleinstehende zum größten Angriffspunkt konservativer und reaktionärer Kreise im gesamten Land. Bis in die 1990er-Jahre war in jeder sogenannten Sozialschmarotzerdebatte immer der erste Angriffspunkt das erhöhte Karenzgeld für Alleinstehende. Die Debatte richtete sich gegen Frauen, die nicht heiraten würden, damit sie den Staat ausnützen könnten.

Als ich noch Wiener Frauensekretärin der SPÖ war, haben wir in Wien mit einigen Mitstreiterinnen gegen das Volksbegehren der „Aktion Leben" das Komitee „Helfen statt Strafen" gegründet. Wir haben Unterschriften von Ärzten, von Schauspielern, von Persönlichkeiten des öffentlichen Lebens organisiert, wir waren sehr aktiv gegen die „Aktion Leben", die knapp 900.000 Unterschriften in diesem Volksbegehren erfasst hat, das vom 1. Oktober bis Ende Dezember 1975 gelaufen ist, im Parlament aber keine Zustimmung gefunden hat. Es wurde diskutiert, aber die Mehrheit war gesichert.

Auch die Situation im übrigen Österreich war sehr prekär. Die Kanzeln, die Pfarren waren in Wirklichkeit die Parteizentralen der „Aktion Leben". Die Bürgermeister sind mit den Pfarrern vor den Kircheneingängen gestanden und haben zur Unterschrift genötigt. Wir konnten nachweisen, dass in österreichischen Pflege- und Altersheimen zu 100 % für dieses Volksbegehren unterschrieben wurde. Nachweisen konnten wir es, weil manche Namen falsch geschrieben waren. Alte Menschen bauen sehr ab, aber den Namen werden sie immer richtig schreiben. Es war in Wirklichkeit unbeschreiblich, was sich abgespielt hat.

Es genügt eben nicht, nur ein Gesetz zu beschließen und dann zu sagen: „Das war's, wir haben uns abgeputzt. Es ist straffrei, jetzt macht, was ihr wollt, und das andere überlassen wir dem freien Spiel der Kräfte." Es muss eine gesellschaftspolitische Auseinandersetzung geben, diese ist zu führen.

In Wien im 2. Bezirk musste eine Klinik zusperren, von einer Frau eingerichtet, deren Mutter an einer unsachgemäßen Abtreibung gestorben ist, und deren Großmutter auch. Diese Frau hat eine Klinik in Wien errichten lassen. Und dann gibt es so einen Eiferer, von der Kirche und von der ÖVP unterstützt, das muss man dazu sagen. Er hat eine Wohnung oberhalb des Ambulatoriums gemietet und Terror ausgeübt, dann hat er die Wohnung, in der das Ambulatorium eingemietet war, gekauft. Die Frau wurde finanziell ruiniert.

Und was sich am Fleischmarkt[24] abspielt, habe ich mir selber schon angesehen, ich bin auch bei Gegendemonstrationen dabei gewesen. Vor dem Eingang des Ambulatoriums gehen die alten Männer mit ein paar jungen Frauen, mit denen sie sich immer wieder aufputzen, im Kreis und knien herum, und diejenigen, die dagegen protestieren, gelangen nicht hin, weil großräumig abgesperrt wird. Es hat ja jetzt eine Entwicklung durch die Stadträtin Sonja Wehsely gegeben, die ein Landesgesetz verabschiedet hat, sodass es eine Wegweisemöglichkeit für diese Belästiger durch die Polizei gibt. Das wird nur nicht reichen.

Es braucht Maßnahmen und Gesetze auf Bundesebene, weil der Schwangerschaftsabbruch öffentliche Krankenanstalten betrifft. Vor allem muss die Durchführung kostenlos sein. Es gibt immer mehr und mehr

24 *Das Ambulatorium am Fleischmarkt wurde 1979 eröffnet und war bzw. ist immer wieder Angriffsziel von AbtreibungsgegnerInnen.*

arme Menschen, ob das jetzt österreichische Frauen sind oder Frauen, die aus einem anderen Herkunftsland kommen, für diese haben wir genauso die Verantwortung. Die Kostenfrage muss gelöst werden. Ich erhoffe mir schon, dass dieses Problem jetzt angegangen wird. Es muss aber auch ein Druck kommen, es müssen Forderungen gestellt werden.

Sexismus, Gewalt gegen Frauen und Vergewaltigung in der Ehe

15. Dezember 2006

Unsere Themen heute – Sexismus, Gewalt, Vergewaltigung – sind nicht erbaulich, bei der Vorbereitung musste ich daher ziemlich oft unterbrechen.

Im Folgenden werde ich zunächst auf den Sexismus-Beirat und seine Anliegen eingehen.

In Bezug auf Gewalt gegen Frauen werde ich Ihnen einen Rückblick auf die Entstehung der Frauenhäuser und auf die Frauenhausbewegung mit ihren politischen Zielen geben.

Bei dem Thema Vergewaltigung möchte ich Ihnen zum einen den Weg von der Nötigung zum Sexualdelikt im Strafrecht und generell rechtliche Veränderungen in diesem Zeitraum erläutern und speziell auf Vergewaltigung in der Ehe eingehen, zum anderen möchte ich die Anti-Gewalt-Kampagnen der Jahre 1992 und 1993 in Erinnerung rufen. Diese waren ein wichtiger Startschuss für die Weiterentwicklung zum Gewaltschutzgesetz und für viele andere rechtliche Maßnahmen, so auch zur Schaffung von Einrichtungen für betroffene Frauen.

Ich beabsichtige, Ihnen anhand dieser Themen die politischen Prozesse darzulegen und die Strategien, die wir meist gleichzeitig angewendet haben, sichtbar zu machen:

- Bewusstsein bildende Maßnahmen und die Aktivierung der Betroffenen, und zwar durch Kampagnen und verschiedenste Aktionen
- die Analyse des Problems mit Expertinnen
- das Entwickeln von Lösungen mit Expertinnen und mit Betroffenen
- das Suchen von Verbündeten, um die Anliegen umzusetzen

Der Sexismus-Beirat

Ende Oktober 1986 konstituierte sich unter meinem Vorsitz der Sexismus-Beirat im Bundeskanzleramt. Seit Jahren hatten sich die Frauenbewegung und auch das Staatssekretariat für allgemeine Frauenfragen bemüht, gegen die Darstellung der Frau als Sexualobjekt anzukämpfen. Ich versuchte zum Beispiel jahrelang mit dem damaligen Justizminister Harald Ofner von der FPÖ eine Lösung dieses Problems zu finden, doch dieser war nicht bereit dazu. In dieser Zeit mehrten sich wieder Klagen über sexistische Werbung – Stichwort Palmers-Plakate. Vor allem die Darstellung von Frauen als Sexualobjekt in Verbindung mit Texten, die direkt zur Gewalt aufforderten, empörte viele Frauen. Ich gründete den Sexismus-Beirat, um eine erste Initiative zur Bekämpfung dieser Erscheinungen zu setzen.

Mitglieder des Sexismus-Beirates waren die Wissenschafterinnen Eva Kreisky und Barbara Wicha; aus dem Kunstbereich Edith Hollenstein, Valie Export und Emmy Werner; für den Journalismus Elfriede Hammerl, Heide Pils, Christa Kleiner und Angelika Stolber; aus der Literatur Christine Nöstlinger und Elfriede Haslehner; aus der Werbewirtschaft konnte ich Ina Bodner und von der Katholischen Frauenbewegung Hedwig Gründler gewinnen.

Der Sexismus-Beirat formulierte folgende Tätigkeitsbereiche:

- Aufbau eines Informationsnetzwerkes in ganz Österreich, mit dessen Hilfe Beispiele sexistischer Werbung gesammelt werden sollten; Gründung des Sexismus-Archives
- Berichterstattung an die Öffentlichkeit in regelmäßigen Abständen in Form von Pressekonferenzen, in denen besonders krasse Fälle von Sexismus angeprangert wurden

- Öffentlichkeitsarbeit, insbesondere zur Sensibilisierung der Werbewirtschaft, mit dem Ziel des Verzichts auf sexistische Werbung, zum Beispiel in Form von einerseits Selbstbeschränkungen und andererseits durch das Forcieren positiver Beispiele mittels Auszeichnungen und Preisen
- Ausarbeitung von Vorschlägen für ein kollektives Klagerecht und für Sanktionsmöglichkeiten. Wir hatten selbstverständlich auch die Absicht, auf gesetzlicher Ebene vorzugehen.

Der letzte Stein des Anstoßes für die Gründung des Sexismus-Beirates war das für Installateure werbende Plakat „Wer heizt mir richtig ein?" Dieses Plakat hatte unter den Frauen eine Welle der Empörung losgetreten. Eine anonyme Gruppe wurde gegründet, die sich „Aktion – Frauen wehren sich" nannte. Diese Frauen bezeichneten in einem Bekennerinnenbrief das Besprayen von solchen Plakaten als Notwehraktion, und sie taten dies auch.

Die „Arbeiter-Zeitung" vom 18. Oktober 1986 berichtete über diese Aktion mit dem Titel: „Frauenkomitee protestiert mit Sprühaktion gegen Busenplakat": *„‚Frauenfeind – wir heizen dir richtig ein', konnte am Freitag so mancher Installateur auf seiner Auslagenscheibe lesen. In einer nächtlichen Lacksprühaktion hatte ein noch unbekanntes Frauenkomitee auf diese Art gegen das Werbeplakat der Installateure protestiert, das eine frierende unbekleidete Frau zeigt, die die Hände über der Brust kreuzt. In einem Bekennerbrief dieses Komitees: ‚Das Plakat fordert die Gewalttätigkeit der Männer gegen die Frauen heraus.' Die Installateure zeigten wenig Verständnis und argumentierten mit einer kleinformatigen Wiener Tageszeitung, die täglich eine nackte Frau präsentiere. Die verantwortliche Werbeagentur hatte die übliche spekulative Begründung parat, wir wollten rasch einen hohen Bekanntheitsgrad der Ia-Installateure erreichen."* (Arbeiter-Zeitung, 18./19.10.1986, 13)

Am Tag nach der Gründung des Sexismus-Beirates wurde im Morgenjournal des ORF darüber berichtet. Es gab ein Gespräch mit mir und, daran anschließend, mit dem Chef der Wiener Werbeagentur Dr. Krosdorf & Partner, die für dieses Plakat verantwortlich war. Dieser sagte, er verstehe die ganze Aufregung nicht, es sei ihm darum gegangen, in einem kurzen Zeitraum die Zielgruppe der Männer anzusprechen: *„Wir haben etwas gemacht, was seit Jahrtausenden verwendet wird. Wir haben einfach mit der Frau operiert. Die Frau in den Mittelpunkt der Kampagne gestellt, in einer ästhetischen und durchaus vernünftigen Art und Weise."*

Der Redakteur fragte ihn daraufhin: *„Darüber lässt sich streiten, je nach Geschmack. Muss es sein, dass man so wirbt, kann man nicht anders ein Produkt verkaufen?"*

Kroßdorf: *„Es gibt im Prinzip viele Regeln, um Produkte zu verkaufen, aber es gibt nur wenig Möglichkeiten, um Produkte mit geringen Etatmitteln innerhalb eines kurzen Zeitraumes bekannt zu machen, und das war die Zielsetzung, ganz eindeutig, so zu penetrieren. Ich glaube nicht, dass wir die Würde der Frau verletzt haben. Man kann in alles und in jedes hineindenken und interpretieren, wie man will."*

Nach heftigen Protesten und Interventionen forderte der Werbebeirat – das war und ist ein Selbstkontrollgremium der Werbewirtschaft – die Agentur auf, das Plakat zu entfernen, was in der Folge auch geschah.

Die Aktivitäten des Sexismus-Beirates lösten heftige Debatten in der Öffentlichkeit aus, und in den folgenden Jahren wurde die Werbewirtschaft auch wesentlich vorsichtiger. Wir bekamen Unmengen von Post in das Frauenstaatssekretariat, in der uns Frauen Material für den Sexismus-Beirat zusandten, auch Kopien von Briefen, in denen sie sich selbst bei den Firmen, die solche Inserate schalteten, beschwert hatten.

Auch der Sexismus-Beirat selbst wurde zur Zielscheibe von dummen oder bösartigen Kommentaren.[25]

Ein paar Beispiele:

Im „Kurier" gab es die Kolumne „Stille Post" von Marga Mark – später Marga Swoboda und Redakteurin der „Wienerin" – mit dem Titel „Sex und Sexismus". In dieser Kolumne kommt sie, nachdem auch sie Post von

25 Genaue Quellenangaben sind im Besitz der Referentin.

einer Beirätin erhalten hat, zu folgendem Schluss: *„Möglicherweise genügt es nicht, sexistische Darstellungen zu verteufeln, ohne ihnen eine reizvolle Alternative entgegenzuhalten. Schicke Plakate landen einen Volltreffer im Bereich der Gefühle. Kluge Argumente richten sich leider nur an den Kopf (...). Auf die Gefahr hin, dass ich dastehe wie ein unbelehrbares, blödes Kind: Solange sich der Sexismus-Beirat gebärdet wie die Sittenpolizei, wird er wenig ausrichten. Und immer wieder in Verdacht geraten, das Ergebnis frustrierter Gefühle zu sein. Gegen gestylte Sexobjekte kann man nicht wirksam mit nackter Empörung antreten, sondern nur mit offensiver, selbstbewusster Sinnlichkeit. Sonst wird die Frauenbewegung noch lange völlig zu Unrecht abgetan, wie eine weltfremde Latzhosenbrigade. Und das wollen wir doch nicht, oder?"*

Das war keine wirkliche Hilfe im Kampf gegen Sexismus.

Ich stelle Ihnen noch ein weiteres Beispiel vor, dem gegenüber – dieser Redakteurin zufolge – Empörung nicht angebracht sei. Es geht um Reklame für eine Orgel: *„Eine FARFISA-Orgel ist wie eine schöne Frau ... geschmackvoll und sensibel. Sie heißt Angela, Nicole, Jacqueline, First Lady oder Désirée. Jede FARFISA-Orgel hat, was Männern Spaß macht: jede hat Rhythmus im Leib (eingebautes Rhythmusgerät), jede ist eine angenehme Gefährtin (eingebaute Begleitautomatik), jede ist wohl proportioniert (...), jede hat Chic (...), jede ist repräsentativ (man kann sich mit ihr sehen lassen)."*

In der damals noch existierenden „Wochenpresse" gab es eine Seite mit der Rubrik „Was mich ärgert". Dort schrieben nach Angaben der Wochenpresse führende österreichische Künstler, Literaten und Intellektuelle über das, was in dieser Republik und außerhalb ein Grund zum Schreiben ist. In diesem Fall handelt es sich um Professor György Sebestyén, Schriftsteller, Träger zahlreicher Literaturpreise und ständiger Mitarbeiter der Wochenzeitung „Die Furche". Der Titel seines Beitrages lautete: „Die Ideologie gegen das Leben – Dohnal und ihre Gefährtinnen wollen uns Männer mit dem Schlagwort ‚Sexismus' die Sehnsucht verbieten. Bitte aufhören!"

Ich stelle Ihnen nun eine Passage daraus vor: *„Die männerrechtliche Gesellschaft hat ihre eigenen Normen selbst aufgehoben im Augenblick, in dem sie infolge der Industrialisierung die Arbeitskraft der Frauen in Anspruch nahm. In den Jahren, in denen Massen von Arbeiterinnen in den Fabriken erschienen, war dem Patriarchat ein Ende gesetzt. Das Bewußtsein will den Änderungen der Wirklichkeit nur zögernd folgen. Das ist unerfreulich, aber verständlich. Ansichten einiger tausend Jahre sind nur allmählich zu ändern. Zudem hat sich die gesellschaftliche Realität nur auf dem Gebiet der Arbeitsteilung, der Rechtslage, der sozialen Struktur verändert, nicht aber im Spiel der Geschlechter. Auch wenn Männer den Haushalt führen, Pullover stricken, die Aufgaben der Kindererziehung auf sich nehmen, bleibt das Spiel unverändert: ein Drama des Eros, ein pas de deux der gegenseitigen Verführung, eine Tragikkomödie – und leider nur sehr selten ein Heldenlied – der Sehnsucht. Es gibt nun offenbar manche Kämpferinnen für Frauenemanzipation, die das Wesen dieses Spiels nicht verstehen, nicht verstehen wollen oder – durch lebensfremde und abstrakte Kategorien einer Ideologie – nicht verstehen können. Dieser Fall ist gegenwärtig am Beispiel jener Frauenrechtlerinnen zu studieren, die, von der trefflichen Johanna Dohnal angeführt, gegen sogenannten ‚Sexismus' nicht nur polemisieren, sondern im Sinne ihrer verblendeten Maximen auch den Eingriff staatlicher Stellen in Erwägung ziehen. Das heißt: Unsere Freiheit soll, soferne sie gegen ganz bestimmte Überzeugungen verstößt, geschmälert, unterdrückt, vernichtet werden. Vernichtet? Gewiß. Entweder sind wir frei – oder wir sind es nicht. Eine Freiheit, die uns die Freiheit auf Sehnsucht verbietet, ist keine Freiheit."*

Im Folgenden stelle ich Ihnen ein Beispiel vom österreichischen Bundesheer vor – aus einer Broschüre über Verhaltensregeln für Soldaten in und außerhalb der Kaserne –, die angeblich witzig sein soll. Im Falle der Spindordnung muss natürlich eine barbusige Kopflose dargestellt werden, die hinter der halb offenen Spindtür lauert wie ein Tier in einem viel zu kleinen Käfig. Der Soldat geht aber auch, wie wir wissen, hie und da aus. Wenn er während dieses Ausgangs seine Freundin trifft, dann hat er laut der in dieser Broschüre versammelten Benimmregeln des österreichischen

Bundesheeres Folgendes zu beachten: *„Einhängen ist grundsätzlich erlaubt, jedoch ist zum Salutieren der Arm der Begleiterin zeitgerecht freizugeben."* [26]

Und wie, glauben Sie, ist diese Benimmregel illustriert? Man sieht ein Pärchen, er trägt natürlich seine Ausgehuniform, die bei ihm eingehängte und brav einen halben Schritt hinter ihm wandelnde Begleiterin jedoch trägt einen Bikini, kombiniert mit einem großen, blumengeschmückten Hut, mit Handtasche und in hohen Stiefeln. Eine fast Nackte an der Seite eines Uniformierten – ein perfektes Bild der Demütigung.

In der „Tiroler Tageszeitung" sagte Justizminister Ofner anlässlich der Präsentation des Entwurfs für eine Strafrechtsreform 1986, dass er einen Kampf gegen Sexismus in der Werbung, wie dies Frauenstaatssekretärin Dohnal wünsche, nicht führen wolle. Und er ordnete mich jenen zu, die „flotte Werbung" zensurieren wollen.

Ein abschließendes Beispiel für eine solcherart „flotte Werbung" – falls Ihnen der Appetit bis jetzt noch nicht vergangen ist: Auf der Speisekarte eines Restaurants, dem „Schloßkeller Bockfließ", sieht man Fleisch („Schulter", „Bauch", „Bruststücke" …) aus dem Körper einer Frau, mit der Frage des Küchenchefs: „Wie lange darf unser Küchenchef Ihr Steak grillen?"

Ja, soweit zur Berechtigung oder Nicht-Berechtigung des Sexismus-Beirates und seiner Aktivitäten. Ein Bild davon kann sich nun jede und jeder selber machen.

Entstehungsgeschichte der Frauenhäuser und die Frauenhausbewegung

Gewalt gegen Frauen ist kein neues Phänomen, aber erst seit Entstehung der Neuen Frauenbewegung vor etwa 35 Jahren[27] wird die Öffentlichkeit damit

26 *Broschüre des österreichischen Bundesheeres, GEM. ERL. ZL. 60.900/296–5.1/84 in Kurzfassung.*

27 *Das erste Frauenhaus Europas wurden 1972 in London gegründet. 1978 eröffnete das erste Frauenhaus Österreichs, in Wien.*

konfrontiert. Früher war Gewalt gegen Frauen ein Tabu. Viele Menschen wussten, warum Frauen mit blauen Augen und geschwollenen Gesichtern zur Arbeitsstätte, zum Einkaufen, in die Straßenbahn kommen, aber es wurde weggeschaut. Weltweit begannen nun Frauen, Gewalttaten an ihren Geschlechtsgenossinnen aufzuzeigen. Durch ihre Arbeit machten sie dieses Phänomen zu einem Problem, und zwar nicht nur zu einem individuellen Problem des Täters und des Opfers, sondern auch zu einem gesellschaftlichen. Gewalt gegen Frauen ist nämlich tief in den Strukturen einer patriarchalen Gesellschaft verankert. Sie stellt keine Störung oder Dysfunktion dar, sondern ist durchaus systemkonform und trägt somit zum Funktionieren einer Gesellschaft bei, in der Dominanz der männlichen und Unterordnung der weiblichen Mitglieder noch immer zur Norm gehören.

Ich eröffnete den Mitarbeiterinnen des Vereins „Aktionsgemeinschaft der autonomen österreichischen Frauenhäuser" die Möglichkeit für ein Forschungsprojekt, und zwar durch eine Finanzierung, die ich über mehrere öffentliche Stellen organisierte, und mit den bescheidenen Mitteln, die mir als Frauenministerin zur Verfügung standen. Dieses Forschungsprojekt mit dem Titel „Österreichische und Internationale Strategien zur Bekämpfung familiärer Gewalt" wurde 1993 fertiggestellt und 1995 veröffentlicht (Egger et al. 1995).

Einige Thesen aus dieser Publikation möchte ich Ihnen im Folgenden vorstellen:

„Die gängige Terminologie, die von Gewalt betroffene Frauen als Opfer oder misshandelte Frauen bezeichnet, ist unbefriedigend, weil damit die Passivität der Frauen in den Vordergrund gestellt wird. Der Ausdruck ‚Opfer' wird auch von denjenigen gebraucht, die sehr rasch in eine fatale Umkehrung des Täter-Opfer-Verhältnisses verfallen. Im Sinne der genauen Benennung einer Gewalttat, der Täter und der Verantwortung für diese Tat sowie derjenigen, die von dieser Gewalt betroffen sind, ist es legitim, die Begriffe Opfer und Täter zu verwenden. Trotzdem wollen wir feststellen, daß das Wort Opfer den Frauen nicht gerecht wird, da sie auch Kämpfende sind – um ihr Leben, um ihre Sicherheit und ihre Rechte. Im englischen Sprachraum wird der Aus-

druck survivors, also Überlebende, verwendet. Er hat sich jedoch im deutschen Sprachraum noch nicht etabliert.

Die Bezeichnung ‚mißhandelte Frau' ist stigmatisierend, da sie die Mißhandlung zur Eigenschaft der Frau macht. Die Frauen bezeichnen sich selbst nicht so, sie sagen: ‚Ich wurde mißhandelt', und machen so den entscheidenden Unterschied zwischen ihrer Person und der Mißhandlung, die sie erleiden mußten. Hilfseinrichtungen verwenden den Begriff mißhandelte Frauen sehr häufig, laufen damit aber Gefahr, die Frauen nicht anzusprechen, da diese sich mit diesem Ausdruck nicht identifizieren. Auch die Bezeichnung Klientin ist problematisch. Wenn Personen zu Klientinnen werden, liegt der nächste Schritt, nämlich die Zuweisung einer persönlichen Störung, sehr nahe. Da an die Täter kaum heranzukommen ist, sind es die Opfer, die therapiert und behandelt werden. Alle drei Begriffe sagen etwas darüber aus, wie mit dem Problem der Gewalt gegen Frauen und mit Frauen selbst umgegangen wird." (Ebd., 11–12)

Historischer Rückblick auf die Frauenhausbewegung

Zur Einstimmung – und falls sich jemand noch nicht sehr damit beschäftigt hat: Erin Pizzey, eine Londoner Hausfrau und Mutter, beschloss im Jahre 1971, einen Frauentreffpunkt zu organisieren. Sie wollte sich selbst und anderen Frauen einen neuen Raum für soziale Kontakte bieten, nicht mehr und nicht weniger. In dem zur Verfügung gestellten Haus fanden sich aber immer mehr Frauen ein, die um Unterkunft baten, weil sie Schutz vor ihrem gewalttätigen Partner suchten. Aus dem geplanten Frauentreffpunkt wurde 1972 das erste Frauenhaus Europas. In ganz Europa wurden in der Folge Frauenhäuser als erste Projekte der Autonomen Frauenbewegung erkämpft.

Derzeit gibt es ca. 1.500 Frauenhäuser in Europa.

Im März 1976 fand in Brüssel das erste „Internationale Tribunal ‚Gewalt gegen Frauen'", organisiert von der Autonomen Frauenbewegung, statt. Erica Fischer von der „Aktion unabhängiger Frauen" (AUF) war damals vorübergehend in Paris tätig und an den Vorbereitungen beteiligt. Im Anschluss an das Tribunal publizierte die „AUF – Eine Frauenzeitschrift" ein Schwerpunktheft zum Thema „Gewalt gegen Frauen" (AUF 1976). Im November 1976 wurde dann in Berlin das erste Frauenhaus eröffnet. Im selben Jahr erschien Erin Pizzeys Buch über ihre Arbeit mit Frauen, die von Gewalt betroffen sind, in deutscher Übersetzung unter dem Titel „Schrei leise. Misshandlungen in der Familie". 1977 veröffentlichten Erica Fischer, Brigitte Lehmann und Katrin Stoffl das Buch „Gewalt gegen Frauen". Die beiden in Wien lebenden Sozialwissenschaftlerinnen Cheryl Bernard und Edit Schlaffer arbeiteten zu dieser Zeit an einer Studie zum Thema „Entstehungsbedingungen und Auswirkungen von Gewalt gegen Frauen in der Ehe". Der Autonomen Frauenbewegung war es zweifelsohne gelungen, Gewalt gegen Frauen zum Thema zu machen.

In der österreichischen Politik – auf der Ebene des Bundes, der Länder und Gemeinden – war die Gewalt gegen Frauen noch kein Thema.

Im Sommer 1977 nahm sich das Wochenmagazin „profil" dieser Angelegenheit an. Erika Wantoch, eine bekannte Journalistin, recherchierte und schrieb einen ausführlichen Artikel über „Gewalt in der Ehe" (profil 1977, Nr. 30, 38–41). Sie beklagte in diesem Artikel anschließend die Untätigkeit der Politiker und urgierte Aktivitäten.

Ich habe umgehend mit einem Leserinnenbrief reagiert und diese Kritik zurückgewiesen: *„Die Wiener Sozialistinnen haben sich bereits eingehend mit dem Problem beschäftigt. Wir haben sowohl Kontakt mit den deutschen Sozialistinnen aufgenommen, die bereits ein Haus für geschlagene Frauen eingerichtet haben, als auch konkrete Überlegungen für eine derartige Einrichtung in Wien angestellt."* (profil 1977, Nr. 32, 6)

Tatsächlich hatte ich als Frauensekretärin der SPÖ Wien und als Landtagsabgeordnete bereits erwogen, für ein Frauenhaus aktiv zu werden. Ich habe Gespräche geführt und mich kundig gemacht. Trotzdem hat mich dieser Artikel getroffen – aber das war schon gut so.

Irmtraut Karlsson – eine meiner jahrelangen Kampfgefährtinnen, auch heute noch, wenn es etwas zu erkämpfen gibt – unterrichtete zu jener Zeit an der

Wiener Akademie für Sozialarbeit in Ottakring im 16. Gemeindebezirk. Sie machte im Herbst des Jahres 1977 mit einigen Studentinnen ein Projekt zum Thema „Frauenhaus“. Die Studierenden sichteten die einschlägige Literatur und erstellten ein organisatorisches und inhaltliches Konzept für ein Frauenhaus, das dem zuständigen Wiener Stadtrat für Gesundheit und Soziales, Alois Stacher, vorgelegt werden sollte. Ich war als Landtagsabgeordnete Mitglied im Gesundheitsausschuss. Als ich ausreichend über diese Gruppe von Frauen und über ihre Konzepte und Vorhaben informiert war, lud ich sie ein. So leicht war das aber nicht, ich habe sie nämlich in mein Büro eingeladen, und das befand sich in der Parteizentrale der SPÖ in der Löwelstraße, wo ich als Wiener Frauensekretärin arbeitete. Zuerst einmal hat es geheißen: „Das kommt nicht in Frage. Die Dohnal sitzt in der SPÖ in der Zentrale, dort gehen wir nicht hin.“ Ich, stur wie ich auch war, habe gesagt: „Dort sitze ich aber. Wer zu mir kommen will, der kommt dorthin.“

Irgendwie hat es dann aber doch geklappt und die Frauen von der Sozialakademie sind gekommen.

Anschließend leistete ich Überzeugungsarbeit im Wiener Frauenkomitee – in dem Gremium also, das mich zur Sekretärin bestellt hat und in dem die meisten Mitglieder schon Gemeinderätinnen und Landtagsabgeordnete in Wien waren – und gleichzeitig bei den Mitgliedern im Gemeinderatsausschuss, vor allem bei Stadtrat Stacher, zuerst einmal fraktionell und dann überfraktionell. Ich habe so manche Erfahrungen gemacht.

Schon damals konnte ich den Justizminister Christian Broda und hohe Beamtinnen des Sozial- und des Jugendamtes als Verbündete gewinnen. Das war ganz wichtig, weil Letztere in der Struktur des Magistrats etwas zu sagen hatten. In der Klausurtagung des Gemeinderatsausschusses für Gesundheit und Soziales gelang es mir, die FraktionskollegInnen und den zuständigen Stadtrat Alois Stacher endgültig für die Idee zu gewinnen. Der Gesundheitsausschuss stellte in der Sitzung des sozialistischen Gemeinderatsklubs einen Antrag auf Errichtung eines Frauenhauses. Hier gab es dann heftige Diskussionen. Ich war mit 70 bis 80 Männern und Frauen konfrontiert, von ihnen waren zwei Drittel sozusagen erschüttert, und das

Fazit dieser Erschütterung war die Feststellung: „In Wien werden keine Frauen geschlagen." Der damalige Bürgermeister Leopold Gratz meinte, wenn so was – die Errichtung eines Frauenhauses – notwendig sei, müsse man es machen. Interessant war natürlich das informelle Verhalten der Männer über die Parteigrenzen hinweg – unter beifälligem Nicken einiger Frauen – in der folgenden, wie immer öffentlichen Gemeinderatssitzung, als dieser Antrag eingebracht wurde. Die Sitzung dauerte einen ganzen Tag, das Wort „Freudenhaus" wurde propagiert, vieles andere auch, das ich zu meiner eigenen psychischen Schonung nicht mehr wiederholen will. Nach dieser Gemeinderatssitzung habe ich mich über den Rathausplatz zu meinem Büro in der Löwelstraße geschleppt und mich übergeben.

So war das.

Auch die ÖVP ist in der Sache aktiv geworden. Sowohl im Oktober 1977 als auch im Jänner 1978 brachte die ÖVP-Gemeinderätin Marilies Flemming einen Antrag auf „Errichtung von Mutter-Kind-Heimen für gefährdete Frauen und Kinder" ein. Die SPÖ-Frauen wollten aber keine Heime, sie wollten keinerlei Bevormundung für Frauen. Daher waren wir nicht auf einer Linie und haben dem Antrag nicht zugestimmt.

Ich versuchte für das Frauenhaus eine Konstruktion zu finden, die einerseits die Finanzierung aus Budgetmitteln sicherstellen und andererseits dem Haus beziehungsweise den Mitarbeiterinnen die Selbstständigkeit, die Autonomie garantieren sollte, allerdings mit Kompromissen. Wir gründeten den Verein „Soziale Hilfen für gefährdete Frauen und ihre Kinder". Der Vereinsname sagt ja vieles aus. Das Naheliegendste, nämlich einen Frauenhausverein zu gründen, haben wir damals, aus taktischen Gründen – Stichwort Freudenhaus – unterlassen. Heute würde ich das nicht mehr so machen.

Die inhaltliche Arbeit des Frauenhauses sollte nach feministischen Grundsätzen und Prinzipien organisiert werden. Das ist auch gelungen. Das erste Wiener Frauenhaus wurde zur Gänze von der Stadt Wien finanziert, ebenso alle weiteren Frauenhäuser. Sie sind, so wie alle anderen kommunalen Einrichtungen, fix im Gemeindebudget verankert. Aufgrund der

Vereinskonstruktion sind sie aber keine Gemeindebetriebe, sondern eigenständige Projekte. Sie unterliegen allerdings auch der Überprüfung durch das Kontrollamt und haben Dienstwege und Formalitäten zu beachten, die bei der Erlangung von Steuermitteln notwendig sind.

Wir haben derzeit vier Frauenhäuser in Wien.

Wir machten eine Pressekonferenz und gaben die Vereinsgründung bekannt. Wir konnten Christian Broda als Vorsitzenden gewinnen, das war auch eine taktische Maßnahme. Ich glaube, ich war damals die Kassiererin des Vereins, irgendeine Funktion hatte ich jedenfalls übernommen. Zur Pressekonferenz kamen viele Leute, das hat uns sehr gefreut. Wir waren aber bald mit einigen Schwierigkeiten konfrontiert. Die Studentinnen der Sozialakademie, die das Konzept erstellt hatten, fühlten sich übergangen und waren bitterböse. Nach ihrer Version wurden sie von der Vereinsgründung nicht informiert, was ich nicht glauben kann, weil Irmtraut Karlsson mir glaubwürdig das Gegenteil versichert hat. Sie hatten jedenfalls im Verein keine Funktionen inne, das war aber beabsichtigt. Sie waren sehr enttäuscht und haben sich zuerst einmal zurückgezogen. Das hat uns natürlich leid getan, aber das war nun einmal die damalige Situation. Die Sozialarbeiterinnen haben dann Kontakt mit der „Aktion unabhängiger Frauen" (AUF) aufgenommen, mit Cheryl Bernard und Edit Schlaffer und schließlich mit der Caritas, in der Hoffnung, andere Möglichkeiten der Finanzierung eines autonomen Frauenhauses zu finden, aber natürlich ohne Erfolg, was klar war.

Im Mai 1978 nahm Irmtraut Karlsson erneut die Verbindung mit den Studentinnen der Sozialakademie wegen allfälliger späterer Zusammenarbeit auf. Diese waren inzwischen wieder bereit mitzumachen und bildeten nach der Inbetriebnahme des ersten Hauses tatsächlich den Kern des Mitarbeiterinnenteams. Sie haben auch immer selbst entschieden, welche weiteren neuen Mitarbeiterinnen mit ihnen zusammenarbeiten und aufgenommen werden sollen. Sie haben erkannt, dass es bei einem Projekt dieser Größenordnung unausweichlich ist, sich an die bürokratischen Spielregeln zu halten, und diese besagten eben: Um öffentliche Gelder zu erhalten, bedarf es der Gründung eines Vereins mit möglichst namhaften beziehungsweise vertrauenswürdigen Personen im Vereinsvorstand. Damals war das jedenfalls so. Alle diese Frauen, die von Anfang an dabei waren, sind übrigens seither – und zwar schon seit langem – sehr vertrauenswürdige Personen, sie gelten als die ersten Expertinnen. Das kam nicht von ungefähr, denn es war immer schon unser Anliegen, die Mitarbeiterinnen der Frauenhäuser und der Notrufe als Expertinnen zu etablieren – in der Auseinandersetzung mit der Bürokratie, in den Ministerien, auf Landes- und Gemeindeebene.

Rosa Logar, eine der Frauen, die an der Konzepterstellung für das Projekt Frauenhaus beteiligt war und inzwischen sehr bekannt ist – sie ist Leiterin der Wiener „Interventionsstelle gegen familiäre Gewalt" – sagt heute dazu:„*Wir haben uns der Autonomen Frauenbewegung zugehörig gefühlt und hatten den Anspruch, ein Frauenhaus einzurichten, das wirklich ganz autonom ist, wo die Mitarbeiterinnen gleichzeitig die Trägerinnen sind. Johanna Dohnal und Irmtraut Karlsson wollten jedoch honorige Personen im Vorstand, was wahrscheinlich auch richtig war, weil wir 20-Jährigen wohl nicht das Vertrauen der Geldgeber gehabt hätten.*" (Feigl 2002, 79)

Es war in Wirklichkeit eine Gratwanderung für uns, für mich insbesondere aufgrund meiner Funktion als Wiener Frauensekretärin der SPÖ – das war ja eine Position als Angestellte – und auch als Landtagsabgeordnete. Auf der einen Seite gab es den Vorwurf autonomer Frauen, wir würden uns wegen der bevorstehenden Gemeinderatswahl feministische Ideen aneignen und diese dann auch noch entschärfen. Auf der anderen Seite hatten wir in der Partei und in der Öffentlichkeit vieles durchzustehen.

Später meinte Rosa Logar, alles in allem hätte es eine gelungene Kooperation zwischen der Autonomen Frauenbewegung und den Parteifrauen gegeben: „*Das Frauenhaus wurde als eigenständiges Projekt gesehen, wo keine Parteiansprüche hineingetragen werden. Umgekehrt ist es gelungen, feministische Anliegen in die Partei hineinzutragen.*" (Ebd., 80)

Und die Partei hatte das ja auch bitter notwendig.

In weiterer Folge verbreitete sich in den späten 1970er- und frühen 1980er-Jahren die Idee zur Errichtung von Frauenhäusern. Die Sensibilisierung der Öffentlichkeit für das Problem der Gewalt gegen Frauen war und blieb jedoch schwierig: Verleugnungs-, Verdrängungs- und Bagatellisierungsstrategien behinderten die Arbeit von engagierten Frauen. „Bei uns gibt es das nicht", „Das sind Einzelfälle", „Ein Frauenhaus brauchen wir nicht" – solche Aussagen waren in dieser Zeit immer wieder zu hören, der Gegenbeweis musste sozusagen erst erbracht werden (Egger et al. 1995, 39).

Die Vehemenz, mit der Frauen in Diskussionen, bei Veranstaltungen und Demonstrationen in allen Bundesländern immer wieder auf das Thema hinwiesen, setzte allerdings die politisch Verantwortlichen unter Druck. Sie konnten ganz einfach die Existenz dieses Problems nicht mehr leugnen und mussten es schließlich zumindest als soziales Problem anerkennen, denn auch von Journalistinnen, vereinzelt auch Journalisten, kam bereits Unterstützung in den Medien.

Irmtraut Karlsson, Geschäftsführerin des ersten Frauenhauses, berichtet heute: *„Es fanden sich auch relativ leicht Projektgruppen und Initiativen. Doch dann begann es schwierig zu werden. Trotz vielfältiger Unterschiede gab es überall gemeinsame Hindernisse: In allen Bundesländern war es sehr schwierig, Finanzierungsmöglichkeiten zu finden. Überall stieß das Konzept des Frauenhauses zunächst auf Mißtrauen und Ablehnung. Man stellte sich eher ein ‚Heim' vor. In allen Bundesländern mußte auch ein ausbalanciertes Verhältnis zu den dort herrschenden politischen Kräften gefunden werden. Dies schloß vor allem die Frauenorganisationen der politischen Parteien ein. Die Durchsetzung der Frauenhäuser war in Österreich eine eminent wichtige Angelegenheit. Sie entstanden im Spannungsfeld von Autonomie und Parteipolitik, von Frauenbewegung und ‚Parteifrauen'. Bis heute sind die Konflikte latent vorhanden, ist das Mißtrauen nicht überall ausgeräumt."* (Karlsson 1988, 26)

Dem kann ich nur beipflichten.

Ziele der Frauenhausbewegung [28]

Die Frauenhausbewegung versteht sich als politische Bewegung. Die Initiatorinnen der Frauenhäuser lehnen individuelle und soziale Erklärungen für die Ursachen der Gewalt gegen Frauen als unzureichend oder vorurteilsbehaftet ab. Von Anfang an haben sie die gesellschaftspolitische Dimension des Problems betont und politische Veränderungen als zentrales Anliegen eingefordert.

Drei Ziele standen und stehen hierbei im Vordergrund:

- ♀ Ermächtigung
- ♀ Arbeit gegen Männergewalt
- ♀ Veränderung der Gesellschaft: Förderung des Machtgleichgewichts zwischen den Geschlechtern

Ermächtigung

Zufluchtsstätten für Verfolgte und Vertriebene hat es ja zu allen Zeiten und in allen Ländern gegeben. Neu an den Frauenhäusern ist, dass sie Frauen und Kindern Zuflucht bieten, die in Friedenszeiten im eigenen Land vor dem eigenen Mann, Lebensgefährten oder Freund auf der Flucht sind. Frauenhäuser sind Frauenorte, zu denen Männer keinen Zutritt haben – das unterscheidet sie von anderen Zufluchtsstätten. Der männliche Machtbereich hat durch die Einrichtung von Frauenhäusern eine Begrenzung erfahren, was ablehnende Reaktionen sowohl von misshandelnden Männern als auch von Politikern hervorruft. Diese Reaktionen sind als Widerstand gegen die Entmachtung von Männern und die Ermächtigung von Frauen zu interpretieren. Frauenhäuser sind nicht nur von Gewalt und Kontrolle durch Männer freie Räume, sondern bieten auch die Möglichkeit, unabhängig von Männern zu leben. Die Erfahrung ökonomischer Unabhängigkeit ist ein ganz wichtiger Schritt zur Ermächtigung von Frauen, da die Abhängigkeit nach wie vor die Befreiung aus Gewaltverhältnissen verhindert.

28 *Der folgende Abschnitt basiert wesentlich auf Egger et al. 1995, 41–44*

Nicht allein zu sein, die Isolation zu durchbrechen, Solidarität zu erfahren, andere Lebensmodelle kennenzulernen und die eigene Geschichte zu reflektieren sind weitere wichtige Schritte auf dem Weg zur Ermächtigung und Selbstbestimmung von Frauen.

Frauenhäuser waren und sind wichtige Zufluchtsstätten für bedrohte Frauen, zugleich aber Mahnmale der Gewalt von Männern an Frauen. Sie sind jedoch kein ausreichendes Mittel zur Reduktion von Männergewalt – das muss klar sein.

Arbeit gegen Männergewalt

Daher ist das zweite Ziel, Arbeit gegen Männergewalt, das die Frauenhausbewegung mit engagierten Politikerinnen und Feministinnen aus allen möglichen Bereichen formuliert hat, besonders wichtig. Öffentlichkeitsarbeit und politische Arbeit waren und sind zentrale Ansatzpunkte. Zur Arbeit gegen Männergewalt gehört auch das Einfordern von Bürgerinnenrechten. In den Jahren nach der Gründung der ersten Frauenhäuser bestand daher die Hauptaufgabe darin, sich für die Verbesserung rechtlicher und sozialer Maßnahmen gegen Gewalt einzusetzen, beispielsweise für die Veränderung des Sexualstrafrechtes inklusive der Bestrafung von Vergewaltigung in der Ehe.

Frauenhausmitarbeiterinnen haben darüber hinaus schon seit langem kritisiert, dass Frauen und Kinder gezwungen werden, vor männlicher Gewalt zu flüchten, weil Recht und staatliche Macht sie nicht ausreichend schützen. Die Einführung von Schutzmaßnahmen, die es damals beispielsweise in Australien bereits gab, wurde gefordert. Frauen, die Angst vor weiterer Gewalt hatten, konnten dort eine „violence order" beantragen – auch wenn noch nicht viel passiert war. Diese Order kann zum Beispiel beinhalten, dass der Mann ausziehen muss oder dass er die Frau nicht belästigen oder bedrängen darf. Wenn er dieser Order zuwiderhandelt, drohen sofort Konsequenzen, die bis zur Inhaftierung reichen können. Auch dies konnten wir – in der Grundsubstanz – in Österreich realisieren, darauf werde ich später am Beispiel des Gewaltschutzgesetzes zurückkommen.

Eine weitere Aktivität im Kampf gegen Männergewalt sind die Schulungen von Polizeibeamten und -beamtinnen – viele gab es ja damals noch nicht, denn der Prozess, dass Frauen überhaupt von Polizei und Gendarmerie aufgenommen wurden, hat zu dieser Zeit erst begonnen. Die Schulungen sollen über die Problematik aufklären und Vorurteile, die die Handlungsweise von Beamten und Beamtinnen beeinflussen, abbauen helfen. Sie sollen darüber hinaus verdeutlichen, dass Gewalttaten gegen Frauen in der Familie weder Konflikte noch Privatangelegenheiten, sondern schlicht und einfach strafbare Handlungen sind, die entsprechende Konsequenzen nach sich ziehen müssen.

Innerhalb der Frauenbewegung gab und gibt es gegensätzliche Meinungen zu der Frage, ob Feministinnen mit Männern arbeiten sollen. Durchgesetzt hat sich der Standpunkt, dass Männer ja nicht nur verstärkt mit dem Problem der Gewalt gegen Frauen konfrontiert, sondern auch zu Aktivitäten gegen Männergewalt aufgefordert werden müssen. Da es aber nach wie vor nur sehr wenige Männer gibt, die gegen Männergewalt aktiv werden, erscheint es unerlässlich, Männern die in langjähriger Praxis gesammelten Erfahrungen und Erkenntnisse auseinanderzusetzen. Die Arbeit mit Männern in Institutionen wie zum Beispiel der Polizei wird als zielführend und notwendig angesehen, weil sie zur Verbesserung der Situation der betroffenen Frauen beiträgt. Diese Schulungen der PolizeibeamtInnen führen ja die Mitarbeiterinnen der Frauenhäuser durch.

Veränderung der Gesellschaft und die Förderung des Machtgleichgewichts zwischen den Geschlechtern

So wurde die dritte politische Zielsetzung der Frauenhausbewegung formuliert. Aufgrund der Erkenntnis, dass sich Gewalt gegen Frauen letztendlich nur durch eine umfassende Veränderung gesellschaftlicher Strukturen verändern lässt, weil Gewalt durch das Machtungleichgewicht im Geschlechterverhältnis wesentlich begünstigt wird, müssen Maßnahmen zur Aufhebung dieses Ungleichgewichtes gesetzt werden.

- ♀ Sicherung des vollen Zugangs zum Recht und die Beseitigung jeder Form von Diskriminierung
- ♀ Aufhebung der gesellschaftlichen Arbeitsteilung, die Frauen in den Bereich der unbezahlten Reproduktionsarbeit drängt

- ♀ Förderung von berufstätigen Frauen, auch durch Maßnahmen der positiven Diskriminierung, und Erhöhung der Frauenlöhne
- ♀ Sicherung der ökonomischen Unabhängigkeit von Frauen, sodass sie nicht gezwungen sind, in Abhängigkeit von Männern zu leben
- ♀ Bereitstellung von Wohnmöglichkeiten, die für Frauen finanzierbar sind, sodass sie nicht gezwungen sind, bei einem Misshandler zu bleiben
- ♀ Bereitstellung von ausreichend vorhandenen und guten Kinderbetreuungsmöglichkeiten
- ♀ Förderung der politischen Arbeit von Frauen, Quotenregelungen und positive Diskriminierung

Diese Ziele bildeten die Palette des Programms, das ich mir als Staatssekretärin und Ministerin vorgenommen habe und von dem ich – mit mehr oder weniger Erfolg – auch einiges umsetzen konnte.

Die ersten Schritte im Vorfeld der Anti-Gewalt-Kampagne und des Gewaltschutzgesetzes

Ich gehe im Folgenden auf drei rechtliche Veränderungen ein, die im Vorfeld der Anti-Gewalt-Kampagne und des Beschlusses des Gewaltschutzgesetzes von großer Bedeutung waren.

Strafrechtsänderungsgesetz

Das Strafrechtsänderungsgesetz von 1987 war der erste Schritt, mit dem die Situation der Zeugin in einem Strafverfahren gegen einen Sexualstraftäter verbessert werden konnte.

Zur Erklärung: Es geht um das Thema Vergewaltigung. Vergewaltigung ist in Österreich ein Offizialdelikt, das heißt die Verfolgung des Täters betreibt der Staatsanwalt, die Frau tritt bei Gericht nicht als Gegnerin, sondern als Zeugin auf. Daher hat sie eine sehr schlechte Position.

Wir haben mit diesem Strafrechtsänderungsgesetz erreicht, dass die vergewaltigte Frau vor Gericht nicht – wie wir das genannt haben – ein zweites Mal vergewaltigt wird. Es konnte durchgesetzt werden, dass die

Zeugin sowohl vor dem Untersuchungsrichter als auch in der Hauptverhandlung das Recht auf die Anwesenheit einer Person ihres Vertrauens hat, und dass die Frau vor der Erörterung von Umständen aus ihrem persönlichen Lebensbereich beantragen kann, dass die Öffentlichkeit von diesem Teil der Hauptverhandlung ausgeschlossen wird. Der Gerichtshof hat diesen Ausschluss bei „Überwiegen schutzwürdiger Interessen" auszusprechen. Darüber hinaus hat das Gericht dafür zu sorgen, dass die Identität der Zeugin bei einer Hauptverhandlung nicht einem größeren Personenkreis bekannt wird. Es gab daher ein Verbot zu fotografieren. Ein ganz wichtiger Punkt: Fragen nach „Umständen über den höchstpersönlichen Lebensbereich der Zeugin", nämlich über ihr sexuelles Vorleben, dürfen grundsätzlich nicht mehr gestellt werden. Eine Einschränkung erfährt diese Vorschrift allerdings durch den Zusatz, „es sei denn, dass dies nach den besonderen Umständen notwendig erscheint". Nun, das ist natürlich ein Graubereich. Wenn zum Beispiel eine Prostituierte vergewaltigt wird, hat sie vor Gericht ja ohnehin kaum eine Chance, wahrscheinlich heute auch nicht, wenn klar ist, dass sie als Sexarbeiterin tätig ist. Aber es war grundsätzlich selbstverständlich, dass die Frauen als Zeuginnen in einem Verfahren, in dem es um eine Vergewaltigung ging, dem Täter gegenüber eine schlechte Position hatten, und zwar vor allem deswegen, weil Fragen nach dem sexuellen Vorleben gestellt wurden. Wenn eine Frau vielleicht irgendwann einmal einen Freund oder mehrere Freunde gehabt hatte, dann wurde das gegen sie verwendet, obwohl das ja mit der Tatsache, dass sie in diesem Fall vergewaltigt wurde, nichts zu tun hat. Es war also nicht sehr viel, was wir durchsetzen konnten, aber es war ein erster Schritt.

Reform des Sexualstrafgesetzes

Der zweite Schritt war die Reform des Sexualstrafgesetzes im Jahr 1989. Mit dieser Reform sind wichtige Änderungen in Kraft getreten, die den Tatbestand Vergewaltigung betreffen. Der Tatbestand und das Strafausmaß waren nun nicht mehr vom Verhalten des Opfers, sondern – wie bei allen anderen Delikten – vom Verhalten des Täters, nämlich von der

Gewaltanwendung abhängig. Im alten Sexualstrafrecht – hier wurde noch das Wort „Notzucht" verwendet – war es nämlich so, dass die Frau nachweisen musste, sich bis zur Widerstandsunfähigkeit gewehrt zu haben. Gleichzeitig hat in dieser Zeit die Polizei den Frauen immer wieder nahegelegt, sich nicht zu wehren, weil dann die Verletzungen größer seien. Das wurde in der Zwischenzeit durch Studien widerlegt. Jedenfalls war es unwürdig, wenn eine vergewaltigte Frau vor Gericht nachweisen musste, dass sie sich bis zur Widerstandsunfähigkeit gewehrt hatte. Das musste mit Verletzungen nachgewiesen werden. Ein zweiter wichtiger Erfolg bestand darin, dass die Vergewaltigung innerhalb der Ehe nun ebenso zu ahnden ist wie außerhalb der Ehe. Darauf werde ich später noch ausführlicher eingehen.

Einstweilige Verfügung

Der dritte Schritt war die „einstweilige Verfügung" aus dem Jahr 1990. Seither gibt es die Möglichkeit, einem gewalttätigen Ehepartner den Zutritt zur ehelichen Wohnung durch die „einstweilige gerichtliche Verfügung" zu untersagen, und zwar für maximal drei Monate. Denn es ist nicht einzusehen, dass der Gewalttäter unbehelligt in der Wohnung bleiben kann, während Frauen und Kinder, die sich nichts zu Schulden haben kommen lassen, flüchten und sich eine neue Unterkunft suchen müssen, zum Beispiel in einem Frauenhaus.

Diese Verfügung wurde durch das Gewaltschutzgesetz noch verstärkt und verschärft.

Diese Maßnahmen waren damals bereits ein großer Schritt, und Sie dürfen mir glauben, sie waren nicht leicht durchzusetzen. Dennoch konnten die wirklich entscheidenden Verbesserungen erst nach der von mir 1992 und 1993 initiierten Anti-Gewalt-Kampagne durchgesetzt werden. Vor allem das in diesem Zusammenhang vorgestellte und diskutierte sogenannte „Duluth Projekt"[29] war eine Initialzündung für das später in Österreich beschlossene Gewaltschutzgesetz.

29 *täterbezogene Intervention zur Prävention häuslicher Gewalt*

Vergewaltigung in der Ehe

Ich habe seit 1982 immer wieder versucht zu erreichen, dass die Vergewaltigung in der Ehe denselben Strafbestimmungen unterliegt, die für eine Vergewaltigung außerhalb der Ehe zur Anwendung kommen. Die Forderung lautete schlicht und einfach, dass die Frau auch in der Ehe das Recht hat, selbst zu bestimmen, ob und wann sie sexuellen Verkehr hat.

Es gab damals – in der Bevölkerung ziemlich verankert und anerkannt – die sogenannten ehelichen Pflichten der Frau.

Ich gebe Ihnen ein Beispiel aus einem Scheidungsakt vom Landesgericht Innsbruck, den mir eine Frau zugeschickt hat, als die Diskussion zu diesem Thema schon begonnen hatte. Ein Mann hat hier Bedingungen für das weitere Zusammenleben mit seiner Frau formuliert.

Unter „Punkt III. Geschlechtsverkehr" steht geschrieben: *„Ab Vertragserrichtung, jeweils am Montag um 21.45 Uhr im Wohnzimmer u. am Samstag in der Früh um 6.30 Uhr. Der Geschlechtsverkehr wird, selbst bei ablehnender Haltung von seiten meiner Frau, vom Ehemann zwangsweise durchgeführt u. hiebei hat meine Frau ausnahmslos, falls sich dieser Zustand von ihr aus ergeben sollte, zugestimmt."*

Das zeigt ganz deutlich die damalige Rechtslage und auch, wie weit verbreitet die Ansicht war, dass eine Frau, indem sie einen Mann heiratet, ihm zur Verfügung zu stehen hat – ob sie will oder nicht. Soweit zum Hintergrund, in welchem Klima, in welchem Bewusstseinsstand sich alle, von den sogenannten normalen Menschen bis hin zum Richter oder zum Polizisten, bewegt haben.

Die jahrelang schon erhobene Forderung lautete also, dass auch die Frau in der Ehe das Recht haben muss, selbst zu bestimmen, ob und wann sie sexuellen Verkehr wünscht. Das bedeutet, dass die ehelichen Pflichten für die Frau obsolet werden. Sexualität findet nur statt, wenn beide dies wollen, und wenn frau nein sagt, dann ist es nein, so die populäre Ausdrucksweise.

Es hat fünf Jahre gedauert, bis dieses Thema durch die öffentlichen Diskussionen mehrheitsfähig wurde, auch innerhalb der SPÖ. Gelungen ist dies letztendlich durch stetiges Beharren und durch die Unterstützung der Mitarbeiterinnen der Frauenhäuser und von Frauen aus der Autonomen Frauenbewegung, von Beamtinnen aus den Ministerien, Richterinnen, Ministerinnen.

In juristischen Zeitschriften wurden unzählige Artikel von den Herren Doktoren publiziert – ich möchte das ja alles gar nicht mehr so genau wissen. Ich konnte mit dem damaligen Justizsprecher Sepp Rieder einen Reformvorschlag entwickeln und präsentieren. Es hat dann noch weitere zwei Jahre bis zur Gesetzwerdung gedauert.

Vereinfacht ausgedrückt ging es bei der Vergewaltigung in der Ehe um Folgendes:

Nach dem damals so benannten Notzuchtparagrafen 201 konnte, wer eine Frau vergewaltigt, mit bis zu zehn Jahren Gefängnis verurteilt werden. Mit einer Ausnahme: Wenn die eigene Ehefrau vergewaltigt wurde, war das nur Nötigung nach dem Paragrafen 105 und wurde mit nur einem Jahr bestraft. Obwohl die Tat in beiden Fällen gleich gewaltsam verläuft, ist sie in der Ehe durch den Trauschein gemildert und entschärft.

Mein Anliegen war es klarzumachen, dass Gewalt Gewalt bleibt, egal wer sie gegen wen und wo ausübt. Es ging darum, den Missstand aufzuheben, dass das sexuelle Selbstbestimmungsrecht einer Ehefrau schwächer geschützt war als das einer unverheirateten Frau.

Der Tatbestand der Vergewaltigung in der Ehe im Strafrecht war aber nicht nur wegen der Selbstbestimmung der Frau wichtig, sondern auch wegen der praktischen Auswirkungen auf die Frage der Mitschuld der Frau im Falle einer Scheidung und damit auf einen Unterhaltsanspruch. In der Rechtssprechung wurde Frauen, die sich einer Vergewaltigung in der Ehe entziehen wollten, indem sie beispielsweise aus dem ehelichen Schlafzimmer in das Kinderzimmer übersiedelten, bei einer Scheidung häufig wegen Verletzung der ehelichen Pflichten – das war ein Terminus aus dem Gesetz – eine Mitschuld angelastet. Sie verloren dadurch jeden Anspruch auf Unterhalt.

Jedenfalls löste dieser Vorschlag eine Flut von Reaktionen und heftigen Diskussionen sowohl bei PolitikerInnen und in der Justiz als auch in den Medien aus. Daher dauerte es fünf Jahre und dann noch zwei Jahre, bis das Gesetz geändert wurde.

Ich zitiere hier nur einige Anwälte und Richter.[30]

Dr. Michael Stern: *„Die Vergewaltigung der eigenen Frau – das ist überhaupt nicht möglich! Entweder gibt sie sich dem Mann hin, das ist ja der Zweck der Ehe – oder sie muss sich halt scheiden lassen!"*

Dr. Josef Wegrostek: *„Die Familie gehört entkriminalisiert und nicht kriminalisiert! Außerdem stünde jedes Mal Aussage gegen Aussage ohne Zeugen – und wir hätten zu 50 Prozent Fehlurteile!"*

Dr. Karl Bernhauser: *„Ein Irrsinn! Da wird's doch bei jedem heiklen Scheidungsverfahren heißen: ‚Mein Mann hat mich vergewaltigt' – und der wandert dann sofort in U-Haft!"*

Es gab aber auch solche Stimmen wie die der Richterin Dr.in Christiana Moser: *„Die ganze Sache ist ein gerechtfertigtes Anliegen der Frauen. Aber die Paragrafen, die es schon gibt, sind ausreichend."* Das war nicht gerade hilfreich.

Die wirklich zustimmenden Äußerungen kamen unter anderem von Dr. Gabriel Lansky: *„Die Sexualparagrafen sind völlig überaltert. Der sexuellen Willensfreiheit der Frau wird derzeit überhaupt nicht Rechnung getragen. Warum soll ein Mann eine Frau vergewaltigen dürfen, nur weil er einen Trauschein besitzt?!"*

Dr. Georg Zanger: *„Die Vergewaltigung in der Ehe gehört jeder anderen Vergewaltigung absolut gleichgestellt. Ja, ich behaupte, die Straffreiheit der Vergewaltigung in der Ehe ermutigt die Männer geradezu zu Vergewaltigungen außerhalb der Ehe. Sie empfinden Vergewaltigung als normal!"*

Politiker hielten sich mit ihrer Präpotenz auch nicht gerade zurück. Zwei von ihnen waren insofern hilfreich, als sie einen öffentlichen Entrüstungs-

30 Genaue Quellenangaben sind im Besitz der Referentin.

sturm auslösten. Justizminister Egmont Foregger meinte in einem Interview, es sei ein Unterschied, ob einer Frau im Park von einem Fremden die Kleider vom Leib gerissen und sie von dieser Person, die sie vielleicht noch nie gesehen hat, vergewaltigt werde, oder ob das in einer Gemeinschaft passiere, die letztlich auch auf dem sexuellen Bereich basiere. Und der damalige Generalsekretär der ÖVP und Obmann des parlamentarischen Justizausschusses, Michael Graff, meinte, es gebe Wichtigeres als Vergewaltigung. Die Strafbestimmungen würden in absehbarer Zeit nicht geändert, schon gar nicht aus einer momentanen Emotion heraus. Zu diesem Zeitpunkt hatten wir übrigens schon eine Koalition mit der ÖVP. Er tat seine Überzeugung kund, dass sexuell ausgerichtete Gewalttaten unter Fremden nicht dasselbe seien wie unter Ehegatten, die im Regelfall bewusst eine Lebensgemeinschaft eingegangen sind. Würde man die Vergewaltigung in der Ehe mit der Notzucht völlig gleichsetzen, wäre der Ehemann auf die Anzeige eines missgünstigen Nachbarn hin von Amts wegen zu verfolgen, auch wenn die Ehefrau ihn nicht bestraft haben wollte. Er behauptete auch wörtlich, dass es mir bei dieser Forderung um eine Sinnentleerung und Beseitigung der Rechtswirkungen der Institution Ehe gehe und ich Ehe und Familie entgegen dem Koalitionsabkommen nicht in der Verfassung verankert haben wolle. Das stimmt im Übrigen nicht, da ich mit Dr. Heinrich Neisser von der ÖVP und mit unserem Justizsprecher Josef Rieder das Koalitionsabkommen genau erfüllt habe, nämlich Ehe und Familie in der Verfassung zu verankern, allerdings in einer Formulierung, die die ÖVP und die Kirche nicht akzeptieren wollten – sie muss also gut gewesen sein. Die Aussage von Graff bedeutete, dass die ÖVP nicht nur eine Beibehaltung der rechtlichen Schlechterstellung der Ehefrau anstrebte, sondern sogar noch die „moralische Notwendigkeit“ dieser Schlechterstellung als Argument missbrauchte, damit die Ehe als Institution in der Verfassung verankert werden muss. Das lässt an Deutlichkeit wirklich nichts mehr zu wünschen übrig und drückt aus, worum es tatsächlich ging, nämlich darum, dass Männer um jeden Preis versuchen, ihre traditionelle Macht des Ehemannes über die Gattin zu bewahren.

Daraufhin kam es zu einer selten dagewesenen, überparteilichen Solidarisierung der Frauen aller Parteien, Frauen aus kirchlichen Organisationen, Jugendorganisationen. Sie protestierten gegen die Aussagen von Minister Foregger und Generalsekretär Graff und erklärten ihre Zustimmung zu meinem Reformvorschlag.

Wie hoch die Emotionen gingen, sollen Ihnen noch zwei Briefe dokumentieren. Ich diskutierte in einem „Club 2" im Fernsehen zum Thema Vergewaltigung in der Ehe unter anderem mit Michael Graff und „Staberl" (Kolumnist Richard Nimmerrichter) von der „Kronen-Zeitung". In der zweieinhalbstündigen Diskussion gab es kein einziges Sachargument, das gegen die Forderung sprach, die Vergewaltigung in der Ehe im Strafgesetz der außerehelichen Vergewaltigung gleichzusetzen. Daraufhin erhielt ich Unmengen an Post, wobei die Männer und Frauen, die mir geschrieben hatten, überwiegend positiv und unterstützend waren, die anderen blieben wie immer anonym.

Ich stelle Ihnen nun zwei Reaktionen vor.

Der erste Brief war anonym, unterschrieben von einer Innviertlerin: *„Frau Dohnal, ich nehme an, Sie sind nicht verheiratet, sonst könnten Sie so einen Blödsinn nicht anfangen. Ich war 35 Jahre verheiratet, und mein Mann war ein guter Mann, aber immer bitten tat er nicht, da sagte er einfach, so jetzt kommst dran. Für was hat ein Mann geheiratet? Nur, dass er sein Frauchen erhalten kann, und den Sex soll er sich woanders holen? Das wäre dann wieder Untreue. Mir machte es Spaß, nach einer Versöhnung, wenn ich recht fad tat, und er schnappte mich und sagte: Mutti, jetzt kommst dran, und da gab es nichts. Haben Sie nichts Besseres zu tun, als die Ehepaare auseinanderzubringen? Politiker! Schaut, dass Österreich wieder Österreich wird, dass wir uns über unser Vaterland nicht schämen brauchen. Alles andere ist ein Schmarren. Sie werden noch froh sein, wenn bzw. dass Ihr Mann Sie vergewaltigt, aber vielleicht kann er dann nimmer, so was gibt es auch in der Ehe und man kann nur als Kamerad weiterleben. Lassen Sie den Blödsinn, strafen Sie lieber die, die untreu sind. Männchen wie Weibchen. Eine Innviertlerin."*

Ein zweiter Brief, nicht anonym, von einer Frau aus Villach, dem Schriftbild nach zu schließen eine ältere Dame: *„Sehr geehrte Frau Abgeordnete, mit großer Freude entnahm ich gestern aus dem Fernsehen, dass Sie, Frau Abgeordnete, mit den maßgeblichen Frauen aus der ÖVP, FPÖ und SPÖ den entsetzlichen Standpunkt ‚Die Frau hat ihrem Mann zu eigen zu sein nach seinem Wunsch und Begehr' unwirksam machen wollen. Dafür dankt vom Herzen die Pfarrgemeinderätin und praktizierende Katholikin."*

Am 1. Juli 1989 trat dann die Reform des Sexualstrafrechtes in Kraft. Damit wurde die Vergewaltigung in der Ehe zu den Sexualstrafdelikten gereiht, während sie bis zu diesem Zeitpunkt – falls überhaupt – nur als Nötigung abgehandelt wurde. Außerdem wurde erstmals das Wort „Vergewaltigung" im Strafrecht eingeführt, während bis dahin das Delikt verharmlosend als „Notzucht" bezeichnet wurde. Für alle Opfer von Vergewaltigungen fällt nun auch der Nachweis weg, dass sie sich bis zur Widerstandsunfähigkeit gewehrt haben. Jetzt sind die Grausamkeit des Täters und die Schwere der Folgen der Taten maßgeblich für die Beurteilung des Delikts und damit auch für das Strafausmaß.

Die Anti-Gewalt-Kampagne

In den Jahren 1992 und 1993 war das Thema Gewalt ein Schwerpunkt der Tätigkeit des Frauenministeriums.[31] Es war völlig klar, dass dies ein Schwerpunkt werden musste, das hatte sich zwangsläufig so ergeben. Unter dem Titel „Gewalt gegen Frauen – Frauen gegen Gewalt" initiierte ich eine österreichweite Kampagne, der folgende Erfahrungen zugrunde lagen:

Im Verlauf der letzten Jahrzehnte gelang es, das Thema Gewalt gegen Frauen zu enttabuisieren und vor allem das verlogene Schweigen zur all-

31 *Das Frauenministerium wurde 1990 eingerichtet. Die Aufwertung des Staatssekretariats für allgemeine Frauenfragen in ein Frauenministerium war auch Resultat der Koalitionsverhandlungen. Dem von der ÖVP geführten Familienministerium (Marilies Flemming) wurde ein SPÖ-geführtes Frauenministerium unter Johanna Dohnal entgegengesetzt.*

täglichen sexuellen Gewalt gegen Frauen zu brechen. Durch diese zunehmende Enttabuisierung ist das erschreckende Ausmaß dieser Gewalt ans Tageslicht getreten und es wurde öffentlich sichtbar, wie sehr unsere gesellschaftliche Kultur mit häuslicher, sogenannter privater Gewalt verknüpft ist. Wir sahen aber auch, dass Gewalt gegen Frauen – also der Angriff gegen die Integrität von Menschen weiblichen Geschlechts – noch immer sehr weitgehend toleriert und nicht in einem strukturellen Zusammenhang gesehen wurde.

Mit dieser Kampagne wollten wir Folgendes erreichen:

- ♀ das breite Spektrum von Gewalt gegen Frauen und die von Frauen und Männern entwickelten Formen des Widerstandes einer kritischen Analyse unterziehen
- ♀ den Bedarf an Gegenmaßnahmen, präventiven Aktivitäten und Lösungsmöglichkeiten in das gesellschaftliche und politische Bewusstsein bringen
- ♀ einen Diskurs über ein notwendiges, neues, demokratisches, gewaltfreies Geschlechterverhältnis in Gang bringen, in dem Frauen absolut entschlossen sind, keine wie immer geartete Gewalt hinzunehmen, und in dem Männer diese Entschlossenheit teilen und selbst aus ihrer eigenen Gewaltkultur ausbrechen

Ich habe diese Kampagne völlig ohne Beeinflussung gestalten lassen und sie an ein Team vergeben, das von Halina Bendkowski aus Berlin geleitet wurde; sie ist jetzt Leiterin der Heinrich-Böll-Stiftung und eine bekannte Feministin. Sie hat sich Mitarbeiterinnen gesucht wie Ilse König vom Wissenschaftsministerium, Erica Fischer, Marion Breiter und Agnes Kurz. Diese Frauen wurden beauftragt, das heißt sie bekamen einen Vertrag und haben die Kampagne gestartet, und zwar ohne Beeinflussung durch das Frauenministerium. Sie waren die Expertinnen und haben sich wiederum ihrerseits Expertinnen aus Österreich und dem Ausland geholt.

Die Kampagne startete mit zwei internationalen Symposien. Das erste Symposium im November 1992 hatte den Titel „Gegen sexuelle Belästigung und Gewalt an Frauen mit Behinderung". Ich muss jetzt dem, was ich vorher gesagt habe, widersprechen: Dieses Thema kam nicht von der Gruppe, das haben Annemarie Aufreiter – sie hat mit geistig behinderten Frauen gearbeitet – und ich eingebracht, auch gegen den Widerstand meiner eigenen Mitarbeiterinnen. Viel Unterstützung bekamen wir nicht, und so habe ich hier auch wieder eine Erfahrung gemacht: Ein Thema wie sexuelle Gewalt gegen Frauen mit Behinderung war ein Thema, das auch Feministinnen nicht widerstandsfrei hinnahmen.

Das zweite Symposium stand unter dem Titel „Test the West. Geschlechterdemokratie und Gewalt". Den Westen zu testen, also hinsichtlich der Geschlechterfrage kritisch zu prüfen, bildete den Auftakt einer Grundsatzdebatte, in der es um die Herstellung von Geschlechterdemokratie und um das Engagement von Männern gegen Männergewalt ging.

Die Schwerpunkte der Veranstaltungen in den Bundesländern waren:

- im März 1993 in Innsbruck „Im Namen der Liebe. Die ‚private' Gewalt in den Mann-Frau-Beziehungen"
- im Mai 1993 in Linz „Arbeits(g)eifer. Die öffentliche sexistische Gewalt am Arbeitsplatz"
- im Oktober 1993 in Klagenfurt „Männchen machen. Die Männer und eine (mögliche) Übernahme der Verantwortung für deren Taten"
- im November 1993 in Wiener Neustadt „Heimat. Rassismus, Nationalismus und Krieg als Männerphänomene, in die Frauen verstrickt sind"

Bei allen Veranstaltungen ging es auch immer wieder darum, das in der Frauenbewegung vorherrschende starre Täter-Opfer-Denken aufzubrechen und über die aktive oder passive Mittäterschaft von Frauen nachzudenken. Dabei wurden die Taten der Männer nicht verharmlost oder diese gar von der Verantwortung freigesprochen. Es ging auch nicht darum, den Frauen postfeministisch die Schuld an ihrer Unterdrückung zuzuweisen.

Denn durch alle Themen zogen sich drei rote Fäden:

- ♀ aufzeigen, dass es auch an den Frauen liegt, wenn das Gewaltverhältnis zwischen den Geschlechtern immer noch fortbesteht und zunehmend wieder „in“ ist
- ♀ diesem Gedanken folgend bei jeder Veranstaltung Beispiele für selbstbewusste weibliche Gegenwehr darstellen
- ♀ die Verantwortung der Männer in der Anti-Gewalt-Arbeit thematisieren

Die zentrale Botschaft war: Gewalt gegen Frauen darf nicht länger eine Frauenangelegenheit sein. Expertinnen aus Österreich, Deutschland und den USA, der Schweiz, Argentinien, Kroatien, Serbien, den Niederlanden, aus Tschechien und Spanien waren in diese Kampagne eingebunden.

Dieser Anti-Gewalt-Kampagne folgten Maßnahmen, Aktionen und gesetzliche Veränderungen. Als erste und wichtigste Maßnahme nenne ich das „Bundesgesetz zum Schutz vor Gewalt in der Familie“.

Bundesgesetz zum Schutz vor Gewalt in der Familie

Dem Gesetzesbeschluss ist natürlich ein mehrjähriges Reformprojekt vorangegangen, das seinen ersten Markstein im Juni 1994 mit dem Beschluss der österreichischen Bundesregierung zu einem Aktionsprogramm gegen Gewalt in der Familie erreicht hat. Damit wurde für alle an der Reform Beteiligten ein politisch verbindlicher Grundkonsens als Basis der weiteren Arbeit festgeschrieben, der insbesondere in folgenden Formulierungen Ausdruck findet: *„Wenn auch die Intimität der häuslichen Sphäre grundsätzlich Anspruch auf staatliche Respektierung hat, findet dieser Anspruch doch dort eine Grenze, wo es der staatlichen Intervention zum Schutz der körperlichen Sicherheit vor allem sozial oder physisch schwächerer Familienmitglieder bedarf.“*

Dieses Prinzip des Vorrangs der Gewaltprävention vor dem Achtungsanspruch der Privatsphäre ist seitdem zur ehernen Basis der Reform geworden. Im Aktionsprogramm der Bundesregierung heißt es zudem programmatisch: „*Der vorbeugende Schutz von Menschen gegen Gewalttaten gehört zum Kernbereich der sicherheitspolizeilichen Aufgabenstellungen. Die polizeiliche Intervention sollte jedoch nicht darin bestehen, dem Opfer nahezulegen, zu seinem Schutz die Wohnung zu verlassen, sondern sich gegen denjenigen richten, von dem die Gefahr ausgeht. Es wird deshalb zu erwägen sein, in Fällen, in denen einerseits keine Festnahme des Verdächtigen in Betracht kommt und andererseits ohne Ausübung von exekutiven Befugnissen nicht das Auslangen gefunden werden kann, der Gefahr drohender Gewalttaten durch eine zeitlich befristete Entfernung des Gefährders aus der Wohnung zu begegnen.*“

Hier wurde die „einstweilige Verfügung“, die ich vorher angesprochen habe, ausgebaut. Mit diesem Aktionsprogramm wurden auch vier Arbeitsgruppen zu folgenden Themen eingesetzt: polizeiliche Intervention, familiengerichtliche Entscheidung, Schaffung von Interventionsstellen und Strafverfahren.

Die Koordination der Arbeitsgruppen und die Leitung des Reformprojektes lag in den Händen einer Steuerungsgruppe, die einerseits von vier Ministerien – Frauenministerium, Justizministerium, Innenministerium und natürlich, weil in der Zeit der großen Koalition, das Familienministerium – und andererseits von Fraueneinrichtungen und Expertinnen konstituiert wurde. Die Expertinnen waren Frauen aus den Ministerien, aber auch aus der Autonomen Frauenbewegung, aus der Frauenhausbewegung. Die Steuerungsgruppe war in Wirklichkeit in unserer Hand, das Frauenministerium hatte eine zentrale Rolle, aber es war nicht einfach, diese Dinge in der großen Koalition durchzubringen.

Alle Arbeitsgruppen waren interdisziplinär zusammengesetzt, in der Folge unter Einbeziehung von Gebietskörperschaften der Länder wie Jugend- oder Sozialämtern. Frauenhausmitarbeiterinnen mussten als Expertinnen anerkannt werden. Leicht war das am Anfang nicht, aber sehr bald erfolgte die Anerkennung dank ihrer Kompetenz, dank ihres persönlichen Auftretens.

Das war ein Brückenschlag zwischen Bürokratie einerseits und Mitarbeiterinnen der Fraueneinrichtungen andererseits. Man muss sich das einmal vorstellen: Es ist gar nicht so einfach, in der Bürokratie Menschen mitarbeiten zu lassen, die keinen Status haben, weder auf Bundes- noch Landes- noch Gemeindeebene. Aber es ist gelungen, und das war ein Durchbruch. Diese Frauen waren auch wirklich in der Lage, die Interessen und Bedürfnisse der betroffenen Frauen zu artikulieren und dadurch unverfälscht in das Projekt einzubringen. In den Arbeitsgruppen ist es dadurch zu einer Annäherung und zu einem besseren wechselseitigen Verständnis so ungleicher Institutionen wie Polizei, Justiz oder privaten Fraueneinrichtungen gekommen. Dies war das Fundament für die spätere praktische Kooperation bei der Implementierung und Vollziehung des Gewaltschutzgesetzes.

Das österreichische Parlament hat dann das „Bundesgesetz zum Schutz vor Gewalt in der Familie" im Herbst 1996 verabschiedet. Ich bin ja bekanntlich im April 1995 ausgeschieden, aber zu diesem Zeitpunkt war ja alles schon am Weg, es ging praktisch nur mehr um die Finanzierung und darum, wie viele Interventionsstellen errichtet werden sollen und wer sie zahlt.

Am 1. Mai 1997 ist das Gesetz in Kraft getreten. Als besonders wertvoll hat sich – ich kann das nicht oft genug betonen – die Beteiligung von Mitarbeiterinnen der Fraueneinrichtungen erwiesen, vor allem bei den Schulungen der Exekutive. Albin Dearing, der das Gewaltschutzgesetz von Anfang an unterstützt hat, schreibt in seiner 2000 mit Birgitt Haller fertig gestellten Studie, dass wir mit viel Stolz anerkennende Stimmen ausländischer Expertinnen registrieren – wie etwa die folgende von Anita Heiliger, deutsche Sozialwissenschaftlerin und Feministin: *„Österreich hat in Europa die weitestgehende Konsequenz aus der Tatsache des hohen Ausmaßes von Männergewalt innerhalb der Familie gezogen. Mit dem Bundesgesetz zum Schutz vor Gewalt in der Familie, das seit 1.5.1997 in Kraft ist und die Wegweisung eines gewalttätigen Partners aus der gemeinsamen Ehewohnung ermöglicht, ist Österreich Vorbild für andere europäische Länder in Hinblick auf den Schutz* *von Frauen und die staatliche Verurteilung von Tätern geworden."* (Dearing/Haller 2000, 18–19)

Daran hat sich bis heute nichts geändert. Es gibt nach wie vor Länder, die sich bemühen, ebenfalls ein solches Gesetz zu etablieren.

Novellierung der Strafprozessordnung zur schonenden Vernehmung von Gewaltopfern

Eine weitere direkte Auswirkung der Anti-Gewalt-Kampagne war die Novellierung der Strafprozessordnung zur „schonenden Vernehmung von Gewaltopfern" im Jahr 1994. Frauen und Kinder, die Opfer von Gewalt geworden sind, haben seither die Möglichkeit, ohne das Beisein des Misshandlers auszusagen. Der Beschuldigte befindet sich während der Aussage, die gefilmt und übertragen wird, in einem anderen Raum. Das war vorher nicht möglich.

Ich konnte auch Bundeskanzler Franz Vranitzky für Aktivitäten gewinnen. Er hat eine eigene Aktion durchgeführt, eine Charity-Aktion im „Theater an der Wien" mit Marika Lichter, bei der Geld gesammelt wurde. Er hat einmal teilgenommen, dann nie wieder. Aber er hat diese Bemühungen unterstützt, das war natürlich schon sehr hilfreich.

Gegen Gewalt an Frauen und Kindern handeln

Im Auftrag von Bundeskanzler und Frauenministerin ist 1994 die Informationskassette „Gegen Gewalt an Frauen und Kindern handeln" erschienen, die in Form von drei Lose-Blatt-Broschüren für alle von Gewalt Betroffenen, vor allem aber für die in diesem Problembereich tätigen Berufsgruppen Informationen und Handlungsanleitungen angeboten hat. 20.000 Informationskassetten wurden etwa an Gendarmerie und Polizei, an Schulen, in Kindergärten oder in Spitälern verteilt. Die Broschüren waren in einer Kurzfassung auch in serbokroatischer und türkischer Sprache erhältlich.

Gegen sexuelle Belästigung und Gewalt an Frauen mit Behinderung

Ich habe abschließend noch das große Bedürfnis, Ihnen zu erzählen, was das Symposium „Gegen sexuelle Belästigung und Gewalt an Frauen mit Behinderung“ zum Inhalt hatte und bezwecken wollte. Ich möchte nicht, dass dieses Thema zu kurz kommt.

Wie ich bereits erwähnt habe, stand dieses Symposium am Beginn der Anti-Gewalt-Kampagne, und das hatte auch einen Grund. Es hat sehr lange gedauert, bis Gewalt an Frauen und Kindern vom Kavaliersdelikt zum ernstzunehmenden gesellschaftlichen Problem wurde. Das ist es heute, das kann man, glaube ich, mit Fug und Recht behaupten, aber sicherlich nicht für alle, das ist klar. Noch viel länger hat es gedauert, bis sexueller Gewalt gegen Frauen und Kinder endlich der Schleier des Tabus genommen wurde. Aber in all diesen Bewusstseinsprozessen kamen und kommen Frauen mit Behinderungen nicht vor.

Im Jahr 1991, während wir diese Kampagne vorbereiteten, wurde ich von Frauen, die in der Betreuung von Menschen mit geistigen, körperlichen oder psychischen Behinderungen tätig waren, mit folgenden Problemen konfrontiert:

Durch die generelle Enttabuisierung der Gewalt gegen und des Missbrauchs an Frauen wurde langsam der immer schon vermutete Missbrauch an behinderten Frauen sichtbar. Betreuerinnen wussten sicher, dass etwa 50 % der von ihnen betreuten Frauen im familiären Umfeld in ihrer Kindheit und/oder Jugend sexuellem Missbrauch beziehungsweise Inzest ausgesetzt waren.

Die Betreuerinnen berichteten von den ungeheuren Schwierigkeiten, wenn Vergewaltigungen behinderter Frauen durch sogenannte Betreuer oder Pflegepersonal offenkundig wurden.

Zahlenmäßig geringer kam dann auch sexuelle Gewalt gegen behinderte Männer, vorwiegend gegen Jugendliche in Heimen ans Tageslicht.

Weitere Probleme, die sie schilderten, waren erschütternde Erfahrungen junger Frauen in ihrer Betreuung, die gegen ihren Willen rechtswidrig zwangssterilisiert wurden. Sie berichteten generell, welche Mechanismen der Angst, des Schweigens und der Unterdrückung hier am Werk sind.

Was mir diese Frauen damals auch sehr eindrücklich schilderten, waren die Probleme jener Menschen, die um die Gewalt und Vergewaltigung wissen oder es zumindest erahnen, aber ihrerseits zu hilflosen Helfern und Helferinnen werden, weil sie das, was sie wissen oder vermuten, nicht sagen können oder dürfen, weil sie nämlich in Abhängigkeit von Institutionen stehen. Ihre Glaubwürdigkeit wird in den bestehenden Strukturen genauso infrage gestellt wie diejenige der unmittelbar Betroffenen.

Wir haben uns damals entschieden, dass wir an den Beginn dieser Kampagne das internationale Symposium stellen, das sexuelle Gewalt gegen Frauen mit Behinderung zum Inhalt hat, weil diese Problematik eben nicht im Nebenbei oder irgendwo in einem Arbeitskreis thematisiert werden sollte.

Das Symposium war international, weil in diesem Bereich tätige Fachfrauen wussten, dass es in anderen Ländern und Kontinenten Erfahrungen diesbezüglich gab, die für uns hilfreich sein würden. Es wurde auch das Frauenministerium sehr bewusst als Veranstalterin gewählt, weil die Erfahrung gerade aus Pflege- und Betreuungskontexten zeigt, dass Dienstverhältnisse oder Abhängigkeiten von Veranstaltern nicht gegeben sein dürfen. Veranstalter konnte somit nicht die Gemeinde Wien sein, keine Landesregierung und keine für Pflege und Betreuung behinderter Frauen zuständige Organisation, die öffentlich subventioniert wird, wenn es darum gehen soll, die Vorgänge der Angst und des Verschweigens aufzuzeigen.

Wie richtig diese Entscheidung war, zeigten die vielen Anrufe und Rückmeldungen, die wir in den Wochen vor Beginn dieses Symposiums bekommen haben.

Einige Beispiele:

Angestellte – überwiegend Frauen aus den Betreuungs- und Pflegeeinrichtungen – riefen an und informierten uns darüber, dass sie im Gegensatz zu anderen Veranstaltungen keine Dienstfreistellung für unser Symposium bekämen oder dass ihnen sogar die Nicht-Teilnahme nahegelegt wurde.

Frauen riefen an, weil sie Unterstützung haben wollten, ohne gleich den Vorwurf des Nestbeschmutzens ihrer Organisation, ihrer Pflegeeinrichtung, ihrer Landesregierung vorgeworfen zu bekommen. Sie wollten nicht der Übertreibung geziehen und dann der Unglaubwürdigkeit ausgesetzt werden.

Auch Täter riefen an und bedrohten die Mitarbeiterinnen des Symposiums.

Letztendlich haben 160 Frauen aus Österreich, Südtirol, der Schweiz, aus Deutschland, Großbritannien, Schweden und den USA teilgenommen und ihre Erfahrungen ausgetauscht. Nicht teilgenommen haben – von Vorarlberg bis Burgenland – alle Vertreter der Landesregierungen und der zuständigen Magistratsabteilungen der Städte, die hinsichtlich der Kompetenzen zuständig gewesen wären. Kein einziger Verantwortlicher ist der Einladung zu diesem Symposium gefolgt. Die Fachfrauen waren zum überwiegenden Teil selbst von Behinderungen betroffen und arbeiteten zu dieser Thematik in der Prävention, in der Therapie, in der Rechtsberatung oder eben in so konkreten Projekten wie einem Frauenhaus für geistig behinderte Frauen.

Die Vermutung, dass die Zahl der Opfer sexueller Gewalt bei Frauen mit einer Behinderung noch größer ist als bei nicht behinderten Frauen, bestätigte sich. Deutlich wurde, dass nicht nur Väter, Onkel oder Brüder diese Abhängigkeit missbrauchen, es sind auch Betreuer, Pfleger, Ärzte und Therapeuten, die Frauen mit Behinderung sexuelle Gewalt antun.

Ergebnisse gab es auch.

Erarbeitet wurde ein Katalog, den Frauen in den einzelnen Ländern durchzusetzen versuchten, auch in Österreich:

- Maßnahmen zur Prävention, zusätzlich zur Enttabuisierung und Öffentlichkeitsarbeit, wie Sexualaufklärung für behinderte Kinder unter Einbeziehung der Gefahren der sexuellen Gewalt oder Maßnahmen in der Ausbildung der professionellen HelferInnen
- Beistand und Krisenintervention, das heißt inhaltliche und räumliche Adaptierung von vorhandenen Einrichtungen wie Notrufen, Frauenhäusern und Beratungsstellen. Diese sollen auch für behinderte Frauen zugänglich werden, auch in Bezug auf das Angebot.
- Rechtliche Maßnahmen in Bezug auf Sterilisation, Zwangssterilisation, Änderungen in der Strafprozessordnung, Zulassung von Zeuginnenaussagen auf Video als Beweismittel
- personelle Maßnahmen im Bereich der Justiz, Gerichtsmedizin und Polizei, bei GutachterInnen, AmtsärztInnen, StaatsanwältInnen
- kostenlose Therapie für Opfer, die diese in Anspruch nehmen möchten, entsprechend der Forderung für nicht behinderte Frauen
- Forschungsaufträge in der Wissenschaft, die sexuelle Gewalt an Menschen mit Behinderung zum Inhalt haben

Zu dem Symposium, das in dieser Form international einzigartig war, ist noch anzumerken, dass nur vier österreichische Tageszeitungen darüber berichtet haben. Trotzdem hat sich durch die engagierten Fachfrauen und die professionellen Helferinnen, die sich in der Folge vernetzten, insgesamt doch einiges getan, etwa in der Ausbildung oder in Gerichtsverfahren. Ich selber konnte in meiner Funktion als Frauenministerin noch eine Studie in Auftrag geben, die denjenigen, die in diesem Bereich arbeiten, eine Hilfe war.

Ein großer Unterschied bei Opfern sexueller Gewalt zwischen Frauen mit Behinderung und nicht behinderten Frauen besteht nach wie vor. Frauen mit Behinderung werden nicht als Frauen wahrgenommen. Deutlicher als Frauen mit Behinderung selbst diese Tragödie beschreiben, könnte ich es nicht tun. Sie haben dafür nämlich zwei Worte – Geschlecht: behindert.

Quotenregelungen

16. Dezember 2006

Ich beginne das heutige Thema mit einem Zitat von Rosa Jochmann.

Rosa Jochmann war Nationalratsabgeordnete und lange Zeit – bis 1966 – Vorsitzende der SPÖ-Frauenorganisation, bis sie von Hertha Firnberg abgelöst wurde. Sie ist auch sehr bekannt aus der Friedensbewegung, als Widerstandskämpferin und als Kämpferin gegen Faschismus und Antisemitismus. Sie war gemeinsam mit Käthe Leichter im NS-Konzentrationslager Ravensbrück, sie hat überlebt, Käthe Leichter nicht.

Rosa Jochmann sagte am Parteitag der sozialistischen Partei im Jahr 1947: *„Wir haben es schwerer als ihr, Genossen, wir als Frauen müssen nicht nur mit dem politischen Gegner kämpfen! Wir müssen auch mit dem Unverstand der Frauen kämpfen, wir müssen mit dem Unverstand der Männer kämpfen (stürmischer Beifall), und wir müssen vor allem anderen auch kämpfen – ich bitte um Entschuldigung für dieses Wort, ich werde glücklich sein, wenn die Stunde kommt, dass ich es nicht mehr aussprechen muss – dem Unverstand der Genossen!"* (Krizanic-Fallmann 1993, 531)

In den ersten Jahrzehnten der Zweiten Republik – in den Nachkriegsjahren mit ihrer Wiederaufbau-Euphorie, der großen Koalition von 1947[32] bis 1966 und darauf folgend der ÖVP-Alleinregierung von 1966 bis 1970 – war die Kandidatur von Frauen für politische Ämter und Spitzenfunktionen kaum Gegenstand einer öffentlichen Diskussion, auch nicht in der SPÖ. Das Thema „Frauen in die Politik" existierte, wenn überhaupt, nur am Rande und punktuell, das heißt fast ausschließlich innerhalb der sozialistischen Frauenorganisation und vor Wahlen.

32 *Von 1945 bis 1947 gab es eine Allparteienregierung aus ÖVP, SPÖ und KPÖ; in der Provisorischen Regierung vor den ersten Nationalratswahlen 27. 4. bis 20.12.1945 stellte die KPÖ mit Hella Postranecky die einzige Frau in dieser Regierung – als Unterstaatssekretärin für Volksernährung.*

Die engagierten SPÖ-Politikerinnen der damaligen Zeit mussten ihre politische Überzeugungsarbeit auf zwei Ebenen leisten: einerseits gegen die Überreste traditioneller Meinungen und Vorurteile in der Gesellschaft, die besagten, dass Frauen und Politik unvereinbare Gegensätze seien und Interesse von Frauen für Politik unerwünscht sei; andererseits gegen eine parteiinterne latente Abwehrhaltung, die zwar die Mobilisierung von Frauen als Wählerinnen verlangte und auch eine begrenzte weibliche Mitarbeit an der Basis billigte, die Kandidatur von Frauen aber sowohl für parteiinterne als auch öffentliche Funktionen schlicht und einfach zu verhindern suchte.

Die Integration von Frauen, die nicht mehr nur die „Objekte der sozialistischen Politik, sondern endlich auch Subjekte, das heißt handelnde, mitentscheidende, mitdenkende politische Menschen" sein wollten, wie dies Marianne Pollak am Parteitag im Jahr 1953 formulierte, und generell wurden Frauenfragen in der Partei in den Nachkriegsjahren kaum gefördert.

Die Frauenorganisation erhielt den Status einer Nebenstelle der Partei zugewiesen, und auf Parteitagen reagierten führende Funktionäre auf die unvermeidliche Konfrontation mit einer spielerischen Behandlung frauenspezifischer Forderungen.

Der damalige Parteivorsitzende Bruno Pittermann sagte am Parteitag 1952: *„Die Frage der Auswahl der Kandidatinnen hier zu beantworten, geht über den Umfang meines Schlusswortes hinaus. Ich fasse sie als einen Appell an alle Genossen auf, die sich in den Parteikörperschaften mit dieser Frage dann zu beschäftigen haben. Ich glaube aber im Namen aller Geschlechtskollegen des Abgeordnetenklubs sagen zu dürfen, daß wir die Teilnahme von Genossinnen am aktiven politischen Leben im Parlament durchaus als eine fortschrittliche Entwicklung betrachten. Und ich glaube, die Genossinnen werden, wenn wir von gelegentlichen freundschaftlichen Sticheleien absehen, bestätigen, dass auch seitens der Genossen im Parlament alles getan wird, um auch den Frauen (Zwischenruf der Abgeordneten Ferdinanda Flossmann: „Jetzt tut er sich schwer!") besonders in den Frauen betreffenden Dingen volle Unterstützung* *angedeihen zu lassen. Die Genossin Flossmann behauptet, ich tue mich schwer? Ich könnte erwidern: Seitdem wir eine weibliche Vorsitzende im Finanz- und Budgetausschuß haben, tun wir uns dort alle schwer (Heiterkeit) ...*" (Krizanic-Fallmann 1993, 536)

Da ein verbindliches Vorschlagsrecht fehlte, musste das Frauenzentralkomitee, wie das oberste Gremium der SPÖ-Frauenorganisation – das heutige Bundesfrauenkomitee – damals hieß, die Entscheidungen über die Aufnahme und Reihung von Frauen auf Wahlvorschlägen mehr oder minder zur Kenntnis nehmen.

Die sozialistischen Frauen waren mit einer Art der Kandidatenlistenerstellung konfrontiert, die Frauen oftmals mit den lapidaren Argumenten überging, erstens gebe es keine geeigneten Kandidatinnen und zweitens seien andere Interessengruppen, zum Beispiel die Gewerkschafter, bei der Mandatsvergabe vorrangig zu behandeln. Den Frauen wurden in nur sehr begrenztem Ausmaß wählbare Listenplätze zugestanden. Daher beschränkte sich für die Frauenorganisation das Instrumentarium der innerparteilichen Einflussnahme auf prinzipielle Appelle bei Parteitagen und an die Landesorganisationen oder auf Briefe an den Parteivorstand mit der Bitte, Frauen bei der Reihung auf den Kandidatenlisten doch mehr zu berücksichtigen.

In einer Zeit und in einem gesellschaftlichen Umfeld, in dem die Behauptung, Politik gezieme sich nicht für Frauen, eine gängige Meinung war, versuchten führende SPÖ-Politikerinnen die Kandidatur von Frauen mit Hinweisen auf die Tüchtigkeit und Wichtigkeit von Frauen für die Verwirklichung der Aufgaben und Ziele der Partei zu legitimieren.

Bis zum Ende der 1950er-Jahre beschränkten sich Politikerinnen der SPÖ also auf ein eher rhetorisches Agieren, wenn sie periodisch und fast schon ritualisiert vor Wahlen bessere Platzierungen von Frauen beschworen.

Erst Anfang der 1960er-Jahre zeichnete sich eine gewisse Verschärfung in dieser Frage ab, allerdings auch ohne Erfolg.

Vertretungsanteil der SPÖ-Nationalrätinnen (1945–1970)

	SPÖ-Mandate	SPÖ-Frauen *	Prozent-Anteil *
1945–1949	76	7 / 8	9,2 / 10,5
1949–1953	67	7 / 8	10,5 / 11,9
1953–1956	73	8 / 9	11 / 12,3
1956–1959	74	7	9,5
1959–1962	78	7 / 8	9 / 10,3
1962–1966	76	7 / 8	9,2 / 10,5
1966–1970	74	7 / 8	9,5 /10,8

* Frauen zu Beginn der Gesetzgebungsperiode / Gesamtanzahl der Frauen

Quelle: Krizanic-Fallmann 1993, 534.

Bei dem Anteil der SPÖ-Frauen im Parlament sehen Sie in diesem Zeitraum kaum einen Unterschied: 9,2 Prozent im Jahr 1945, 9,5 Prozent im Jahr 1970. Bruno Kreisky stellte im Jahr 1983 in der Zeitung „Kurier" fest: *„Kämpfen die Frauen zu heftig, irritieren sie die männliche Umwelt. Kämpfen sie zu wenig, fühlen sich die Männer bestätigt in ihrer Selbstgefälligkeit."* (Kurier, 06.08.1983, 19)

Im Zeitraum von Anfang der 1970er-Jahre, mit Beginn der SPÖ-Alleinregierung 1970/1971, bis zum Jahr 1983 zeichnete sich eine Änderung in der Beurteilung der politischen Arbeit von Frauen und des Stellenwerts von Frauen in der Politik ab. Der Einfluss der Neuen Frauenbewegung, das Konzept der Modernisierung Österreichs und auch die einsetzende mediale Aufbereitung der Unterrepräsentation von Frauen in parlamentarischen Körperschaften oder Regierungen bewirkten den Beginn einer öffentlichen Thematisierung der Forderung „(Mehr) Frauen in die Politik!", die bis heute andauert. Trotz der versuchten Aufrechterhaltung des Prinzips des gemeinsamen Kampfes von Männern und Frauen in der Sozialdemokratie, die Hertha Firnberg bis zum Ende ihrer politischen Tätigkeit vertrat, wurden aber die Differenzen und Konflikte zwischen der von männlichen Interessen organisierten und dominierten Gesamtpartei und der Frauenorganisation zunehmend sichtbar gemacht. Das hatte natürlich auch etwas mit dem stattfindenden Generationenwechsel zu tun.

Seit Mitte der 1970er-Jahre ist nun eine Nicht-Behandlung von Frauenfragen in der SPÖ kaum noch möglich. Ich zitiere aus einem Interview mit einer ehemaligen Nationalrätin im April 1992 über den Abschied von Ferdinanda Flossmann aus der Politik: *„Also ich könnt' Ihnen z. B. erzählen, was ich nicht vergesse. Ihren Abschied vom Frauenlandeskomitee, da war der Helmer (ehemaliger Innenminister und führender niederösterreichischer SPÖ-Politiker, Anm. d. Verf.) dort, und der hat sozusagen die Abschiedsrede für sie gehalten, und da hat er halt alle ihre Vorzüge, und sie hatte ja ihre Vorzüge gehabt, sie war ja, was selten vorkommt, ich glaub', sie war Obmann des Finanzausschusses, das ist ja eine Funktion, da muß man schon ein Wissen haben, und er hat dieses alles geschildert, ihre großen Verdienste, und dann hat er gesagt, mit tränenerstickter Stimme: ‚Wenn diese Frau ein Mann gewesen wäre, dann wäre sie Minister geworden.' Und ich hab mir damals momentan gedacht: ‚Wer hat euch denn daran gehindert?'"* (Krizanic-Fallmann 1993, 541)

1979 verursachte die Ernennung von vier Frauen als Staatssekretärinnen großes öffentliches Aufsehen. Mit der Ernennung von Frauen in Regierungsämter konnte generell in gewisser Weise der stetigen Forderung der SPÖ-Frauenorganisation nach „Sicherstellung einer genügenden Vertretung der Frauen" im Sinne eines Aufholprozesses und bei allen Vorbehalten gegenüber der Funktion eines Staatssekretärs zumindest annähernd entsprochen werden. Allerdings blieb der Frauenanteil in der SPÖ-Nationalratsfraktion – trotz absoluter Mehrheiten der Partei bei den Wahlen in den 1970er-Jahren – fast unverändert. Der Frauenanteil erhöhte sich im Zeitraum von 1970 bis 1979 von 7,4 auf 11,6 Prozent. *„Wir Frauen stehen in der Politik heute ungefähr dort in unserer Repräsentation, wo die Genossinnen im ersten Parlament gestanden sind"* (Krizanic-Fallmann 1993, 545), so Rosa Heinz, eine Wiener Bundesrätin, am Parteitag im Jahr 1974.

Vertretungsanteil der SPÖ-Nationalrätinnen (1970–1983)

	SPÖ-Mandate	SPÖ-Frauen *	Prozent-Anteil *
1970–1971	81	6	7,4
1971–1975 **	93	8 / 10	8,6 / 10,7
1975–1979	93	9 / 10	9,7 / 10,7
1975–1979	93	9 / 10	9,7 / 10,7
1979–1983	95	11 / 13	11,6 / 13,7

* Frauen zu Beginn der Gesetzgebungsperiode / Gesamtanzahl der Frauen
** Wahlrechtsreform 1971: Erhöhung der Mandate von 165 auf 183

Quelle: Krizanic-Fallmann 1993, 534.

Nach einem Jahrzehnt der intensiven Propagierung der Parteiprinzipien „Partnerschaft, Chancengleichheit und Förderung von Frauen" – einer Losung vom Parteitag 1976 – konnten in der Frage der Beteiligung von Frauen auf allen politischen Ebenen kaum Fortschritte erzielt werden. Der Beweis wurde hier erbracht. Das war das Scheitern einer Politik, die auf Freiwilligkeit setzte. Das zwang die Vertreterinnen der Frauenorganisation, ihre prinzipiellen Vorbehalte gegen die Quotenregelung aufzugeben. Die Forderung nach Einführung einer Quotenregelung als quantitatives Steuerungsinstrument war eine Reaktion auf die jahrelangen vergeblichen Bemühungen und Bitten, eine adäquate Frauenvertretung mit konventionellen Strategien durchzusetzen.

Lange Zeit war ich selbst, so wie die gesamte sozialistische Frauenorganisation, Gegnerin einer Quotenregelung, auch aus sehr pragmatischen Gründen. Frauen, so haben wir argumentiert, seien ja gleichberechtigt oder müssten es sein. Es stehe ihnen daher die Hälfte aller politischen Funktionen und Mandate zu. Und deshalb wäre es falsch, eine 15-%- oder auch eine 30-%-Quote festzuschreiben. Das war nicht wirklich intelligent, denn wir sind jahrzehntelang bei einem 10-%-Anteil stehen geblieben. Ohne die Diskussion über den Mechanismus – die Quotenregelung ist ja nur ein Instrument, um den Motor anzuwerfen – wäre der Prozess der Veränderung nie in Gang gekommen, im Übrigen auch nicht bei den Frauen.

Als 65 Jahre nach Einführung des Frauenwahlrechtes in Österreich der Frauenanteil immer noch unter 10 % lag, war der Punkt erreicht, an dem ich mir sagte: „Die Zeit des Jammerns ist vorbei." Das war auch der Titel eines großen Interviews mit mir im „profil". All die Resolutionen der Frauenorganisation mit dem Tenor „Mehr Frauen in die Politik!" hatten sich als nicht zielführend erwiesen. Der von mir in Auftrag gegebene Frauenbericht, der 1985 herauskam, wies nach, dass die Ursache des geringen Anteils an Politikerinnen nicht, wie immer behauptet wurde, das mangelnde politische Interesse der Frauen sei, sondern die Struktur des politischen Systems, das die politische Teilnahme von Frauen erschwert. Ich organisierte im September 1985 in Wien die 12. Frauenenquete mit dem Titel „Jeder zweite Abgeordnete ist eine Frau". Für das Podium hatte ich die Obmänner der Parlamentsklubs von SPÖ, ÖVP und FPÖ eingeladen, und diese diskutierten dort mit mir. Das war der Startschuss.

Ich war damals ein einfach gewähltes Mitglied des Bundesfrauenkomitees, ich hatte auf Bundesebene keine führende Funktion in der Frauenorganisation oder in der Partei, nur auf Bezirksebene; die Vorsitzende der SPÖ-Frauen war Jolanda Offenbeck aus der Steiermark. Aber trotzdem gelang es mir nach und nach, die Diskussion zur Quotenregelung zu beeinflussen, und zwar über das Gremium der Frauenorganisation, mit der ich natürlich viel Kontakt hatte, vor allem in den Bundesländern. Ich bin immer viel gereist und war in der Frauenorganisation viel präsenter als jede andere gewählte Funktionärin in Spitzenposition.

Die Erfahrung der Jahrzehnte zeigte: Wenn sich an der Benachteiligung von Frauen etwas ändern soll, dann muss es – bei gleicher Qualifikation – eine Bevorzugung der Frauen geben. Die UNO empfahl in der Konvention zur Beseitigung jeder Form von Diskriminierung der Frau eine kurzzeitige Bevorzugung der Frauen als probates Mittel – ein Grundsatz, der eine Basis für die qualitative inhaltliche Veränderung lieferte. Trotzdem widerstrebte es vielen Frauen, bevorzugt behandelt zu werden. Das ging aus vielen Wortmeldungen bei Konferenzen oder auf Parteitagen hervor. Bei der Bundesfrauenkonferenz 1985 stellte ich dann fest: *„Wir sind bei einem Punkt* *angelangt, wo es um Bevorzugung geht. Ich weiß, das ist ein Wort, das manche fürchten wie der Teufel das Weihwasser.“*

Aufgrund der Erfahrung, dass es nichts bringt, lediglich an den guten Willen der Männer in der Partei zu appellieren, entschlossen sich aber letztlich die Funktionärinnen der sozialistischen Partei, konkrete Ziele vorzugeben, und sie plädierten für eine Quotenregelung innerhalb der SPÖ. Bei der Bundesfrauenkonferenz im Jahre 1985 wurde dann – nach sehr langen und mühseligen Debatten – ein Antrag auf Statutenänderung zur Einführung einer Quotenregelung in der SPÖ zur Vorlage am Parteitag eingebracht.

Jene Frauen (und dazu gehörte ich), die meinten, die Höhe der Quote solle sich an der Anzahl der Mitarbeiterinnen orientieren – das wären etwa 40 % gewesen – und gleichzeitig an einen verbindlichen Zeitplan zur Umsetzung geknüpft werden, fanden in der Bundesfrauenkonferenz keine Mehrheit. Hingegen setzte sich die Position der damaligen Vorsitzenden, meiner Vorgängerin Jolanda Offenbeck, durch, der zufolge bei Wahlen in Parteifunktionen, in öffentliche Funktionen sowie bei der Reihung der KandidatInnen auf den Listen darauf Bedacht zu nehmen ist, dass Frauen und Männer entsprechend ihrem Anteil an Parteimitgliedern berücksichtigt werden sollen. Somit ging man mit einer relativ weichen 30-%-Soll-Bestimmung in den Parteitag. Aber siehe da! Auch dieser Forderung wollten die Parteimänner nicht nachkommen.

Erst nachdem die weiblichen Delegierten damit gedroht hatten, den Parteitag zu verlassen und einen Auszug aller weiblichen Delegierten zu veranstalten, um ein „Aufstanderl“ zu proben, kam es zu einem Kompromiss, der mit den Vorsitzenden der Landesfrauenkomitees, mit den Landesparteiobmännern, dem Bundesparteiobmann und selbstverständlich der Bundesfrauenvorsitzenden verhandelt wurde. Dieser Kompromiss war schlussendlich eine Soll-Bestimmung: eine 25-%-Quote, die dem Anteil der weiblichen Vertrauenspersonen in der Partei entsprach und zeitlich auch nicht konkretisiert wurde. Dafür war eine Zweidrittelmehrheit erforderlich, der Parteitag war aber zu 80 % mit männlichen Delegierten bestückt.

Dieser Parteitag war im Übrigen der einzige, den ich geschwänzt habe. Ich war nämlich über die Kompromissfreude meiner Parteifreundinnen im Vorfeld und über diese schon vorauseilenden Harmonisierungsbestrebungen so erzürnt, dass ich es vorzog, zur Schonung meiner damaligen Magengeschwüre ein Wochenende in Budapest zu verbringen. Die Vorstellung, eine Demonstration männlicher Macht, die keine rationalen Argumente zur Verfügung hat und nur auf der eigenen Machterhaltung beruht, miterleben zu müssen, war mir genauso zuwider wie die voraussehbare Demonstration weiblicher Ohnmacht und Konfliktangst.

Der Parteivorsitzende Fred Sinowatz begründete in einem Interview die Verringerung der Quote damit, dass die Mehrheit der Männer in der SPÖ gegen eine Quotenregelung gewesen sei. Seiner Erfahrung nach waren die Männer – zumindest in der Öffentlichkeit – zwar für die Gleichberechtigung der Frauen, wenn es aber dann um Positionen und Einflussbereiche ging, wollten die wenigsten etwas davon wissen. Auch ich fand mich dann schlussendlich erst einmal damit ab, in der 25-%-Quote einen ersten Schritt zur politischen Chancengleichheit zu sehen, ließ aber keinen Zweifel daran, dass weitere Schritte folgen müssen.

Im Jahr 1987 erklärte ich, bereits als Vorsitzende der Frauenorganisation und stellvertretende Parteivorsitzende, dass es Möglichkeiten gäbe, die Gleichstellung der Frauen in der Politik zu beschleunigen, und nannte in diesem Zusammenhang das Reißverschlusssystem: erster Platz eine Frau, zweiter Platz ein Mann, dritter Platz eine Frau, vierter Platz ein Mann, und so weiter. Ich fand eine solche Regelung in pragmatischer Hinsicht ausgezeichnet geeignet, um in wenigen Jahren gerechte Zustände zu erreichen.

Zwei Jahre später, bei der Bundesfrauenkonferenz 1989, begann ich dann die wirklich wichtige Diskussion über die bereits existierende Männerquote. In der Zwischenzeit wurde jahrelang eine Diskussion über Frauenquoten oder über Qualifikation geführt. Ich habe dann erreicht, den Spieß umzudrehen, und konnte fast alle dafür gewinnen. Warum dies bisher nicht so gesehen wurde, habe – so Marianne Grabrucker – vermutlich damit zu tun, dass der Wald vor lauter Bäumen nicht mehr zu sehen sei:

„Denn anders ist es nicht zu erklären, dass die Totalquote der Männer nicht als solche benannt wird – was es aber ist, wenn ausschließlich Personen männlichen Geschlechts in Führungs- und Machtpositionen sitzen und Frauenleben regieren und dirigieren." (Grabrucker 1988, 110)

Das war eine inhaltliche Qualitätsänderung, der alle sehr zustimmend und freudig gefolgt sind.

Es war aber natürlich nicht damit getan, die Quotenregelung im Parteistatut zu verankern. Um die Umsetzung sicherzustellen, organisierten wir gemeinsam mit der Frauenabteilung des Renner-Instituts Strategieseminare für Funktionärinnen. Bei all diesen Seminaren war ich selbst aktiv. Sie dienten dazu, sich im Detail mit den konkreten Situationen in den jeweiligen Bezirksorganisationen auseinanderzusetzen. In den Bezirksorganisationen erfolgt der Beginn der Erstellung der Kandidatenlisten, also muss hier angesetzt werden.

In Planspielen wurde geübt, wie ein entsprechender Anteil an Kandidatinnen tatsächlich an wählbarer Stelle zu platzieren ist. Zu diesem Zweck gab es einen eigenen Programmpunkt in jedem Seminar: Die Teilnehmerinnen simulierten eine Bezirksparteikonferenz, um ganz konkret Argumente und Strategien proben zu können. Ein Teil der Frauen musste die Männer spielen und ein kleinerer Teil, weil real auch weniger Frauen in den Bezirksorganisationen waren, die Frauen. Interessant war, dass diejenigen, die die Männer gespielt haben, sich sehr leicht getan haben. Das ging sozusagen wie von selbst. Aber diejenigen, die die Frauen gespielt haben, haben ohne Ende herumgestottert – am Anfang jedenfalls. Ich glaube, politische Seminare, bei denen die Teilnehmerinnen so viel lernten und so viel lachten wie wir damals, sind vermutlich rar. Annemarie Aufreiter wird mir das bestätigen, sie hat diese Seminare maßgeblich mitgestaltet.

Die Männer in der SPÖ erwiesen sich als sehr einfallsreich, um die Quotenregelung nicht zu erfüllen oder – besser gesagt – zwar zu erfüllen, aber die eigenen Privilegien nicht aufgeben zu müssen.

Das Zauberwort hieß zunächst einmal „Aufstockung"! Wir hatten in dieser Zeit, als die Quotenregelung in Kraft trat und umgesetzt werden musste, im höchsten Leitungsgremium der Partei den größten Bundesparteivorstand aller Zeiten. Die Zahl der Mitglieder wurde von 56 auf 65 aufgestockt. Damit erfüllte man die Quotenregelung auf dieser Ebene, in diesen sogenannten Leitungsgremien, obwohl die Entscheidungen sowieso immer woanders fallen – ich bin bis zum Schluss nicht draufgekommen, wo sie wirklich fallen, auch nicht, als ich schon lange Zeit im Präsidium war.

Man erfüllte also einerseits die Quotenregelung und ersparte sich zugleich die Auseinandersetzung mit den Parteikollegen, weil alle ihre Positionen behalten konnten. Solche Aufstockungen erlebten wir auch auf anderen Ebenen, vor allem auf Bezirks- und Landesebene. Eine andere Möglichkeit, die man – Mann – entdeckte, um frau zu verhindern: Man prüfte plötzlich sehr genau die Kriterien, was denn nun Parteimitarbeit sei und was nicht, weil ja die Quotenregelung auf den Mitarbeiterinnenanteil abgestimmt ist. Es wurde versucht, den Frauen einzureden, dass gewisse Funktionen, zum Beispiel in einer Frauengruppe, nicht als Mitarbeit zu werten seien.

Am Parteitag 1991 legten wir dann einen neuen Antrag vor, nämlich die Erhöhung der Quote von 25 % auf mindestens 40 % mit einem verbindlichen Zeitrahmen, auch als eine Art Muss-Bestimmung, aber noch nicht ganz klar definiert. Diese Definition erfolgte dann viel später. Im SPÖ-Bundesparteitag 1991 wurde die Erhöhung der Quote ausführlich diskutiert. Die neue Regelung, die nun vorsieht, dass Frauen und Männer zu mindestens je 40 % vertreten sein müssen, wurde erst zwei Jahre später beschlossen, denn im Jahr 1991 wurde auch eine Parteireform mit einer zweijährigen Erprobungsphase beschlossen. In dieser Reform war auch die Statutenänderung inkludiert, es gab also vorerst nur den Beschluss, diese Quotenregelung zwei Jahre zu erproben.

Der wirkliche Beschluss sollte dann erst 1993 erfolgen. Von jedem Geschlecht sollten mindestens 40 % vertreten sein. Ich hab das auch am

Parteitag – das hat die Herren wahrscheinlich gestört – als Minderheitenschutz für die Männer benannt, da ich davon ausgehe, dass wir 60 % Frauen und 40 % Männer anstreben und in Folge erreichen wollen. So habe ich das gesehen und vertreten und bekam als Vorsitzende der sozialistischen Frauen natürlich die Rechnung dafür umgehend präsentiert, dass die Frauen eine Erweiterung der Quote verlangten. Ich erhielt bei der Wahl ins Parteipräsidium 69 % der Stimmen und hatte mehr als 30 % Streichungen – so viele wie noch nie zuvor und nie danach, obwohl ich immer ziemlich viele Streichungen hatte.

Eine junge Delegierte der sozialistischen Jugend, Sonja Ablinger[33], die auch kurze Zeit im Nationalrat war und jetzt Landesfrauenvorsitzende in Oberösterreich ist, sagte damals: *„Wenn die Frauenvorsitzende ohne irgendein Argument nur 69 % der Stimmen erhalten hat, dann kann mir niemand da herinnen erklären, daß es in der SPÖ keine Frauenfeindlichkeit gäbe. (...) Es ist wirklich eine Frechheit, daß ein Streichkonzert organisiert wird, ohne dass irgendein Mann da herinnen die Bravour hätte, herauszugehen und zu sagen, warum er denn gegen die Frauenpolitik der SPÖ ist."*

Die nächste Wortmeldung kam von einem Delegierten der Wiener Bezirksorganisation Rudolfsheim-Fünfhaus: *„Ich verstehe den Unmut der Frauen, aber das Leben ist hart. Wie ich die Genossin Dohnal kenne, wird sie es ertragen."* (Feigl 2002, 157)

Es gab nicht den geringsten Zweifel und es war ganz offensichtlich: Die gleichberechtigte politische Mitarbeit von Frauen empfanden Männer als massive Bedrohung – eigentlich zu Recht, ich gebe das ja zu. Deren Chancen, ein Mandat zu bekommen, würden sich dadurch verringern.

33 *Sonja Ablinger war von 1996 bis 1999 und von 2007 bis 2013 Abgeordnete zum Nationalrat. 2014 sollte sie auf das Mandat der verstorbenen Barbara Prammer nachrücken. Trotz Frauenquote rückte aber der oberösterreichische Gewerkschafter Walter Schopf nach, was zu Auseinandersetzungen führte. Ablinger war auch von 2005 bis 2014 Frauenvorsitzende der SPÖ-Frauen Oberösterreich. Diese Funktion legte sie in Folge des Konflikts 2014 nieder. Als die SPÖ-Burgenland 2015 mit der FPÖ eine Koalition einging, trat sie aus der SPÖ aus.*

Noch immer war Gleichberechtigung nur in der Theorie, nicht aber in der Praxis eine Selbstverständlichkeit. Ich sagte in allen Interviews und auch bei den Parteitagen ganz offen und ehrlich: Wir haben ja nichts zu verstecken – mehr Frauen heißt weniger Männer. Und so ist es nach wie vor.

Franz Vranitzky, damals Bundeskanzler und Parteivorsitzender, erinnert sich, dass nach diesem Parteitag im Jahr 1993, als der Beschluss für die gesamte Parteireform und auch für die Statutenänderung – also für die Quotenregelung – gefasst wurde, etliche Delegierte zu ihm gekommen sind und genaugenommen von ihm hören wollten, dass sie sich an die eben beschlossene Quotenregelung ohnehin nicht zu halten bräuchten. Aber auch er selbst hatte ein sehr ambivalentes Verhältnis zur Quotenregelung. Er sagte: *„Gleichberechtigung müßte uns doch so wichtig sein, dass wir darüber gar nicht mehr zu reden bräuchten."*

Sie müsste (!), ist es aber nicht, wie sich seit 80 Jahren zeigt.

Zeitgleich wurde ein Unwort geboren, das hieß „Quotenfrau".

Es wurde so massiv propagiert, dass tatsächlich viele Frauen Angst bekamen, keine „Quotenfrau" sein wollten und jedes Interview damit begonnen haben: „Ich bin aber keine Quotenfrau." Innerhalb der Partei, außerhalb der Partei und auch in den Medien wurde das Wort „Quotenfrau" verwendet.Wenn es um das Überleben des Männerbundes Politik geht, ist offenbar jedes Mittel recht, um Frauen in der Politik zu diffamieren, und sei es eben als „Quotenfrau". Damit wollte man den Eindruck erwecken, Frauen kämen in der Politik neuerdings nur wegen ihres Geschlechts zum Zug, Männer hingegen nur aufgrund ihrer Qualifikation und Leistungen.

Der Bezug zur Realität ging und geht bei solchen Diskussionen natürlich verloren, bei näherer Betrachtung der Volksvertreter würde sich nämlich zeigen, dass viele nicht so sehr aufgrund ihrer Leistungen in die Parlamente gekommen sind, sondern eher aufgrund von Protektion, Seilschaften, Laufbahn, Charakter, Verkäuflichkeit. Das konstatiert jedenfalls die deutsche Wissenschaftlerin Frigga Haug, die sich mit der Thematik schon seit Jahren befasst.

Ich habe das eher immer einfach ausgedrückt und ihnen gesagt: *„Ihr fordert also nur die Bestqualifizierten in die Parlamente. Wenn ich mich da im Saal umblicke, müsste also mindestens ein Drittel sofort verschwinden.“*

die frauen, die hier arbeiten, gehören nicht dem fabrikbesitzer.
die frauen, die hier arbeiten, gehören ganz ihren familien. (...)
oft heiraten diese frauen oder sie gehen sonstwie zugrunde.

wenn einer ein schicksal erlebt, dann nicht hier
wenn einer ein schicksal hat, dann ist es ein mann.
wenn einer ein schicksal bekommt, dann ist es eine frau.

Elfriede Jelinek, Die Liebhaberinnen, 1975

Aufbrüche – Widerstände – Herausforderungen

Frauen- und Geschlechterpolitik von den 1970er-Jahren bis heute in Österreich

Alexandra Weiss

Einleitung

In ihrem Roman „Die Liebhaberinnen" beschreibt Elfriede Jelinek die Arbeits- und Lebensrealitäten von Arbeiterinnen und die Unmöglichkeit, im Österreich der 1970er-Jahre ein selbstbestimmtes Leben zu führen. Sie beschreibt auch den Zwang und die Norm, sich in der Verwirklichung eines „gutes Lebens" an einem Mann auszurichten, nicht aus Liebe, die nur Mittel zum Zweck ist, „ein falsches Gefühl", wie eine der Protagonistinnen des Romans sagt, sondern aus strategischen Erwägungen. Der Roman ist eine Geschichte des Scheiterns von Frauen in der österreichischen Provinz, in der die Möglichkeiten noch beschränkter sind. Sie scheitern, obwohl sie verzweifelt versuchen, ihr Schicksal zu gestalten – aber ein eigenständiges Leben ist für Frauen nicht vorgesehen. Der Weg zu Ansehen und sozialer Sicherheit führt für eine Arbeiterin in einer kapitalistischen und patriarchal strukturierten Gesellschaft – auch oder gerade im „goldenen Zeitalter des Wohlfahrtsstaates" – über die Ehe. Denn das politische Subjekt des Sozialstaates ist der Arbeitsbürger, und dass er eine Hausfrau hat, ist Teil der Programmatik. Die Arbeiterin soll nicht Bürgerin sein, sondern die Ehefrau des Arbeitsbürgers – und ihm untergeordnet.

Wie der Klassenkompromiss wurde auch die Geschlechterordnung der Nachkriegsjahrzehnte wesentlich in den patriarchalen Arenen von Sozialpartnerschaft, politischem System und katholischer Kirche verhandelt. Es war ein Kompromiss zwischen Männern über die Lebensbedingungen von Frauen, ohne dass diese mit am Verhandlungstisch gesessen wären. Unabhängige Existenz und materielle wie auch sozialstaatliche Absicherung waren für den männlichen Normalarbeiter vorgesehen und möglich. Aber nicht nur geringe Löhne, die Zuverdienst und nicht Grundlage einer eigenständigen Existenzsicherung sein sollten, auch kulturelle Abwertungen, die Frauen als inferiore Wesen inszenierten, eine Sexualkultur, in der weibliche Sexualität auf die eheliche Pflicht und an männlichen Bedürfnissen ausgerichtet war, und eine politische Kultur, die Politik als Geschäft von Männern sah, in dem Frauen allenfalls ein wenig „Herzenswärme in die kühlen Bezirke des Verstandes einbringen"

(Weiss 2000), all das bestimmte Frauenleben in den prosperierenden Nachkriegsjahrzehnten.

Mit den 1970er-Jahren, den sozialen Bewegungen, den Forderungen nach mehr Demokratie und einer „Demokratisierung aller Lebensbereiche“ kam Bewegung in die Geschlechterverhältnisse, die in ihrer hierarchischen Strukturierung immer weniger als „natürlich“ und unveränderbar gelten konnten. Die Frauenbewegung und andere soziale Bewegungen zeigten eine Legitimitätskrise des Staates an. Es waren Freiheitsrevolten, die herrschende Ordnungs- und Entwicklungsvorstellungen in Frage stellten. Aber die Frauenbewegung thematisierte auch die „alten Fragen“ von Freiheit, Gleichheit und Solidarität. Es war eine Erneuerung der Gleichheit durch die Freiheit, wie Barbara Holland-Cunz (2003, 133–138) festhielt, wenn die Aktivistinnen der Frauenbewegung nicht eine Gleichheit im Gegebenen, sondern ein besseres Leben für alle forderten. Mit einem liberalen oder neoliberalen Freiheitsbegriff, der in Opposition zum Gleichheitsbegriff gesetzt wird, hatte das nichts zu tun. Das Ideal der Gleichheit, das hier verhandelt wurde, war eines der individuellen Unterschiede und der Vielfalt von Lebensplänen und -entwürfen. Die emanzipierte Gesellschaft sollte – in Anlehnung an Theodor W. Adorno (1997, 116) – die „Verwirklichung des Allgemeinen in der Versöhnung der Differenzen“ sein. Ein Zustand, in dem man ohne Angst verschieden sein kann.

Die Neue Frauenbewegung schloss an das Projekt der Moderne an. Sie kritisierte den Ausschluss der Frauen aus dem Politischen und die Enge des Politikbegriffes ebenso wie die Reduktion von Demokratie auf ein technokratisches Verfahren, anstatt sie als Lebensweise zu begreifen. Freiheitsrechte von Frauen waren durch ein Ehe- und Familienrecht aber auch durch ein Strafrecht beschränkt, das ihnen die Verfügungsmacht über den eignen Körper absprach. Und nicht zuletzt skandalisierten die Aktivistinnen die Ausbeutung von Frauen in der unbezahlten Arbeit im Haus, in der Erziehung und Pflege, in der Reproduktionsarbeit – ein „Betrug, der unter dem Namen der Liebe (...) zeichnet“, wie Silvia Federici (2012, 19) schrieb. Es war also nicht nur eine „Grammatik der Lebensformen", die die Frauen bewegte und wie es Jürgen Habermas (1981) für die „neuen sozialen Bewegungen" ab den 1970er-Jahren formulierte, sondern „alles zusammen".

Nancy Fraser (2009) bezeichnete dies als das wirklich Neue an der Neuen Frauenbewegung: die Erkenntnis der Verwobenheit von drei analytisch zu unterscheidenden Sphären – der Ökonomie, der Politik und der Kultur – in Auseinandersetzung mit einem androzentrischen, staatlich organisierten Kapitalismus. Daraus resultierte eine anspruchsvolle und vielschichtige Analyse sowie eine systematische Kritik gesellschaftlicher Verhältnisse, die die wechselseitige Durchdringung dieser Sphären beschrieb. Der Zusammenhang dieser drei Dimensionen der Ungleichheit und die damit verbundene Kapitalismuskritik waren die Essenz des Feminismus der 1970er-Jahre, die auch die Frauenpolitik der sozialdemokratischen Parteien mitprägte und radikalisierte. Und es war eine Kritik an einem eindimensionalen, rein ökonomistischen, auf Klassenverhältnisse begrenzten Gerechtigkeitsverständnis der alten wie der neuen Linken.

Dimensionen der Gerechtigkeit

Was mit Macht getrennt wird,
gehört gesellschaftlich zusammen.
(Regina Becker-Schmidt 2001)

Wenn die beiden AutorInnen Christine Buci-Glucksmann und Göran Therborn (1982) Anfang der 1980er-Jahre schrieben, dass der Staat in den Nachkriegsjahrzehnten erstmals ein „Staat des gesamten Volkes" wurde, dann zielte das mehr auf die Arbeiter denn auf die Arbeiterinnen ab. Die Inklusion ihrer Interessen in den Staat über Gewerkschaften, Sozialpartnerschaft und sozialdemokratische Massenpartei war sozialer Fortschritt und politische Befriedung zugleich. Der Sozialstaat war Grundlage für die Akzeptanz eines Kapitalismus, der die Menschen zunehmend von ihrer Arbeit entfremdete. Die neuen politischen und sozialen Rechte waren verbunden mit neuen Arbeitsverhältnissen, Konsumnormen und dem spezifischen

Modell der bürgerlichen Familie, die die Frau auf ihre Funktion als Hausfrau und Mutter reduzierte. Erstmals in der Entwicklung des Kapitalismus sollten auch ArbeiterInnen KonsumentInnen sein, sollte ihnen mehr als das nackte Überleben möglich sein und ihre Lebensweise Grundlage von Profit werden. Voraussetzung dafür war der Familienlohn für den Mann, der die ganze Familie mit seinem Einkommen erhalten konnte. Die nötige Haus- und Konsumarbeit, ab nun eine tagesfüllende Beschäftigung, sollten die Frauen übernehmen. So ging dieser sozialstaatliche Kapitalismus mit seiner neuen Arbeitsorganisation untrennbar mit einer bürgerlichen Lebensweise in der Arbeiterinnenschaft einher (Weiss 2012, 94–101).

Einen bürgerlichen Patriarchalismus verallgemeinernd, sollten Frauen aber nicht gleichermaßen wie Männer politische Subjekte in diesem neuen Staat sein. Frauen waren von den Prozessen der Modernisierung weitgehend ausgeschlossen. Gleichzeitig war aber die Arbeitsteilung zwischen den Geschlechtern sowie weibliche Gratisarbeit im Reproduktionsbereich Voraussetzung für die moderne Industriegesellschaft, den Arbeitsmarkt und das System der sozialen Sicherung. Als Machtverhältnis, das soziale Ungleichheit und persönliche Abhängigkeit hervorbringt, wurde das nicht betrachtet, sondern als „natürliche Grundlage" gesellschaftlicher Entwicklung genommen.

Ulrich Beck formulierte dafür den Begriff der „halbierten Moderne" und benannte damit den Umstand, dass Frauen von zentralen Institutionen der modernen Gesellschaft und dem Zugang zu Ressourcen und Handlungsspielräumen qua Geschlecht, also qua Geburt ausgeschlossen waren. Es sei ein „modernes Ständeschicksal", das den Prinzipien der Moderne fundamental widerspreche, so Beck (1986, 181).

Freilich ist der Status des Ausgeschlossen-Seins nie ein absoluter, und zu diesem Zeitpunkt auch weniger formal denn informell. Denn die formale Gleichberechtigung als Staatsbürgerinnen erkämpfte bereits die Erste Frauenbewegung. Aber es war eine prekäre Eingemeindung, die Traditionen der bürgerlichen Gesellschaft fortschrieb, in der Frauen als irrationale Individuen gezeichnet wurden, unfähig, sich politisch zu betätigen oder Verantwortung zu übernehmen. Gestört wurde dieses Bild allenfalls durch

Ausnahmeerscheinungen, die männerbündische Strukturen in Politik, Wirtschaft und Gesellschaft nicht grundsätzlich erschütterten.

Weil der Diskurs über die soziale Frage nur Klassen, das Verhältnis der Klassen und die entlohnte Arbeit im Blick hatte, aber nicht die Geschlechterordnung und die nicht-entlohnte Arbeit, blieb die soziale Ungleichheit zwischen Frauen und Männern unbegriffen und unthematisiert. Akteure in diesen Auseinandersetzungen waren männerbündische Organisationen und Institutionen, wie Verbände (Gewerkschaft oder Kammern), Parteien und katholische Kirche. Frauen sahen sie nicht als autonome Individuen, sondern als einem Mann zugehörig, als Teil der Familie. Einer christlich-konservativen Ideologie folgend, war insbesondere in konservativen Sozialstaaten nicht das Individuum, sondern die patriarchal strukturierte Familie Basis der ökonomischen Existenz der Einzelnen. Der Modellbürger, dem die neuen ökonomischen und sozialen Rechte zukommen sollten, war der inländische Lohnarbeiter. Die kanadische Politikwissenschafterin Jane Jenson veranschaulichte dies eindrücklich: *„Rechte von anderen Kategorien von Bürgern existierten als Abweichung von dieser ursprünglichen Form. Andere Lebenssituationen existierten im Verhältnis zur Lohnarbeit: Rentner waren ‚alte' Arbeiter, Arbeitslosenunterstützung bezogen die ‚ohne Arbeit', Bildung und Ausbildung zielte auf die ‚jungen und potenziellen Arbeiter'. Tätigkeiten, die sich nicht auf bezahlte Arbeit bezogen (etwa das Gebären und Erziehen von Kindern), wurden entweder in separaten – und minderwertigen – Programmen verhandelt oder als Unterstützung für ‚Familien von Arbeitern' gefasst.* (Jenson 1997, 237)

Jenson beschrieb damit eine Sichtweise, die durchaus auch heute noch in weiten Teilen der Interessenvertretung der Erwerbstätigen vorherrscht und nach wie vor politikbestimmend ist. Die Art und Weise, wie der Sozialstaat in Österreich strukturiert wurde, band Frauen und Männer in die kollektiv organisierten Formen von Umverteilung und Solidarität grundlegend verschieden ein. Während das System sozialer Sicherung die Abhängigkeit Erwerbstätiger vom Markt reduzierte, sah die Architektur des Sozialstaates für die überwiegend weiblichen „Reproduktions-Arbeiterinnen" keine

Absicherung vor. Als gesellschaftlich notwendig war ihre Arbeit nicht anerkannt, nicht einmal als Arbeit. Frauen blieben so auf eine private Absicherung über die Ehe verwiesen und damit auf eine persönliche ökonomische Abhängigkeit.

Geformt und institutionell abgesichert wurde damit auch eine spezifische Vergesellschaftung bzw. Einbindung von Frauen und Männern in die Gesellschaft und eine hierarchische Geschlechterordnung. Während Frauen in ihrer Arbeit und in ihrem sozialen Handeln vor allem auf die Familie und die unmittelbaren Bedürfnisse der Familienmitglieder orientiert waren, zielten Männer auf Beruf, Politik, Tätigkeiten im öffentlichen Bereich. Die Folgen dieser geschlechtsspezifischen Zuweisung von öffentlichen und privaten Räumen waren vielfältig und sie waren mit einem moralischen Kodex verbunden, der die Überschreitung der Grenzen sanktionierte. Die politische Frau, die Frau in der Öffentlichkeit oder die Frau in der Fabrik diente zum Teil sogar bis über die Mitte des 20. Jahrhunderts hinaus als Inbegriff der moralischen Verwerfung (vgl. Weiss 2017). Nicht von ungefähr bezeichnete der Begriff der „öffentlichen Frau" die Prostituierte, war die „anständige" Frau doch nicht in der Öffentlichkeit zu finden. Die Institutionalisierung und Trennung dieser beiden Sphären war (und ist) aber auch eine zutiefst bürgerliche Ideologie, die soziale Ungleichheit und Herrschaftsverhältnisse legitimiert. Insbesondere die Bewertung von Arbeit oder vielmehr die Entwertung weiblicher Arbeit ist eng damit verbunden.

Frauen und Männer hatten so von Beginn an einen unterschiedlichen Zugang zu politischen, sozialen und bürgerlichen Rechten. Selbst nach dem Erringen des Wahlrechts, dem Status als Staatsbürgerinnen, waren Frauen mit einer Beschneidung sozialer und persönlicher Rechte – innerhalb und außerhalb der Familie – konfrontiert: etwa im Strafrecht, konkret dem § 144, der den Schwangerschaftsabbruch unter Strafe stellte, in einem patriarchalen Familien- und Eherecht, das den Mann als Oberhaupt der Familie setzte, die Frau ihm unterordnete und damit Verfügungsmacht über ihre Arbeitskraft und ihren Körper gewährte. Aber auch die Selbstverständlichkeit eines männlichen Zugriffsrechts auf den weiblichen Körper in der Praxis sexueller Belästigung und Gewalt sowie deren Duldung beschränken persönliche Freiheitsrechte und die Möglichkeit, sich im öffentlichen Raum frei zu bewegen.

Die US-amerikanische Soziologin Ann Shola Orloff (1993) beschrieb dies nicht „nur" als Angriff auf das Selbstbestimmungsrecht und die körperliche Integrität von Frauen, sondern auch als Beschneidung ihres Staatsbürgerinnenstatus, des Zugangs zur öffentlichen Sphäre und damit der Möglichkeit, in einer derart geprägten Öffentlichkeit gleichberechtigt (staatsbürgerliche) Rechte einzufordern und auszuüben.

Die Neue Frauenbewegung thematisierte die gewaltvolle sexistische Alltagskultur und ihre politische Wirkung. Denn über wessen Körper, Selbstbestimmungsrecht und -fähigkeit in einer Weise öffentlich verhandelt wird, wie dies bei Frauen der Fall war, kann Männern kaum als Gleiche gegenübertreten. Während Männer als rationale autonome Staatsbürger gezeichnet wurden, wurden Frauen immer wieder auf ihre Geschlechtlichkeit verwiesen, der im Kontext bürgerlich-patriarchal strukturierter Gesellschaften etwas Naturhaftes, Niederes anhaftet (vgl. z. B. Brückner 1994). Die Sexualisierung des weiblichen Körpers und die primäre Wahrnehmung von Frauen als Geschlechtswesen bewirkt(e) eine Beschämung, weil so weibliche Geschlechtlichkeit permanent im Licht der Öffentlichkeit und auf dem Prüfstand steht, während Männer von ihrer Geschlechtlichkeit befreit agieren können (weil sie als nicht von ihr bestimmt gelten), ohne dass sie in Frage gestellt wird (Weiss 2012, 162–171).

Mit dem Aufgreifen tabuisierter Themen wie sexuelle Gewalt, patriarchale Sexualkultur oder Abtreibung und Verhütungspraxen ging die Frauenbewegung der 1970er-Jahre offensiv gegen diese Zuschreibungen und Zumutungen vor. In dem Maße, in dem die Tabuisierung von Sexualität und Geschlechtlichkeit aufgebrochen werden würde, sollte auch weiblicher Beschämung die Grundlage entzogen werden. Einem internationalen Trend folgend, waren auch in Österreich die zentralen Themen der Politisierung Anfang der 1970er-Jahre Abtreibung und sexuelle Gewalt. In fast allen westeuropäischen Ländern waren Frauen bis Mitte der 1970er-Jahre mit einem erschwerten Zugang zu Verhütungsmitteln und Abtreibung, also einer eingeschränkten Kontrolle über ihren eigenen Körper konfrontiert. Die ersten frauen- bzw. geschlechterpolitisch relevanten gesetzlichen Maßnahmen wurden von der sozialistischen Alleinregierung unter Bruno Kreisky Mitte der 1970er-Jahre gesetzt und betrafen dementsprechend in erster Linie das Selbstbestimmungsrecht der Frauen, indem einerseits das Ehe- und Familienrecht und andererseits das Strafrecht novelliert wurde.

Kulturelle Abwertung, ökonomische Diskriminierung und Ausbeutung gingen einher mit mangelnder politischer Repräsentanz und beschränkten Partizipationsmöglichkeiten. Bis Anfang der 1970er-Jahre lag der Anteil der Frauen im österreichischen Nationalrat bei 5 bis 6 %. Auch während der Alleinregierung der SPÖ stieg der Anteil nur auf knappe 10 %. Nun war die Neue Frauenbewegung gegenüber den etablierten politischen Parteien und dem politischen System sehr skeptisch eingestellt. Nicht nur weil Strukturen und Personal so männlich waren, sondern auch weil sie in erster Linie auf die Übernahme von Machtstrukturen abzielten, aber kaum die Vergesellschaftung von Menschen unter den Bedingungen eines patriarchalen und staatlich organisierten Kapitalismus reflektierten. Auch die StudentenInnenbewegung und andere soziale Bewegungen der Zeit stellten die Legitimität herkömmlicher Politik durch Parteien und Verbände in Frage. Neuen Formen der politischen Arbeit, der Beteiligung und provokante Aktionen sollten aufklärerisch wirken und die alltägliche Lebenspraxis und Normalitäten in Frage stellen. Es ging ihnen um die Schaffung von Bewusstsein über Zwänge, denen die Menschen ausgeliefert sind, aber auch um neue Lebensformen. Alternativen zur traditionellen Kleinfamilie, die die Frauenbewegung ja auch als Struktur analysierte, die Abhängigkeit und Gewalt hervorbrachte, sollten zumindest ein Stück weit im Hier und Jetzt lebbar gemacht werden. Dies nicht zuletzt, weil die Widersprüche der Gesellschaft und der Sinn des politischen Kampfes für eine andere Gesellschaft im Alltag, im täglichen Leben aufspürbar und greifbar sein muss.

Den Frauen in den politischen Parteien ober vielmehr in der Sozialdemokratie – als damals einziger Partei mit einer gleichstellungspolitischen Programmatik – ging es um Gestaltungsmacht innerhalb der Partei und den Vertretungskörpern des politischen Systems. Dass die Frauen dabei immer wieder gegen ihre eigenen Genossen zu kämpfen hatten, ist bereits in den Vorlesungen von Johanna Dohnal, aber auch an anderer Stelle ausführlich dokumentiert worden (vgl. Dr.-Karl-Renner-Institut 1993; Karlsson 1998). Denn klar war, dass die „Frauenfrage" auch eine Umverteilungsfrage war, die Geld, Macht und Ressourcen neu verteilen würde. Wenn jede zweite Abgeordnete eine Frau ist, wie es Johanna Dohnal Ende der 1970er-Jahre forderte, dann hieß das auch, dass damals zumindest 73 männliche Abgeordnete ihr Mandat verloren hätten.

Tatsächlich verringerte sich die Zahl der weiblichen Abgeordneten nach der Wahl von 1983 aber von 18 auf 17 der insgesamt 183 Abgeordneten. Erst 1990 erhöhte sich der Frauenanteil im Nationalrat signifikant auf knapp ein Fünftel der Abgeordneten, dennoch schritt die weitere Entwicklung äußerst langsam voran. Und auch wenn Frausein allein kein Programm ist, wie Ingrid Strobl (1989) einst treffend bemerkte, so ist ein Frauenanteil von immer noch nicht mehr als einem Drittel doch auch Zeugnis männlichen Machterhalts und einer hartnäckigen Resistenz gegen Geschlechterdemokratie.

Die Aktivistinnen der Neuen Frauenbewegung wie auch die Frauen in der Sozialdemokratie zeigten die Vielzahl von Diskriminierungen, Normen und Konventionen auf, die die staatsbürgerlichen Rechte von Frauen beschränkten. Es war eine Kultur, die Frauen entmündigte, aus der öffentlichen Sphäre weitgehend ausschloss und ihnen die Privatheit des Hauses zuwies. Die Frauen machten deutlich, dass vor diesem Hintergrund formale Gleichstellung in Hinblick auf politische Rechte noch keine gleichen Teilhabechancen in einem unter Frauenausschluss etablierten politischen System garantierten. Dasselbe galt für die männlich und männerbündisch geprägten Parteien und Verbände. Soziale Rechte, die sich am männlichen Arbeiter als Normalität orientieren, machen Frauen zu Sonderfällen von nachrangiger Bedeutung und sichern ihre sozialen Risiken nicht oder nur unzureichend ab. Folge davon war nicht zuletzt auch, dass unter neoliberalen Vorzeichen (überlebensnotwendige) Reproduktionsarbeit relativ umstandslos wieder als Privat- und damit Frauensache marginalisiert werden konnte. Das machte die Verwobenheit und Abhängigkeit der verschiedenen gesellschaftlichen Bereiche und wie sie

Plakat zur 12. Frauenenquete 1985 in Wien

auf die Situation der Frauen einwirkte deutlich. Diese „Ganzheitlichkeit" der Frauenbewegung und -politik – von der männlich dominierten Forschung zu den sozialen Bewegungen der 1980er- und 1990er-Jahre als „politische Naivität" bezeichnet – war und ist ihre Chance, weil Gesellschaft nur in dieser Komplexität verstanden und verändert werden kann. Sie ist aber auch ihre Schwäche, weil sie im politischen Alltagsgeschäft in ihre Einzelteile zerlegt werden muss und Gefahr läuft, mitunter gegenläufige Effekte hervorzubringen.

Frauenpolitik und Politik als Frauenberuf von den 1970er- bis in die 1990er-Jahre

Auch wenn der sozialstaatlich regulierte Kapitalismus der Nachkriegsjahrzehnte ein männliches Modell war und auf explizit männliche Bedürfnisse und Lebenserfahrungen abstellte, so lieferte er doch zugleich Ansatzpunkte, Gleichheit und Gerechtigkeit auch auf das Geschlechterverhältnis auszudehnen. Denn in einem System, das auf Gleichheit und sozialem Einschluss basierte, galt es in einem Verhältnis von (sozialer) Ungleichheit grundsätzlich den schwächeren Part zu stärken. So wie die ArbeiterInnenklasse gegenüber der Bourgeoisie mit einem ausgebauten Sozialstaat zu stärken war, sollten Frauen gegenüber Männern gestärkt werden. Und auch wenn die Neue oder Autonome Frauenbewegung der 1970er-Jahre sehr staatsskeptisch war, erkannte sie den Staat doch als wichtigen Akteur in der Herstellung von Gleichheit und sozialer Gerechtigkeit zwischen den Geschlechtern an. Oder, wie Jane Jenson es ausdrückte: *„Die Bewegungen (...) verlangten, daß (der Staat) sich mit ihr gegen Formen privater Macht, sei es des Marktes, der Unternehmer oder individueller Männer verbünde."* (Jenson 1997, 239)

Die Aktivistinnen der Frauenbewegung richteten ihre Forderungen also als Staatsbürgerinnen an den Staat, auch wenn viele ihrer Anliegen weit darüber hinausgingen (Jenson 1995, 1997). Sowohl Parteipolitikerinnen als auch autonome Feministinnen setzten das Paradigma der Gleichheit ein, um ihre Forderungen durchzusetzen.

Für Skepsis gab es genügend Anlass, denn der mehr oder weniger offene Frauenausschluss in der Politik und ihren Institutionen endete erst Ende der 1970er-Jahre, und die Teilhabechancen blieben weiterhin gering. Gründe für die Unterrepräsentanz von Frauen ortete man überwiegend bei den Frauen selbst, statt sie in den Strukturen des politischen Systems zu suchen. Es war aber nicht nur der rechtliche Ausschluss, der Frauen politische Organisierung bis 1911 per Gesetz verbat, die volle Vereins- und Versammlungsfreiheit ohne Unterschied des Geschlechts verkündete schließlich 1918 die Provisorische Nationalversammlung (Pelinka/Rosenberger 2000, 187). Es war ein struktureller und ideologisch fundierter Ausschluss, der seine langen Schatten bis in unsere Gegenwart wirft. Männlichkeit und Politik wurden auf eine spezifische Weise miteinander verknüpft, so dass die mit Irrationalität und Emotionalität verknüpfte Weiblichkeit als prinzipiell ungeeignet für das Politische galt. Männerbündische Strukturen wurden zu den ursprünglichen, fast „natürlichen" Formen des Politischen, so dass sich Frauen in diesen Räumen als Fremde fühlten und ihnen dieses Gefühl auch von männlichen Politikern gespiegelt wurde. Zwar waren Frauen in den Parteien und Verbänden über die je eigenen Frauenorganisationen präsent, die Rollenteilung war jedoch traditionell und die Frauen überwiegend auf Basis- und Zuarbeit beschränkt. Die Frauenorganisation (nicht nur) in der SPÖ war in dem Sinn kaum Einstiegshilfe in eine politische Karriere, sondern oft Abstellgleis. Mangel diagnostizierte man jedenfalls immer auf Seiten der Frauen, die als weniger geeignet oder „rückständiger" als Männer galten (Feigl 1993, 35–42). Dasselbe wiederholte sich in der Studentenbewegung der 1960er-Jahre, allerdings mit dem Resultat der Separierung der Frauen und der Formierung der Neuen Frauenbewegung.

Je mehr Frauen aber – im und jenseits des traditionellen politischen Raumes, der Parteien, der Verbände, des Parlaments oder den neuen sozialen Bewegungen – in die Politik vordrangen, desto sichtbarer wurde, was bis dahin verdeckt blieb: die Totalisierung der Männlichkeit im Politischen, die sich bis dahin als neutral darstellen konnte, als quasi dem Politischen gemäße, „natürliche" Ausdrucksform.

Eva Kreisky (1997, 163) brachte es auf den Punkt, als sie schrieb, dass sich *„hinter abstrakt gehaltenen Fassaden politischer Idole, politischer Ideale und politischer Institutionen (…) vorrangig männliche Lebenswelten sowie männliche Werte- und Symbolordnungen"* verbergen. Diese Werte- und Symbolordnungen stellten auch die neuen sozialen Bewegungen ab den 1960er- und mehr noch ab den 1970er-Jahren in Frage. Ein Fortschrittsdenken, das mit Naturbeherrschung und -zerstörung verknüpft war, stand ebenso in der Kritik wie kulturelle Verelendung, entfremdete Arbeit und die Verkürzung der menschlichen Existenz auf ein Produktionsmittel. Dem „Todestrieb" der Industriegesellschaften wollten die Bewegungen eine „Revolte der Lebenstriebe" entgegensetzen (Marcuse 1981, 20–21). Für die Frauen war es aber auch eine nachholende „bürgerliche Revolution", die die patriarchalen Verhältnisse aushebeln sollte.

Dass Frauenpolitik ein eigenes Politikfeld wurde, verdankt sich wesentlich dem Aufbruch der Frauen in der Neuen Frauenbewegung, die nicht nur ein nationales, sondern auch internationales Phänomen war. Das von den Vereinten Nationen 1975 ausgerufene „Internationale Jahr der Frau" und die darauf folgende „UN-Dekade der Frau" unterstützten den Protest der Frauen. Die sozialistische Alleinregierung unter Bruno Kreisky wollte die Frauenbewegung an sich binden, sich als „Partei für die Frauen" etablieren, nicht zuletzt weil die Frauen zu einem innenpolitischen Faktor wurden und mediale Aufmerksamkeit erregten.

Wie Johanna Dohnal in ihren Vorlesungen berichtete, sagte Bruno Kreisky damals, als sie ihr Amt als Frauenstaatssekretärin antrat: „Geh zu den Frauen und sag ihnen, was sich verändert hat." Tatsächlich waren es die Frauen, die sagten, was sich noch ändern musste. Erstmals gab es eine Anlaufstelle in der Regierung für Anliegen und Interessen von Frauen. Die Zusammenarbeit zwischen Frauen in der SPÖ bzw. konkret von Johanna Dohnal und den Frauen aus der Autonomen Frauenbewegung war außerordentlich produktiv, wenn auch nicht konfliktfrei. Die rechtlichen Reformen der 1970er-Jahre hatten Einschränkungen, Zwänge und Unterordnungen – zumindest ein Stück weit – beseitigt. Zum Teil passten sie aber auch nur die rechtliche Lange an die realen Lebensverhältnisse der Menschen an.

Als zu Ende des Jahrzehnts Frauenpolitik als eigenes Politikfeld institutionalisiert wurde, war dies ein „Schock mit Signalwirkung“ (Köpl 1999). Im Zuge einer Regierungsumbildung wurde nicht nur der Frauenanteil in der Bundesregierung von zwei auf sechs Frauen erhöht (allerdings ohne dass Männer dabei Positionen eingebüßt hätten), es wurden auch zwei frauenpolitische Staatssekretariate geschaffen. Das eine für allgemeine Frauenfragen im Bundeskanzleramt wurde mit Johanna Dohnal besetzt, das andere für die Belange der berufstätigen Frauen mit Franziska Fast war im Sozialministerium angesiedelt. Es begann, was manche als „Verstaatlichung“ der Frauenfrage kritisierten. Fragen der Gleichheit und Gerechtigkeit zwischen den Geschlechtern mussten in rechtliche Maßnahmen übersetzt werden. Insofern war auch von einer Verrechtlichung die Rede, die der Programmatik einer feministischen Bewegung kaum umfassend gerecht werden konnte, aber dennoch wichtige Akzente setzte, die nicht nur rechtliche, sondern auch symbolische Wirkung hatten. Jedenfalls errang sich die SPÖ damit das Image der frauenfreundlichsten Partei, was im Verhältnis zu den anderen Parteien – der ÖVP und der FPÖ – ja auch der Realität entsprach (vgl. Rosenberger 1992).

Dass die Frauenpolitik aber auf wackligen Beinen stand, zeigte sich bereits vier Jahre nach ihrer Institutionalisierung, als die SPÖ das Staatssekretariat für die Belange der berufstätigen Frauen in den Koalitionsverhandlungen mit der FPÖ opferte. Überdies war die Macht der Staatssekretariate beschränkt: ohne eigenes Budget, ohne Vetorecht im Ministerrat und weisungsgebunden gegenüber dem Ressortchef. Dennoch war die Frauenpolitik in den 1980er-Jahren fest in der politischen Landschaft Österreichs verankert, was in erster Linie mit der Person Johanna Dohnals, ihrem Mut und ihrer Widerständigkeit zu tun hatte. Sie blieb aber vorerst auf die Bundesebene begrenzt. Während in anderen europäischen Ländern Frauenpolitik auch auf Landes- und Gemeindeebene verankert wurde, richteten die österreichischen Bundesländer erst Anfang der 1990er-Jahre eigene Frauenreferate ein. Auf Gemeindeebene ist sowohl Frauenpolitik als auch die Repräsentation von Frauen (abgesehen von den großen Städten) auch heute kaum bis gar nicht vorhanden. Im Jahr 2018 lag der Anteil der

Frauen unter den BürgermeisterInnen bei etwa 8 %, unter den GemeinderätInnen bei 17 % (Österreichischer Frauenring 2018). Mit dem EU-Beitritt 1995 mussten die Bundesländer schließlich Gleichbehandlungsgesetze für den Landesdienst und Frauenfördermaßnahmen erlassen, die die informellen Mechanismen männlicher Seilschaften aber nur wenig stören konnten (Köpl 1999, 66–69).

Trotz der Verankerung von Frauenpolitik blieb es aber um die Repräsentation von Frauen schlecht bestellt. 1986 waren gerade einmal 11 % der Abgeordneten im Nationalrat Frauen. Die Frauen in der SPÖ forderten daraufhin eine Frauenquote von einem Drittel. Nur unter der Drohung, aus dem Parteitag auszuziehen, konnte letztlich die 25-Prozent-Quote durchgesetzt werden. Die junge Partei der Grünen beschloss 1989 das Reißverschlussprinzip, das aufgrund der Länderautonomie aber vorerst nicht durchsetzbar war (Rosenberger 1992, 111–112), die SPÖ beschloss 1993 schließlich eine 40-Prozent-Quote.

Die 1980er- und die 1990er-Jahre waren – trotz konservativer Wende und großer Koalition ab 1986 – von einer Reihe frauenpolitischer Erfolge gekennzeichnet. Das Gleichbehandlungsgesetz für die Privatwirtschaft wurde mehrfach novelliert und verbessert, Frauenservicestellen wurden eingerichtet, Sexismus in den Medien wurde problematisiert, es wurden Bewusstseinsbildungs-Kampagnen zur traditionellen Berufswahl von Mädchen gestartet, Vergewaltigung in der Ehe wurde 1989 ein Straftatbestand, das Frauenstaatssekretariat wurde in ein Frauenministerium aufgewertet (auch um dem ÖVP-geführten Familienministerium ein Frauenministerium gegenüberzustellen), ein Familien- und ein Gleichbehandlungspaket[34]

34 *Auslöser für das Gleichbehandlungspaket war die erfolgreiche Beschwerde eines Mannes beim Verfassungsgerichtshof (VfGH) über das unterschiedliche Pensionsantrittsalter von Frauen und Männern. Der VfGH erkannte damals, dass sich die Lebensweisen von Frauen und Männern schon so weit angeglichen hätten, dass ein früheres Pensionsantrittsalter von Frauen nicht mehr gerechtfertigt sei. Frauenpolitikerinnen sahen das damals als Chance, die Herstellung formaler Gleichheit mit Maßnahmen zu Herstellung materieller Gleichheit zu flankieren (Mairhuber 2013, 114–118).*

wurden verhandelt und beschlossen (vgl. Rosenberger 1996), 1993 trat das Bundesgleichbehandlungsgesetz in Kraft. 1997 das Gewaltschutzgesetz. Eine Stärke der österreichischen Frauenpolitik war bis Mitte der 1990er-Jahre die Zusammenarbeit zwischen institutioneller Frauenpolitik und der Frauenbewegung, die sich inzwischen in diverse soziale, kulturelle und politische Projekte ausdifferenziert hatte. Auch wenn einigen Frauen in den feministischen Szenen staatliche Frauenpolitik zu wenig weit ging, wie sich Christine Stromberger – Mitarbeiterin im Frauenministerium ab 1990 und Weggefährtin Johanna Dohnals – erinnert, gab es dennoch einen intensiven und von Respekt getragenen Austausch. Basis dafür dürfte nicht zuletzt die Kontaktpflege durch Johanna Dohnal gewesen sein, die auch in den Bundesländern sehr präsent war und viele Frauen aus den Projekten namentlich kannte (Stromberger, 05.09.2018). Neben der sich ebenfalls ab den 1990er-Jahren verstärkt etablierenden feministischen Frauen- und Geschlechterforschung an den Universitäten waren die Frauenprojekte „Denkfabriken", die Analysen und Grundlagenarbeit für Frauenpolitik leisteten.

Aber auch die parteiübergreifende Zusammenarbeit von Frauen, die sogenannte „Frauenschiene", war ein neues Phänomen jener Jahre. Erstmals kam sie zum Einsatz, als SPÖ-Abgeordnete 1987 einen Initiativantrag zur Reformierung des Sexualstrafrechts einbrachten, nach der Vergewaltigung in der Ehe unter Strafe gestellt und einer Vergewaltigung außerhalb der Ehe gleichgestellt werden sollte. Die ÖVP bestand aber darauf, dass Vergewaltigung in der Ehe kein Offizialdelikt sein sollte. Denn es sei, wie der damalige Abgeordnete Michael Graff ausführte, *„vom Unrechtsgehalt her anders zu bewerten, wenn einer der Ehegatten einmal gegen den Willen des anderen diesen dazu bringt, das zu tun, wofür die Ehe letztlich doch im Ganzen gesehen da ist"*. Der offene Sexismus und der Zynismus der Aussagen Graffs, der in seiner Stellungnahme im Parlament meinte, dass „spitze Schreie" aus der Ehewohnung nicht Anlass für Ermittlungsverfahren sein sollten, könne man doch nicht wissen, ob sie „Ausdruck der Lust oder des Unwillens" seien (Stenographisches Protokoll, 10. März 1988, 6157–6158), waren letztlich Anlass für diese neue Art der Zusammenarbeit zwischen den Frauen der vier im Parlament vertretenen Parteien. Anfang der 1990er-Jahre, als das Gleichbehandlungspaket verhandelt wurde, wurde die „Frauenschiene" durch die Parteipolitik bzw. Parteidisziplin aber wieder geschwächt. Die weiblichen Abgeordneten der ÖVP nahmen ihre Forderungen zugunsten des Wirtschaftsflügels zurück (Mairhuber 2013, 116). Es ist wohl auch kein Zufall, dass sich die Frauenschiene gerade in der Frage der Gewalt von Männern gegen Frauen herausbildete, wo den Differenzen zwischen Frauen geringere Bedeutung zukommt. Dass der Konsens bei sozialpolitischen Fragen brüchig wurde, dürfte neben der Parteidisziplin auch den sozialen, klassenmäßigen Unterschieden zwischen den Frauen geschuldet sein.

Obwohl in der ersten Hälfte der 1990er-Jahre noch eine Reihe wichtiger Gesetzesvorhaben und Initiativen auf den Weg gebracht wurden, gab es bereits spürbare Veränderungen. Die 1980er-Jahre waren aber spätestens seit dem Anstieg der Arbeitslosigkeit von einer neokonservativen und neoliberalen Trendwende gekennzeichnet. Zu Ende des Jahrzehnts war von einer dauerhaften Sockelarbeitslosigkeit auszugehen; Wirtschaftswachstum und Beschäftigung waren nun entkoppelt. In den 1970er-Jahren initiierte Maßnahmen zur Integration von Frauen in den Arbeitsmarkt wurden angesichts der angespannten Arbeitsmarktlage wieder eingestellt. An der Zunahme der Erwerbstätigkeit von Frauen vermochte dies aber dennoch nichts zu verändern (Weiss 2012, 108).

Die Stimmung hatte sich aber deutlich verändert: zu Ende des Jahrzehnts wurde das erste Sparpaket geschnürt. Es kam zu einem Paradigmenwechsel in der wirtschaftspolitischen Grundausrichtung. Das keynesianische Modell, das auf Massenproduktion, Massenkonsum und steigenden Einkommen beruhte, wurde zurückgedrängt. An seine Stelle trat ein dominant monetaristisches Modell, das auf Entlastung und Steuersenkung für Unternehmen, Budgetkonsolidierung und Rückzug des Staates aus der wirtschaftspolitischen Gestaltung zielte. Gleichzeitig wurde der Sozialstaat geschwächt – wenngleich vorerst eher diskursiv, denn materiell. Mit Parolen wie „Jeder, der will, kann arbeiten", „Der Sozialstaat ist in Zeiten wirtschaftlicher Krisen nicht finanzierbar" oder „Wir haben über unsere Verhältnisse gelebt" wurde soziale Sicherheit für alle zunehmend delegitimiert. Über wessen Verhältnisse hier räsoniert wurde, machte die Sozialschmarotzer-Debatte der 1980er-Jahre schnell deutlich (ebd., 110–111). Forderungen nach geschlechterdemokratischen Reformen des Sozialstaates oder des Arbeitsmarktes und dem Zugang dazu fielen mit dem Angriff auf den Sozialstaat, seiner beginnenden Demontage und der Neustrukturierung von Arbeit bzw. ihrer Atypisierung zusammen. Mitte der 1990er-Jahre folgten mit zwei Sparpakten weitere tiefe Einschnitte in das System der sozialen Sicherung. Das entzog – nicht nur – frauenpolitischer Gestaltung eine wesentliche Grundlage.

Gleichzeitig schien es Mitte der 1990er-Jahre zu einer „Ent-Störung" in dem Verhältnis von Frauen und Politik zu kommen, wie Sieglinde Rosenberger konstatierte. Im „Superwahljahr" 1994 traten erstmals in der Geschichte zwei weibliche Spitzenkandidatinnen zur Wahl an – Heide Schmidt für das Liberale Forum und Madeleine Petrovic für die Grünen. Allerdings beruhte der Erfolg der beiden Kandidatinnen nicht zuletzt auch darauf, dass sie nicht als Feministinnen „diskreditiert" waren. Sie thematisierten zwar weibliche Diskriminierung, aber nicht männliche Privilegierung (Rosenberger 1996, 359). Der Preis war eine Entnennung der Geschlechterverhältnisse als Machtverhältnisse.

Das läutete eine Entwicklung ein, die später als „Neoliberalisierung des Feminismus", als Abtrennung der Herrschafts- als auch der Kapitalismuskritik von feministischer Kritik im Mainstream von Politik und Gesellschaft firmierte. Was die einen als „List der Geschichte" (Fraser 2009) beschrieben und die anderen als Einverleibung oder „Entwaffnung der Kritik" (Boltanski/Chiapello 2003) bezeichneten, bedeutete für den Feminismus, dass er mehr und mehr von einer Gesellschaftstheorie und einer politischen Programmatik zu einer Karriereförderung für hochqualifizierte Frauen der Mittel- und Oberschicht oder einer individuell handhabbaren Lebenseinstellung verkürzt wurde. Versatzstücke wurden in den neoliberalen Umbau der Gesellschaft eingepasst, „Unbekömmliches" ausgespuckt. Es ist diese Trennung der Zusammenhänge, die Regina Becker-Schmidt (2001) beschrieb, die einen patriarchalen Kapitalismus den Schein von Progressivität verleiht und damit gegen emanzipatorische und radikale Reformen stabilisiert.

Die Absetzung Johanna Dohnals als Frauenministerin im Jahr 1995 markierte vor dem Hintergrund einer neokonservativen und neoliberalen

Wende sowie einer zunehmenden „Banalisierung des Feminismus“ eine Wende sozialdemokratischer Politik und Frauenpolitik. Auch das war ein „Schock mit Signalwirkung“, mit einer – im Vergleich zum Jahr 1979 – gegenläufigen Intention und Wirkung.

Johanna Dohnal und ihre Mitarbeiterinnen waren damals gerade mit intensiven Vorbereitungsarbeiten für die Weltfrauenkonferenz in Peking befasst, die bis in die Bundesländer und die diversen Frauenprojekte und -vereine – von den katholischen Frauen über die autonomen Frauenvereine bis zu den Kommunistinnen – reichten. Sie in dieser Situation abzuberufen, stellte eine „besondere Härte“ dar, berichtete Christine Stromberger, da „sie (Johanna Dohnal) das alles initiiert und getragen hat“. Für sie war es ein Nicht-Ernstnehmen der Arbeit, die hier geleistet wurde. Das Argument der Regierungsumbildung[35] bleibt angesichts eines internationalen politischen Ereignisses von der Bedeutung einer Weltfrauenkonferenz der Vereinten Nationen fadenscheinig. Auch den von ihr initiierten Frauenbericht von 1995 konnte sie nicht mehr selbst dem Parlament vorlegen. Die Pressekonferenz, bei der Vranitzky die Regierungsumbildung und die Absetzung Johanna Dohnals angekündigte, zeigte, wie schwer ihr der Rückzug zu diesem Zeitpunkt fiel.

„Sie hatte einen Gesichtsausdruck zwischen Wut, Trauer und Verzweiflung“, so Christine Stromberger rückblickend (Stromberger, 05.09.2018). Einer erfolgreichen Frauenpolitikerin und seit ihrer Jugend engagierten Sozialistin so einen Abschied zu bereiten, das hatte Symbolwirkung.

Das überstürzte und ungeplante Ausscheiden Johanna Dohnals aus der Regierung zeigte nicht nur die Wertigkeit der Frauenpolitik für den Bundeskanzler, es erschwerte auch eine geordnete Übergabe an ihre Nachfolgerin Helga Konrad. Die damalige Stadträtin aus Graz gab ihr Mandat nicht gerne auf, kam letztlich aber Johanna Dohnals Wunsch nach, ihr

35 *Weil Finanzminister Lacina aus der Regierung ausscheiden wollte, nahm Bundeskanzler Franz Vranitzky dies zum Anlass für eine Regierungsumbildung und setzte Johanna Dohnal als Frauenministerin ab. Die Vereinbarung mit ihr, nach der sie sich im Herbst 1995 zurückziehen wollte, hat er gebrochen.*

in das Amt der Frauenministerin nachzufolgen (Konrad, 03.09.2018). Mit ihrer 1996 gestarteten Kampagne „Ganze Männer machen Halbe/Halbe", mit der durch gesetzliche Maßnahmen im Familien- und Eherecht eine partnerschaftliche Verteilung der Versorgungsarbeit festgelegt werden sollte, sorgte sie für Aufsehen. Auf intelligente Weise vermittelte die Initiative einen Kernpunkt geschlechtsspezifischer Ungleichheit, der weitreichende Folgen hat: Denn die Ungleichverteilung der unbezahlten Versorgungsarbeit (wie auch die mangelnde Vergesellschaftung dieser Arbeit), sorgt nicht nur dafür, dass Frauen in der Konkurrenz um bezahlte Arbeit das Nachsehen haben. Der eingeschränkte Zugang zum Arbeitsmarkt mobilisiert vor allem gering qualifizierte Frauen als billige Arbeitskräfte für atypische Beschäftigungsverhältnisse, die keine Existenzsicherung ermöglichen. Damit verbindet sich eine generelle Abwertung von Frauenarbeit, die sich in der Einkommensdiskriminierung manifestiert. Die Folgen sind Armut oder

Irmtraut Karlsson, Helga Konrad und Johanna Dohnal 1995, © Petra Spiola

ökonomische Abhängigkeit, also eine Verweigerung weiblicher Autonomie, die dazu führt, dass Frauen allzu oft in nicht mehr gewollten Beziehungen, mitunter sogar in Gewaltbeziehungen verbleiben.

Was mit der Forderung nach „Lohn für Hausarbeit“ der Autonomen Frauenbewegung in den 1970er-Jahren begann, fand hier eine Fortsetzung. Es sollte anerkannt werden, dass diese Arbeit einen Wert besitzt und dass sie gerecht verteilt werden muss. Das traf sich auch mit der feministischen Wohlfahrtsstaatsforschung der Zeit. Denn angesichts eines neoliberalen Umbaus von Politik, Wirtschaft und Gesellschaften, der den männlichen Familienlohn abgeschafft hatte, stand auch die Geschlechterordnung des Nachkriegskapitalismus zur Disposition – und damit ein Sozialstaat, der wesentlich auf den damit verknüpften Vorstellungen von Arbeitsmarkt und Familie beruhte. Das Modell einer allgemeinen Erwerbstätigkeit sollte in der Vision einer geschlechtergerechten Gesellschaft durch das Modell der universellen Betreuungsarbeit flankiert werden. In diesem Sinn sollten die Lebensläufe von Frauen – in ihrer gleichzeitigen Orientierung auf Erwerbs- als auch Sorgearbeit – zur Norm für alle werden (Fraser 1997, 67–103).

Männer sollten wie Frauen selbstverständlich Verantwortung für Erziehung, Pflege, Hausarbeit übernehmen, damit die Gesellschaft gerechter gestaltet werden kann – das war die Essenz der Initiative und der dazu produzierten Fernsehspots. Helga Konrad gelang damit sicher eine der wichtigsten und erfolgreichsten politischen Kampagnen staatlicher Frauenpolitik. Sie zeigte, wie die Organisierung privater Lebensformen und der Arbeitswelt miteinander korrespondieren und voneinander abhängig sind. Die Medien machten die Kampagne aber lächerlich, wie Helga Konrad rückblickend berichtet. Indem man die Frage auf das sprichwörtliche „Häferl-Abwaschen“ reduzierte, das zur einen Hälfte von der Frau, zur anderen vom Mann erledigt werden soll, versuchte man die Sprengkraft der Forderung herunterzuspielen (Konrad, 03.09.2018). Die Hysterie, mit der manche Medien auf die Kampagne reagierten, sprach jedoch eine andere Sprache. „Stoppt Helga Konrad“, titelte etwa ein bekanntes österreichisches Kleinformat. Das ganze Land diskutierte – auf die eine oder andere Weise – über Hausarbeit.

„Viele haben das als Zumutung erlebt. Manche haben gesagt, die ist ärger wie die Dohnal", erinnert sich Christine Stromberger (05.09.2018).

Auch innerparteilich war die Kampagne nicht unumstritten, denn *„die Partei ist auch ein Abbild der Gesellschaft, und viele Männer in der SPÖ lebten natürlich dieses Modell: Sie arbeiten, und die Frau hält ihnen den Rücken frei."* Die Frauen – innerhalb und außerhalb der Partei – waren gespalten. Viele hatten zwar die Wichtigkeit der Forderung erkannt, es gab aber auch jene, die Partnerschaftlichkeit in der Versorgungsarbeit als Verlust betrachteten. Mit dem Satz „Jetzt nimmt sie uns auch noch die Küche weg" (Konrad, 03.09.2018) artikulierten manche diese Sorge und wohl auch ihre Verunsicherung über das Aufbrechen von gewohnten Verhältnissen. Dass die Kampagne letztlich auch Reaktion auf eine Entwicklung des Kapitalismus war, die das traditionelle Modell der Kleinfamilie wohl stärker aushebelte, als es eine feministische Bewegung und staatliche Frauenpolitik vermochten, blieb unreflektiert. Ein Moment, das sich in den folgenden Jahren und der Zunahme antifeministischer Tendenzen noch oft wiederholten sollte: Eine umfassende Gesellschafts- und Kapitalismuskritik wird durch Feminismus-Bashing und Inszenierung von Männern als Opfer der Frauenpolitik ersetzt.

„Spott und Hohn" kamen nicht nur von den Medien, sondern auch von Parteikollegen.

Christine Stromberger schildert die Stimmung so: *„Da hat man gemerkt, dass was im Gange ist, und dass die Grenzen überschritten worden sind mit dieser Kampagne."*

Als Helga Konrad gehen musste oder von Viktor Klima, der Franz Vranitzky ablöste, nicht in sein Team genommen wurde, *„war für mich klar, jetzt ist es vorbei mit den größeren feministischen Würfen, und das war dann auch so"* (Stromberger, 05.09.2018). Auch Helga Konrad beschreibt eine Veränderung des gesellschaftlichen Klimas, wenn sie feststellt: *„Ich hatte das Gefühl, dass ab Mitte der 1990er-Jahre die Gegner begonnen haben sich zu formieren. Eine Zeit lang waren sie hilflos oder sprachlos darüber, was da passiert, wie die Frauen jetzt im Vormarsch sind und was den Frauen in vielen Bereichen gelingt."* Auch wenn sie von Viktor Klima als Regierungs-

und Parteichef viel trennte, denn zu Frauenpolitik hatte er kaum einen Bezug, hätte sie ihre Kampagne zur Umverteilung der Versorgungsarbeit gerne weitergeführt, *„um zu zeigen: da geht was und das geht anders"*. In der Verfassung sollte verankert werden, *„dass die partnerschaftliche Ehe die Norm ist und Abweichungen (...) muss man sich eben anschauen"* (Konrad, 03.09.2018). Dass dieses Vorhaben von ihrer Nachfolgerin Barbara Prammer 1999 tatsächlich umgesetzt wurde, geschah nahezu unter der medialen Aufmerksamkeitsschwelle.

Es war die Zeit, in der Frauenpolitik in ihrer bisherigen Form abgewickelt wurde. In einer „neuen Sozialdemokratie", die sich mit dem „Dritten Weg" ihrer alten Programmatik der sozialen Gerechtigkeit weitgehend entledigte und sich in der neuen Mitte einrichtete, nahm auch die Bedeutung emanzipatorischer Frauenpolitik ab. Wie Eva Kreisky festhielt, verlor die SPÖ in der Folge ihre frauenpolitische Meinungsführerschaft und damit den Status der „Partei der Frauen". *„Sozialdemokratische Frauenpolitikerinnen, die eine Brücke zu feministischen Projekten und Bewegungen geschlagen hatten, wurden abgefertigt und aus dem politischen Kräftefeld verdrängt (...). Der verbindende Strang zwischen Sozialdemokratie und feministischer Bewegung (innerhalb und außerhalb der Partei) war nun durchbrochen."* (Kreisky 2013, 273–274)

Das Private sollte nicht mehr politisch sein, Frauenpolitik, die „ans Eingemachte ging", gab es nicht mehr. Mit der „Kindergartenmilliarde" wurde zwar die Frage der Vergesellschaftung von Betreuungs- und Erziehungsarbeit weiterhin thematisiert und ein Ausbau von Kinderbetreuungseinrichtungen angestoßen, überwiegend wurde die „Vereinbarkeitsproblematik" aber durch Teilzeitarbeit von Frauen gelöst. Das Frauenvolksbegehren von 1997 wirkt (retrospektiv) wie eine letztes feministisches Aufbäumen vor der rechtskonservativen Wende, die spätestens seit Mitte der 1990er-Jahre alle erwarteten. Obwohl das Volksbegehren mit 645.000 Unterschriften sehr erfolgreich war, wurde es von der Regierung ignoriert, keine der Forderungen wurde ernsthaft in Angriff genommen. Bundeskanzler Klima weigerte sich sogar, das von Frauenministerin Prammer und den SPÖ-Frauen unterstützte Volksbegehren zu unterzeichnen, weil er die Forderungen, etwa einen Mindestlohn von 15.000 Schilling, für nicht umsetzbar hielt. Selbst die eindeutig frauendiskriminierende Regelung der Anrechnung des Partnereinkommens auf die Notstandshilfe – ein Relikt patriarchaler Wohlfahrtsstaatlichkeit – wurde erst mit Juli 2018 aufgehoben.

Das „goldene Zeitalter der Frauenpolitik" (Kreisky 2013) war vorbei. Der neoliberale Umbau von Politik, Wirtschaft und Gesellschaft drängte emanzipatorische Politik und die Errungenschaften der Aufbruchsjahre zurück, revidierte sie zum Teil sogar. Die Verdrängung der sozialen Frage, eine unhinterfragte Sparpolitik, die als scheinbar unpolitischer, quasi naturwüchsiger Sachzwang inszeniert wurde und die Anpassungsleistungen an neoliberale Politikkonzepte schwächten die SPÖ wie auch die Gewerkschaften. Es war ein Signal für das Ende einer Ära sozialdemokratischer Gestaltungsmacht, die für die Schwächsten der Gesellschaft eingesetzt wurde.

Johanna Dohnal war eine zentrale Persönlichkeit dieser Ära, die mit Bruno Kreisky begann und mit ihr endete.

Neoliberaler Umbau und die Begrenzung des Politischen

Der neoliberale Umbau der Gesellschaft hatte die Handlungsmöglichkeiten nationaler Politik deutlich eingeschränkt. Vorerst blitzte aber mit dem Ende des „Kalten Krieges" kurz der Traum einer geeinten Welt auf, die die sozialen und ökologischen Verwerfungen gemeinsam lösen könnte. Eine Reihe von UNO-Weltkonferenzen sollte die Basis dafür bilden. Mit dem Zusammenbruch des realen Sozialismus kam aber die Rede vom Ende der Geschichte, gesellschaftliche Alternativen zum Kapitalismus schienen immer undenkbarer. Statt dessen folgte eine Diskreditierung der linken, auf sozialer Gerechtigkeit basierenden Gesellschaftsentwürfe, die auch Feminismus und Frauenpolitik traf, die nach und nach von ihren sozialistischen Bestandteilen „bereinigt" wurden. Neoliberale Politikkonzepte konnten ab den 1990er-Jahren einen beinahe unwidersprochenen Siegeszug antreten. An die Stelle der Systemkonkurrenz zwischen Kapitalismus und Kommunismus trat der Standortwettbewerb, in dem sich Nationalstaaten darin überboten, beste Bedingungen für Unternehmen herzustellen. Sozialer Ausgleich und die Demokratisierung des Kapitalismus verloren nicht nur an Bedeutung, sie wurden vielmehr als Ursache für die Krise ausgemacht. Die Rede vom Wohlfahrtsstaat als die persönliche Freiheit begrenzende Staatsbürokratie (Hayek 1945) feierte ihr Comeback gerade in dem historischen Augenblick, als die Gerechtigkeitsansprüche von Frauenbewegung und staatlicher Frauenpolitik Akzeptanz fanden und ein Stück weit umgesetzt werden konnten.

Neoliberalismus und Globalisierung zeigten aber auch eine Verlagerung politischer Verantwortlichkeit und Regierung an, zum einen hin zur Ebene der Europäischen Union, die sich aber spätestens ab den 1990er-Jahren von jeglicher sozialpolitischen Programmatik verabschiedete und zu einer Vollstreckerin neoliberaler wirtschaftspolitischer Vorgaben wurde. Zum anderen spielten internationale Organisationen wie die Welthandelsorganisation, die Weltbank, der Internationale Währungsfonds oder internationale Konzerne in der politischen Steuerung eine immer größere Rolle. Ohne demokratische Legitimation und für lokale Bevölkerungen nahezu unerreichbar hebelten diese Organisationen Grundsätze eines liberal-demokratischen Demokratiemodells nach und nach aus. Die Entwicklung markierte aber gleichermaßen eine Remaskulinisierung, denn die neuen Machteliten rekrutieren sich fast ausschließlich aus weißen Männern einer Oberschicht.

Die Europäische Union trat auch als frauen- und gleichstellungspolitische Akteurin auf – allerdings mit ambivalentem Charakter: Einerseits modernisierte sie zumindest zum Teil konservative nationale Geschlechterordnungen. Andererseits konterkarierte sie eine emanzipatorische Geschlechterpolitik durch eine Austeritätspolitik, die gerade jene sozialstaatlichen Einrichtungen angreift, auf die Frauen stärker angewiesen sind als Männer. Das Konzept Gender Mainstreaming – mit dem Amsterdamer Vertrag in den beschäftigungspolitischen Leitlinien der Europäischen Union verankert – entwickelte sich im Kontext von EU und neoliberaler Realpolitik zu einem Bumerang für emanzipatorische Frauenpolitik. Das hat mit der Verkürzung des Instruments auf Beschäftigungspolitik zu tun, die mit einem beschränkten Blick auf ökonomische und politische Verhältnisse und einer vollkommenen Ausblendung der Umverteilung der unbezahlten Arbeit in Haus und Erziehung zwischen Frauen und Männern einherging. Macht- und Herrschaftsverhältnisse wurden als solche kaum noch benannt, sondern gingen in einer machttheoretisch „leeren" Differenz-Rhetorik auf. Der „Frauenminister" der schwarz-blauen Regierung, Herbert Haupt, sollte die Auflösung des Frauenministeriums schließlich damit begründen, dass in Zeiten von Gender Maistreaming eine eigenes Ministerium für Frauen nicht mehr nötig sei. Mehr oder weniger zeitgleich verdrängten Gender Mainstreaming und eine identitätspolitische Wende des (akademischen) Feminismus die soziale Ungleichheit in den politischen Debatten um die gesellschaftliche Bedeutung von Geschlecht. Während die eine Seite Macht nun in erster Linie in der Zuweisung einer geschlechtlichen Identität sah, begrenzte sich staatliche Frauenpolitik auf eine Beteiligung im Gegebenen und verbesserte Aufstiegschancen für wertschöpfungsstarke Frauen. Dass emanzipatorische Frauenpolitik mit der Infragestellung und dem Umbau gesellschaftlicher Strukturen verbunden sein muss, ging als Wissen und Konsens frauenpolitischer Akteurinnen weitgehend verloren (Weiss 2012, 196–202).

Der neoliberale Kapitalismus ging also mit einer widersprüchlichen Neubestimmung der Geschlechterverhältnisse einher. Einerseits wurden Frauen prekär in einen zunehmend deregulierten Arbeitsmarkt integriert. Nun, da Frauen der Zugang zum Arbeitsmarkt nicht nur nicht mehr verwehrt war, sondern – im Gegenteil – die Erhöhung der Frauenerwerbsquote Ziel der Europäischen Beschäftigungsstrategie war, veränderte sich die Qualität der Arbeit. Sie war nicht mehr automatisch mit sozialer Sicherheit verbunden, die Atypisierung von Arbeitsverhältnissen bedeutete eine Rückkopplung abhängiger Arbeit an Marktrisiken – und dieses neue Segment atypischer Arbeit war vor allem weiblich und migrantisch. Die neoliberale Neustrukturierung der Arbeit und die damit einhergehende Differenzierung von Beschäftigungsverhältnissen waren auch Mittel der Spaltung der Beschäftigten. Der unterschiedliche Status in Hinblick auf soziale Absicherung, Befristung, Bezahlung usw. ließ Gemeinsamkeiten in den Hintergrund treten und erschwerte eine kollektive, politische Organisierung. Das bezeichnet ein wesentliches Moment, das Gesellschaft, Politik und Individuen im Postfordismus bestimmen: Spaltung, Individualisierung, Isolierung und Entsolidarisierung.

Entgegen den Versprechungen verstärkten sich geschlechtsspezifische Abhängigkeiten, da die atypischen Beschäftigungen kaum eine finanzielle Basis für Autonomie waren. Allerdings stellte sich die Situation nicht für alle Frauen so dar. Es waren die Geringqualifizierten, die als billige Arbeitskräfte für den Markt mobilisiert wurden. Spaltungen zwischen Frauen verschiedener Klassen und Ethnien nahmen zu. Insbesondere hochqualifizierte Frauen sind inzwischen in höhere Einkommensschichten vorgedrungen, auch wenn die „gläserne Decke" immer noch dafür sorgt, dass es nicht allzu viele werden. Frauen bleiben aber prinzipiell weiterhin für die Versorgungsarbeit zuständig. Ein Mehr an Geschlechtergerechtigkeit realisiert sich hier in der Regel nicht durch eine gerechte Aufteilung der Versorgungsarbeit, sondern durch Auslagerung dieser Arbeit – in der Regel an Frauen (Weiss 2012, 133–140).

Die Ungleichheit nahm zu – zwischen Frauen, zwischen Frauen und Männern, zwischen den Klassen, den Nationen und den Ethnien. Dennoch wandte sich die Sozialdemokratie von den sozialen Verwerfungen ab, die schon Ende der 1990er-Jahre unübersehbar geworden waren. Während sich die deutsche Sozialdemokratie um einen „zeitgemäßen Gerechtigkeitsbegriff" bemühte, verabschiedete sich die SPÖ vom demokratischen Sozialismus und damit von der Möglichkeit einer Alternative zum Kapitalismus. Der „Dritte Weg", für den Tony Blair, Gerhard Schröder und Franz Vranitzky bzw. Viktor Klima standen, bezeichnete auch einen historischen Bruch mit den Gewerkschaften, die als „Bremsen" nationaler Wirtschaftsentwicklung denunziert wurden. Die europäische Sozialdemokratie distanzierte sich von ihren sozialistischen Traditionen, um sich in der neuen Mitte einzurichten und, wie Anthony Giddens (1999) – Stichwortgeber der Debatte – forderte, die Fixierung auf die sozial Schwächeren aufzugeben. Es war der Moment, in dem Armut wieder in die Zentren der kapitalistischen Weltökonomie zurückkehrte und erste Armutsberichte verfasst wurden. Birgit Mahnkopf merkte dazu an, dass dies nicht nur eine Abkehr vom keynesianischen Wohlfahrtsstaat der Nachkriegsjahrzehnte anzeigte, *„sondern zugleich auch den Abschied der Sozialdemokratie von der Arbeiterbewegung“* (2000, 490–491). Populäre Zeitdiagnosen erklärten die Klasse als gesellschaftspolitische und wissenschaftliche Kategorie bereits in den 1980er-Jahren für obsolet. Politikwissenschaftliche Analysen liberaler bis links-liberaler Provenienz empfahlen den sozialdemokratischen Parteien eine Orientierung an der „Mittelschicht“. Was in den 1980er-Jahren manchen vielleicht noch einleuchtend erscheinen mochte, war aber Ende der 1990er-Jahre durch steigende Armut oder wiederkehrende Phänomene wie „Armut trotz Erwerbsarbeit“ längst widerlegt worden.

Anpassungsleistungen der Sozialdemokratie an neoliberale Ideologien lagen auch im Zusammenbruch des realen Sozialismus begründet. Denn ihre „historische Funktion“, die „Angst vor dem Kommunismus in sozialen Fortschritt zu verwandeln“, ging 1989 verloren, als das „Gespenst des Kommunismus“ von der Weltbühne verschwand (Mahnkopf 2000, 489). Die wirtschaftliche Dynamik verlagerte sich vom Massenkonsum zu den Aktienmärkten, und damit verschwand eine wichtige Triebfeder für soziale Inklusion und Gleichheit (vgl. Crouch 2008). Waren im sozialstaatlichen Kapitalismus die Beschäftigten als KonsumentInnen noch von wirtschaftlicher Relevanz, so interessierten die Lebensbedingungen der ArbeiterInnen im neoliberalen oder Finanzmarktkapitalismus immer weniger, sind sie doch für die ökonomische Entwicklung kaum noch von Bedeutung. Damit waren auch die Aufgaben des Wohlfahrtsstaates – als logischem Pendant zum Nachkriegskapitalismus – hinfällig geworden. Die Angriffe häuften sich: Neben der „ur-liberalen“ Kritik Hayeks vom freiheitsbeschränkenden Wohlfahrtsstaat kam in den 1980er-Jahren die „Sozialschmarotzerdebatte“ hinzu, die vor allem sogenannten gesellschaftlichen Randgruppen Leistungsmissbrauch unterstellte. Und schließlich degradierte man den Sozialstaat zum Wettbewerbsnachteil für den nationalen Wirtschaftsstandort und Sozialpolitik zur abhängigen Variablen der Ökonomie. Die Lebensbedingungen eines großen Teils der Bevölkerung wurden damit offenbar nicht nur wirtschaftlich, sondern auch politisch bedeutungslos. Prekäre Lebensverhältnisse, die sich in mangelnder Zukunfts- und Planungssicherheit ausdrücken, breiteten sich aus. Das beschränkte auch staatsbürgerliche Rechte. Mit der Infragestellung der sozialen Staatsbürgerrechte werden auch persönliche Freiheitsrechte und politische Rechte prekär. Denn ökonomische Zwänge beschneiden die persönliche Freiheit ebenso wie sie die Möglichkeiten der gesellschaftlichen und politischen Beteiligung unterminieren. So erhielten die Bedingungen von Unternehmen, die Stärkung ihrer Wettbewerbsfähigkeit nach und nach Vorrang vor der Gleichberechtigung der BürgerInnen. Die Schwächung von Gewerkschaften war ein weiterer Stein im Umbau der Gesellschaft, die mit ihrer tendenziellen Frauen- und Fremdenfeindlichkeit zum Teil auch selbst Motor ihrer Demontage waren (Weiss 2012, 171–174).

Wie aber war eine politische und ökonomische Programmatik plausibel zu machen, die offensichtlich den Interessen der breiten Mehrheit entgegensteht? Es brauchte einen Strukturwandel des Politischen, der eine neue Sicht auf die gesellschaftlichen Verhältnisse etablierte. Wesentliche Voraussetzung dafür war es, den Begriff der Gleichheit grundlegend zu diskreditieren und in Opposition zum Freiheitsbegriff zu stellen.

Der französische Soziologe Pierre Bourdieu (1997) stellte bereits Ende der 1990er-Jahre fest, dass es den Gegnern einer sozialen Demokratie gelungen war, zwei grundverschiedene Freiheitsbegriffe gleichzusetzen. Die „als freie Machtausübung des Geldes verstandene Freiheit", wirtschaftsliberales Laissez-faire und Freiheit als Grundlage von Demokratie, verknüpft mit gesellschaftlicher und politischer Teilhabe, gingen ineinander über. Die politische Bedeutung der Freiheit, jene der Teilhabe, ging verloren, löste sich auf. So gelang es, Freiheit und Gleichheit als Gegensatzpaar zu konstruieren. Die Folge war ein tiefgreifender Wandel gesellschaftlicher Grundwerte, der eine Abwertung von Gleichheit und Solidarität zur Folge hatte. Auch wenn Birgit Mahnkopf (2000, 493) – zu Recht – die Entgegensetzung von Gleichheit und Freiheit als „leicht angestaubte Denkfigur aus der ‚Waffenkammer' des Liberalismus" bezeichnete, so wurde sie doch geschichtsmächtig. Aus dem Blick geraten war dabei, dass Gleichheit nicht nur als Frage der Gerechtigkeit zu verstehen ist, sondern auch als Frage der

Legitimität des Staates. Ohne ein Mindestmaß an Gleichheit gefährden Demokratien ihren inneren Zusammenhalt, weil die soziale Ungleichheit der BürgerInnen auch ihre politische Gleichheit gefährdet.

Neben der Diskreditierung der Gleichheit waren es die Kritiken der ab den 1960er-Jahren aufkommenden neuen sozialen Bewegungen, die unfreiwillig Material für den Umbau von Wirtschaft und Gesellschaft lieferten. Die antikapitalistische und antipatriarchale Kritik wurde für die Neuformierung eines in die Krise geratenen Kapitalismus in Dienst genommen. So wie die „Disziplinarordnung der Fabriken" stand auch die bürgerliche Familienideologie mit der ökonomischen Abhängigkeit und der kulturellen Unterordnung der Frauen in einem fundamentalen Gegensatz zu den Demokratisierungsbestrebungen der Zeit. Der Nachkriegskapitalismus war nicht nur politisch, sondern auch ökonomisch in die Krise geraten. Die Auseinandersetzungen um selbstständige Arbeit in der Neuen Linken oder das projekthafte Arbeiten in der Frauenbewegung und anderen Bewegungen der Zeit standen unfreiwillig Pate für eine Neustrukturierung der Arbeit. Mehr Eigenverantwortung, mehr Gestaltungsmöglichkeiten und Autonomie in der Arbeit erschienen als Vermenschlichung gegenüber dem „tayloristischen Kommandosystem" der Fabriken, das Menschen wie Maschinen behandelte. Weil sie so menschlich erschienen, waren die neuen Unternehmensstrukturen erfolgreich.

Die geforderte Eigenverantwortlichkeit und Autonomie – konkretisiert im Modell des „Arbeitskraftunternehmers" oder der „Ich-AG" – erhielten aber unter der Regie des Neoliberalismus eine gänzlich andere Bedeutung als die von den sozialen Bewegungen intendierte. Es macht schließlich einen Unterschied, ob derlei Anforderungen vor dem Hintergrund eines demokratischen Aufbruchs formuliert werden oder eine Begleiterscheinung von Massenarbeitslosigkeit und einer Demontage des Sozialstaates sind. Der täglichen Ohnmachtserfahrung, dem Ausgeliefertsein gegenüber den Kräften eines zunehmend unregulierten Marktes, sollten der „Aktivismus des Unternehmertums" (Bröckling 2007, 54–55) und damit eine scheinbare (individuelle) Handlungsfähigkeit entgegengesetzt werden. Die Menschen sollten ihrer Existenz eine unternehmerische

Form geben, ihre Arbeitskraft permanent optimieren. Aber damit nicht genug: Sie sollten auch die unternehmerischen Risiken tragen, die mit den neuen Arbeitsformen immer mehr auf die Einzelnen abgewälzt wurden. Risikobereitschaft avancierte zu einem der zentralen Begriffe neoliberaler Ideologien. Aber ohne soziale Sicherheit verlieren Verantwortung und Autonomie schnell ihren Charme. Der britische Soziologe Richard Sennett hielt dazu fest, dass es „in sich eher deprimierend als vielversprechend" sei, permanent Risiken einzugehen oder ihnen ausgesetzt zu sein, weil es bedeutet, sich „ständig im Zustand der Verletzlichkeit zu befinden" (1998, 109). Damit fand auch die Glorifizierung einer bestimmten Form der Männlichkeit statt – das Bild des risikobereiten, schöpferischen, mitunter aber auch zerstörerischen Unternehmers drängt sich auf (Weiss 2012, 147–158).

Wer diesem Freiheitsideal nicht folgen konnte oder wollte, den disziplinierte eine „marktaktivierende Sozialpolitik", die immer weniger die Strukturen der Ungleichheit bearbeitete, sondern die Unzulänglichkeiten der Individuen in den Vordergrund rückte. Das ist wohl eine der zentralen Leistungen neoliberaler Politik: die Ablösung strukturellen Denkens durch eine Individualisierungslogik, die die Menschen immer als zu optimierend und ungenügend vorstellt. Forderungen können sich dann auch nicht an den Staat oder die Politik richten, sondern müssen notwendig auf einen selbst zurückfallen. Es ist eine politische Technologie oder eine Technik des Regierens, die es ermöglicht, Individuen zu führen und anzuleiten, ohne für sie verantwortlich zu sein (Lemke 1997, 253–254). Dass diese Freiheitsvorstellungen und Regierungstechniken geschlechtsspezifisch unterschiedlich wirkten, liegt auf der Hand. Es sind Freiheitsvorstellungen, die an die liberalen Idealvorstellungen des männlichen Bürgers erinnerten: frei, bindungslos, selbstbestimmt und gleichzeitig – unausgesprochen vorausgesetzt – reproduktiv versorgt und nicht für Erziehung und Betreuung anderer verantwortlich. Während also der Nachkriegskapitalismus die Reproduktion oder die Versorgung der Menschen über den männlichen Familienlohn und eine hierarchische Geschlechterordnung mit einer klaren Zuweisung von bezahlter und unbezahlter Arbeit löste, interessiert im neoliberalen Kapitalismus die Frage der Versorgung und damit der Lebensbedingungen der Menschen nicht mehr – sie wird privatisiert.

Frauen und Männer wurden darin gleich behandelt – unter Absehen ihrer unterschiedlichen Voraussetzungen und Lebensverhältnisse. Die „unternehmerische" Form der Arbeit war unter der Bedingung des Rückbaus des Sozialstaates nur für eine kleine Gruppe von Frauen realisierbar: für diejenigen, die sich in Hinblick auf Arbeitspotential und Verantwortung für andere in Pflege und Erziehung möglichst wenig von Männern unterschieden oder in der Lage waren, diese Arbeiten an schlechter qualifizierte und/oder marginalisierte Frauen, meist Migrantinnen, auszulagern. Die feministische Kritik am Familienlohn verbunden mit der Forderung nach ökonomischer Unabhängigkeit wurde „in den Dienst der kapitalistischen Akkumulationsmaschine gestellt" (Fraser 2009, 52). Die Norm des „Dual breadwinner"-Modells oder der Doppelverdiener-Familie, auch von der Europäischen Union propagiert, büßte angesichts eines generell sinkenden Lohnniveaus und einer weitgehend fehlenden sozialen Infrastruktur – wie Kinderbetreuungs- oder Pflegeeinrichtungen – seine Attraktivität ein. Die Realität war nun für viele ein „Eineinhalb-Ernährer-Modell", bei dem ökonomische Abhängigkeiten von Frauen bestehen blieben. Es war die Abspaltung der Sozialkritik, die diese Indienstnahme feministischer Kritik ermöglichte. Während sich der neoliberale Kapitalismus die Ideale der „Freiheitsrevolte" einverleibte und umformte, blieben Gleichheitsforderungen als nicht mehr zeitgemäß außen vor. Auch dass sich für die meisten von uns Freiheit erst über ein Mindestmaß an sozialer Gleichheit realisiert, schien vergessen.

Bedingt werden Versatzstücke feministischer Theorie und Politik in neoliberale und neokonservative Politiken integriert. Feministisches „Empowerment" kann dann ohne allzu große Brüche in eine neoliberale Eigenverantwortungslogik übersetzt werden. Aus diesem Fundus bedienen sich auch modernisiert-konservative Geschlechterpolitiken. Ein Wahlslogan wie dieser verdeutlicht, wie die Bedeutung feministischer Politik deformiert werden kann: „Ich bin so Frau, weil Chancengleichheit das ist, was ich selbst daraus mache."[36] „Starke" Frauen sind die, die selbst Verantwortung übernehmen und keine Forderungen an den Staat richten, der sich seiner Verantwortung, Gleichheit und Freiheit für alle StaatsbürgerInnen zu garantieren und herzustellen, ohnehin zunehmend entledigt. Verantwortung ist offenbar auch dort zu tragen, wo die Einzelne gar keinen Einfluss besitzt – in der Ungleichheit der Chancen, der Einkommensdiskriminierung, der ganzen Last der unbezahlten Arbeit oder der Gewalt nicht nur der Strukturen, sondern auch ganz konkreter Männer. Chancengleichheit ist hier nicht kollektiv herzustellen, sondern Aufgabe der Einzelnen, und überdies nicht gesellschaftlich zu verstehen, sondern individuell interpretierbar. Und schließlich ist die Sequenz „Ich bin so Frau" als Entgegensetzung zu Feministinnen zu verstehen. Feminismus in seiner „alten" Form scheint nicht mehr nötig, um Gleichberechtigung herzustellen. Fehlt der Kontext und bleiben Analysen unterkomplex, indem etwa Lebensentwürfe, Identitäten oder die Gestaltung von Geschlechterbeziehungen unverbunden bleiben mit gesellschaftlichen und polit-ökonomischen Prozessen, dann können kritische Diskurse wie jene der Selbstermächtigung und der Gleichstellung von Frauen relativ problemlos für die Stabilisierung herrschender Verhältnisse eingesetzt werden (Weiss 2012, 188–194).

Frauenpolitik zwischen Neoliberalismus und neuem Antifeminismus

Seit Beginn der 2000er-Jahre befinden sich Feminismus und Frauenpolitik zunehmend in einer Zange zwischen neoliberaler Vereinnahmung auf der einen und antifeministischer Dämonisierung auf der andere Seite. Die Veränderungen, die mit dem Übergang von einem sozialstaatlich regulierten hin zu einem neoliberalen Kapitalismus verbunden waren, hatten die Geschlechterordnung nachhaltig verändert. In den medialen und politischen Auseinandersetzungen der letzten 20 Jahre firmierte dies über-

36 *Der Slogan stammt von einer ehemaligen ÖVP-Landesrätin aus dem Tiroler Landtagswahlkampf 2008.*

wiegend unter dem Titel „Krise der Männlichkeit". Nun ist diese Krise nicht neu, sie wurde und wird immer wieder mobilisiert, ist in gewisser Weise Mittel der Stabilisierung gegen Umbrüche, wenn die traditionelle Geschlechterordnung und männliche Vormachtstellungen in Gefahr waren. Männlichkeitskrisen wurden um die vorletzte Jahrhundertwende ausgerufen, als die Frauen kurz davor standen, das Wahlrecht zu erlangen, in der Zwischenkriegszeit formierten sich Männer- und Vätervereine, um die ihrer Ansicht nach überschießenden Ansprüche der Frauen abzuwehren, sogar eine – wenn auch wenig erfolgreiche – Männerpartei wurde gegründet (vgl. Malleier 2003, Wrussnig 2009). Konservative Kulturkritik der 1960er- und 1970er-Jahre sah den Mann ebenso in der Krise wie aktuelle Diskurse. Archaische Begriffe wie jener der „männlichen Ehre" werden mobilisiert und zeigen die Richtung an, in die es gehen soll. Die Nähe zur populistischen und extremen Rechten ist evident.

Heute sind es vor allem Schwierigkeiten von Männern, „diejenigen Funktionen zu erfüllen, die ihnen traditionell als Herrschaftslegitimation gegenüber Frauen dienten: die des Ernährers und die des Vaters" (Casale/Forster 2006, 187), die als Ursache für eine Männlichkeitskrise herangezogen werden. Damit kommen auch die Erosion des traditionellen Familienmodells und sinkende Geburtenraten mit auf die Agenda, die als Auswirkungen eines selbstsüchtigen Feminismus gelten, aber kaum mit dem neoliberalen Umbau von Staat, Wirtschaft und Gesellschaft in Verbindung gebracht werden. Abgesehen davon wird Kinderlosigkeit in Politik und Medien beinahe ausschließlich als eine von Frauen verhandelt. Zum einen ist das Motiv die Abwehr weiblicher Gerechtigkeitsansprüche, die mit Entprivilegierung und Verlust von Vormachtstellungen einher ginge. Zum anderen wurde und wird eine als „natürlich" vorgestellte Männlichkeit – und damit eine „natürliche Geschlechterordnung" – ins Treffen geführt, die durch emanzipatorische Geschlechterpolitik „deformiert" würde. Die Angriffe zielen aber nicht nur auf Frauen und Feminismus, sondern auch auf Männer, die die Freiheiten, die eine liberale Geschlechterkultur – jenseits traditioneller Vorstellungen von Männlichkeit – auch ihnen bietet, ergreifen (Weiss 2013, 37–38).

Mit der Wende im Jahr 2000 erhielt diese Entwicklung zusätzliche Schubkraft. Die „Männlichkeitskrise" gelangte mit der rechts-konservativen ÖVP-FPÖ-Koalition auf die Regierungsebene. Signalwirkung hatte zunächst die Auflösung des Frauenministeriums gleich nach dem Antritt der Regierung im Februar 2000. Emanzipatorische Geschlechter- und Gleichstellungspolitik wurden als Politikfeld auf Regierungsebene eliminiert. Die Agenden des Frauenministeriums wanderten in das Bundesministerium für Soziale Sicherheit, Familie und Generationen unter dem FPÖ-Minister Herbert Haupt. Die Regierung Schüssel I und II legte zwar Standardbekenntnisse zur Gleichbehandlung ab, allerdings ohne dass konkrete Maßnahmen gesetzt wurden. Die wenigen gesetzlichen Aktivitäten zur Gleichbehandlung sind entweder formeller und institutioneller Natur oder sie gehen auf Umsetzungserfordernisse von EU-Vorgaben zurück (Weiss 2012, 175-–76). Die gesellschaftlichen und medialen Auseinandersetzungen zur „Männlichkeitskrise" aufgreifend, richtete Minister Haupt 2001 eine „Männerpolitische Grundsatzabteilung" mit einer deutlich neokonservativen und antifeministischen Ausrichtung ein. Die Begründung dafür lieferte eine angeblich steigende Anzahl von Männern, die sich an die Gleichbehandlungsanwaltschaft wandten. Männer seien durch die fortschreitende Emanzipation der Frauen unter Druck geraten, hieß es seitens des Ministers, was nun eine eingehende Beschäftigung mit Männern erfordere. Verantwortlich gemacht wurde dafür die SPÖ, die über Jahrzehnte eine gegen Männer, Familien und Kinder gerichtete Frauenpolitik betrieben hätte. Auch wenn für die FPÖ die „Männlichkeitskrise" kein zentrales Thema war, wurde sie doch als Vehikel genutzt, um die eigenen Vorstellungen von Männlichkeit und Weiblichkeit zu platzieren. Dass dabei die gesellschaftliche Zuweisung von Tätigkeiten und die Dominanz von Männern in der Sphäre der Politik als „artgerechte Rollenaufteilung" erschienen, nimmt kaum Wunder (vgl. Geden 2006; Mayrhofer 2006).

Für Aufsehen sorgte auch, dass die schwarz-blaue Regierung den 2005 fälligen Frauenbericht nicht legte, dafür aber 2006 einen Männerbericht vorlegte, in dem auch Ergebnisse der 2004 in Wien organisierten „1. Europäischen Väterkonferenz" publiziert waren. Zentrale Themen waren dabei Buben und die Dominanz von Frauen im pädagogischen Bereich und deren angeblich negative Auswirkung auf Buben, Männergesundheit, Suizid von Männern, die Entwicklung männlicher Identitäten sowie eine „Charakteristik der Geschlechter" mit eindeutig biologistischer Schlagseite. Einige der Autoren sind im radikalen Männerrechtskontext verortet, wie etwa Gerhard Amendt, der sich durch einen besonders radikalen Antifeminismus und homophobe Äußerungen positionierte. Auch Walter Hollstein, männerbewegt-radikaler Vertreter essentialistischer Männlichkeits- und Weiblichkeitsvorstellungen, ist im Männerbericht vertreten und konstatierte eine inzwischen fast unhinterfragt zum Allgemeinplatz gewordene Abwertung von Vätern und eine gesellschaftliche Degeneration von Männlichkeit. Der als rechts-konservativ geltende katholische Weihbischof Andreas Laun äußerte sich zum Thema Vaterschaft unter dem Titel „Gott Vater – Mensch Vater" und kritisierte vor allem die „Gender-Ideologie des Feminismus" (Weiss 2013, 45–46).

Die Rolle der katholischen Kirche in diesem Kontext ist nicht zu unterschätzen. Schon seit Mitte der 1990er-Jahre setzten katholische Organisationen und Intellektuelle den Begriff der „Gender-Ideologie" in Reaktion auf die Integration des Gender-Konzepts in die Abschlussdokumente der UN-Konferenzen in Kairo 1994 und Peking 1995 in diffamierender Weise ein. Die Stoßrichtung changierte dabei zwischen verschiedenen Feldern: von einer homophoben Sexualmoral über die Anliegen der Männer- und Väterrechtler zur ganz allgemeinen Anklage einer vermeintlichen „Verweiblichung" der Gesellschaft, die letztlich mit einer Diskriminierung von Männern und Vätern einhergehe (Mayer/Sauer 2017, 212–215).

Mit dem Regierungswechsel 2007 veränderte sich der ideologische Rahmen für die „Männerpolitische Grundsatzabteilung" in einem nun SPÖ-geführten Sozialministerium. Auch wenn die politische Bedeutung der Grundsatzabteilung zurückging, konnte sie doch über einige Jahre den antifeministischen Diskurs in Österreich mitbestimmen und stärken, der mit der Wirtschaftskrise 2007/08 noch einmal an Fahrt aufnahm. Männerrechtler nahmen sie zum Anlass, scheinbare männliche Benachteiligung zu thematisieren, während sie Frauen als vermeintliche Gewinnerinnen der

Krise darstellten. Die Medien titelten „Frauen profitieren von der Krise". Tatsächlich waren männlich dominierte Branchen zunächst stärker von den Auswirkungen der Wirtschaftskrise betroffen. Die Arbeitslosenquote der Männer lag in Österreich 2009 um 1,6 Prozentpunkte über jener der Frauen, 2010 waren es noch 0,4 Prozentpunkte – was Frauen aber daran gewinnen könnten, wurde nicht weiter erörtert (Weiss 2013, 46, 37). So wurde die Wirtschaftskrise ein Problem der Männer.

Gabriele Heinisch-Hosek, die 2008 – am Höhepunkt der Finanz- und Wirtschaftskrise – das Amt der Frauenministerin übernahm, erinnert sich, wie sehr Frauenpolitik in diesem Kontext in Frage gestellt wurde. Frauenpolitische Anliegen wurden wieder häufiger mit dem Satz „Haben wir jetzt nicht andere Sorgen?" quittiert (Heinisch-Hosek, 04.09.2018). Es ist offenbar ein nach wie vor kaum hinterfragter Allgemeinplatz, dass Lebensbedingungen von Frauen – gerade in einer Wirtschaftskrise – weniger wichtig sein sollten als die von Männern. Die männliche „Ernährerposition", von einem neoliberalen Arbeitsregime zwar längst obsolet gemacht, bleibt in den Köpfen von politischen Entscheidungsträgern präsent und konserviert zumindest ein Stück weit eine überkommene Geschlechterordnung. Es ist auch ein bürgerliches Familienmodell, das nach wie vor als Ideal firmiert. Die Familie wird nicht historisiert, sondern gilt im Alltagswissen, aber auch in der Politik – losgelöst von den ökonomischen und gesellschaftlichen Bedingungen – als „natürlich" und „ewig", inzwischen auch als ein unerreichbarer Sehnsuchtsort, der politisch gegen Geschlechterdemokratie ausgespielt wird. Entsprechend waren die Konjunkturprogramme in der Krise vor allem dazu angetan, männliche Arbeitsplätze zu fördern und zu stabilisieren. Die Schaffung von Arbeitsplätzen in „Frauenbranchen" – wie Kinderbetreuung, Pflege, Erziehung usw. – waren nicht durchsetzbar, „weil Frauenpolitik schon vor der Krise, im Prinzip seit Mitte der 1990er-Jahre zurückgedrängt wurde", so Gabriele Heinisch-Hosek. Sie betont die Schwierigkeiten, in diesem Kontext zu agieren, in dem Frauenpolitik zu betreiben mühsame Kleinarbeit wurde (04.09.2018).

Neben der Ernährerposition ist es die Position des Vaters, die Männer- und Väterrechtler vor allem politisieren und Männer zu Opfern stilisieren. Auch in Österreich etablierte sich eine rechts-konservative Väterrechtsbewegung, die in der Frage der Neuregelung der Obsorge breit mobilisierte und sich für eine „gemeinsame Obsorge ohne Abkühlphase in jedem Fall" stark machte, wie sich Gabriele Heinisch-Hosek erinnert. Die Auseinandersetzungen um das Kindschaftsrecht und die Gestaltung der gemeinsamen Obsorge stärkten die antifeministischen Strömungen. „Obwohl es an der Zahl nicht viele waren", wie Gabriele Heinisch-Hosek feststellt, „aber im Netz fanden sie breiten Widerhall und es wirkte so, als wären sie viele. (...) Gruppen wie ‚Väter ohne Rechte' etablierten sich da und gaben der Debatte einen explizit antifeministischen und frauenfeindlichen Grundtenor" (Heinisch-Hosek, 04.09.2018).

Damit diese Haltungen in den öffentlichen Diskurs vordringen und die Auseinandersetzung mitbestimmen können, braucht es allerdings ein paar Voraussetzungen. Analysen von Zeitungskommentaren der Jahre nach dem Beginn der Wirtschafts- und Finanzkrise 2007/08 zeigen eine nahezu hysterische Dämonisierung des Feminismus, die allerdings im Feuilleton der Qualitätszeitungen gerne aufgegriffen und reproduziert wurde. Das mag auch als Hinweis darauf genommen werden, dass es vor allem weiße Mittel- und Oberschicht-Männer sind, die ihre Position bedroht sehen. Es ist aber wohl auch die permanente Rede von der vollendeten Gleichberechtigung der Geschlechter – was die Soziologin Angelika Wetterer (2003) als rhetorische Modernisierung bezeichnete – die das Bild des überforderten Mannes, der schon längst Opfer einer vermeintlich überzogenen Frauenpolitik ist, als gerechtfertigt erscheinen ließ. Veränderungen der Produktionsweise oder der Arbeitsverfassung kommen in der populären Verarbeitung der „Männlichkeitskrise" nicht zur Sprache. An die Stelle von Gesellschafts- oder Kapitalismuskritik tritt eine Anklage gegenüber Feministinnen, deren Gerechtigkeitsansprüche in Unterwerfungsstrategien gegen Männer umgedeutet werden (Weiss 2013, 37–38; 46–53). All dies gelingt freilich nur unter Absehen von realen Verhältnissen oder einer auch nur oberflächlichen Betrachtung von Einkommens- und Vermögensverteilung, politischer Repräsentation usw.. Wie die populistische und extreme Rechte lässt sich der Antifeminismus auf keine intellektuellen

Spekulationen und Differenziertheit ein. Es ist ein Erklärungsmodell und ein Deutungsangebot über gesellschaftliche Verhältnisse, das in einer immer unübersichtlicher werdenden Welt einfache Lösungen verspricht.

Zu dieser Strategie gehört es auch, die Diskriminierung und Benachteiligung von Frauen in der Gesellschaft zu unterschätzen oder schlicht zu leugnen. Beispiel dafür ist etwa die Debatte um die Einkommensdiskriminierung, in Österreich prominent von einem politischen Wochenmagazin in Frage gestellt. Mit dem Titel „Die Wahrheit über die Ungleichheit" unterstellte die Zeitschrift, dass frauenpolitische Akteurinnen über die Einkommensdiskriminierung die Unwahrheit verbreiten würden – auch um die Existenz von frauenpolitischen Institutionen zu rechtfertigen – und reihten sich damit in die antifeministische Propaganda ein. Erstaunlicherweise stört es liberale Medien in dieser Frage kaum, mit dem rechten Rand in Berührung zu kommen. Die Lust an der Provokation und die Überschreitung der Grenzen der „politischen Korrektheit" sind, wenn schon nicht demokratiepolitisch fundiert, so zumindest doch Auflagen steigernd. Zum Tragen kommt hier auch ein Fetischismus der Zahlen, der qualitative Analysen von Geschlechterverhältnissen, ihr historisches Gewordensein und ihre Formung durch gesellschaftliche Strukturen außer Acht lässt. Was die Gründe dafür sein könnten, dass Frauen oft Teilzeit arbeiten – von der geschlechtsspezifischen Arbeitsteilung über die fehlende soziale Infrastruktur bis hin zu kulturellen Mustern – ist hier nicht mehr von Interesse. Komplexitätsreduktion ist eine der wesentlichen Zutaten einer antifeministischen Argumentation, die hier auch einer neoliberalen Individualisierungslogik folgt. Was ehemals als strukturelles Problem verhandelt wurde, ist heute ein individuelles Versagen oder ein Missgeschick. Die Frage der Einkommensdiskriminierung führte immerhin dazu, dass die Frauenministerin in die Nachrichtensendung des Österreichischen Rundfunks eingeladen wurde, um zur behaupteten Irrelevanz der Lohndiskriminierung Stellung zu beziehen und um „richtigzustellen und klarzustellen", denn „es war schon gefragt, dass sich die Frauenpolitikerin da äußert und rechtfertigt, wenn man so will", erinnert sich Gabriele Heinisch-Hosek (04.09.2018). Das zeigt auch, wie schnell feministische Analysen in Frage gestellt und für obsolet erklärt werden können, denn Expertise oder Auseinandersetzung mit der Materie sind in diesem Fall keine Voraussetzungen, um sich zu äußern. So konnten die Männlichkeitskrise und ihre Ursachen zum Faktum werden – nicht zuletzt, weil die Definitionsmacht über Geschlechterwissen keineswegs der Geschlechterforschung zufällt. Aber auch die Verunsicherung in einer Gesellschaft, die immer weniger Menschen die Möglichkeit gibt, ihr Leben zu gestalten und Zukunftspläne zu entwickeln, lässt instabile geschlechtliche Identitäten als Zumutung erscheinen. Offenbar sollte zumindest darin – gleichsam als letzter Rettungsanker in einer umbrechenden Welt – Sicherheit bestehen.

Antifeministischen Diskursen ist es gelungen, große Aufmerksamkeit zu erregen und ein verzerrtes Bild von Feminismus und Frauenpolitik zu etablieren. Gleichzeitig entstand im Kontext neoliberaler Politik, insbesondere mit dem Instrumentarium Gender Mainstreaming – einem der Hauptangriffsziele radikaler Männerrechtler – ein bürokratisches Verständnis von Frauenpolitik, das mit den politischen Ansprüchen der Neuen Frauenbewegung kaum noch Gemeinsamkeiten aufweist. An die Stelle politischer Leidenschaft und einer gesamtgesellschaftlichen, feministischen Strategie ist ein gleichstellungspolitischer Pragmatismus und Schein-Aktivismus getreten. Der Remaskulinisierung der politischen Öffentlichkeit wird damit ein geschlechtsneutraler Schein verliehen. Derweilen waren die antifeministischen Interventionen erfolgreich, indem Distanzierung oder Ablehnung von Feminismus eine fast durchgängige und unhinterfragte Haltung wurde.

Resümee

Frauenpolitik und Feminismus befinden sich heute in einer äußerst widersprüchlichen Situation. Es ist eine Krise der Kritik, die ursächlich mit der Trennung der grundlegenden gesellschaftlichen Werte von Gleichheit und Freiheit und einer neoliberalen Vereinnahmung feministischer Kritik zusammenhängt. Es fehlt aber auch an einer klaren Sprache, die die gesellschaftlichen Verhältnisse, die Verwerfungen, Diskriminierung, Ausbeutung, Ausgrenzung und Armut benennt.

„Sagen, was ist!" ist nur ein erster, aber notwendiger Schritt für Veränderungen. Die gängigen sprachlichen Wendungen zur Beschreibung gesellschaftlicher Probleme sind oft eher dazu angetan, hierarchische Strukturen und die Herrschaftlichkeit von Verhältnissen zu verdecken, statt sie zu benennen. So wie „häusliche Gewalt" die „Männergewalt" als Begriff verdrängte, ist auch die „mangelnde Vereinbarkeit" von Beruf und Familie kaum dazu geeignet, die Lebensrealität vieler Frauen abzubilden. Was an Macht und Unterwerfung darin liegt, wird neutralisiert und zum Verschwinden gebracht. Das Bewusstmachen der Verwobenheit der Sphären von Ökonomie, Politik und Kultur und ihr Durchdrungensein von sexistisch-patriarchalen Strukturen waren Ausgangspunkt der Politisierung der Zweiten Frauenbewegung. Dafür eine klare Sprache zu finden, die Widersprüche offen zu legen, ist auch heute die Voraussetzung dafür, wieder politische Leidenschaft zu entfachen und den Funken überspringen zu lassen.

Es geht um die Abkehr von einem neoliberalen Paradigma, das Ökonomie als Selbstzweck setzt und ihr alles andere unterordnet. Nancy Fraser (2017, 75–76) zeigt die Richtung fortschrittlicher Politik an, wenn sie festhält, dass „Emanzipation nicht die Diversifizierung der kapitalistischen Hierarchie (bedeutet), sondern ihre Abschaffung". Denn die Ignoranz gegenüber der zunehmenden sozialen Ungleichheit, der Prekarisierung weiter Teile der Bevölkerung, Überforderungen in einer Arbeitswelt, in der ein Einkommen immer öfter nicht zur Sicherung des Überlebens ausreicht, eine Verletzung des Gerechtigkeitsempfindens usw. war und ist auch die Grundlage des Erfolgs der radikalen und populistischen Rechten in Österreich und in ganz Europa. Gerne wird der Aufstieg der Rechten als „Unterschichts- und Bildungsproblem" qualifiziert, auch wenn wissenschaftliche Studien die Definition rechtspopulistischer und -radikaler Parteien als neue „Arbeiterparteien" durchaus differenzierter darstellen und der Anteil der Mittel- und Oberschichten am Wahlerfolg nicht zu unterschätzen ist. Die Abschaffung der sozialen Demokratie und das Aufgeben einer emanzipatorischen Kulturpolitik sind Nährboden für antidemokratische Parteien und Bewegungen. Spaltungs- und Ausgrenzungspolitiken der Rechten wurden zum Teil in „abgemilderter Form" von bürgerlichen und sozialdemokratischen Parteien übernommen. So werden permanent die „falschen Gegensätze“ politisiert, die die Ungerechtigkeiten eines neoliberalen, finanzmarktgetriebenen Kapitalismus nicht nur nicht in Frage stellen, sondern – im Gegenteil – noch fortschreiben (Weiss 2018).

Relativ eindeutig lässt sich die politische Rechte jedoch als „Partei der Männer“ definieren. Nicht nur, weil solche Parteien von wesentlich mehr Männern als Frauen gewählt werden, sondern auch, weil sie ein Modell von Männlichkeit propagieren, das mit einer hierarchischen Geschlechterordnung mit eindeutigen Rollenzuweisungen verbunden ist. Denn die „unheilige Allianz“ von Feminismus bzw. eines verkürzten, deformierten Feminismus mit neoliberaler Politik (Fraser 2009, 2017) wird in antifeministischen und rechtsradikalen Kreisen längst als Feindbild politisiert, das nicht nur für eine „Männlichkeits-“, sondern schon längst für eine Gesellschaftskrise verantwortlich zeichnet.

Nicht nur deshalb ist es wesentlich für Frauenpolitik und Feminismus, die soziale Frage wieder zurück ins Zentrum der politischen Auseinandersetzung zu holen und neu zu formulieren. Die Beschränkung der Macht des Marktes und die Neuverteilung und -bewertung der Arbeit von Frauen und Männern ist essentiell für die Demokratisierung von Geschlechterverhältnissen und für die gesamte Gesellschaft. Das verbindet eine Politik der Umverteilung mit einer Politik gegen kulturelle Abwertung und Diskriminierung. Arbeits- und Sozialpolitik muss dazu antreten, den Menschen ein Leben zu ermöglichen, frei von ökonomischen Zwängen und jenseits einer permanenten Optimierung ihrer selbst. Denn mehr als drei Jahrzehnte neoliberale Politik haben nicht nur die Grundfesten unserer Demokratie zutiefst erschüttert, sondern auch das Verhältnis der Menschen zu sich selbst und anderen gegenüber.

Was mit Macht getrennt wurde, ist politisch (wieder) zusammen zu denken. Emanzipatorische Politik muss die Menschen und ihre Bedürfnisse wieder zum Maßstab von Gesellschaftsgestaltung machen – damit Frauen (und Männer) nicht nur ein Schicksal bekommen, sondern eines erleben können.

Literatur

Erika Thurner, Seite 10 bis Seite 59

Bauer, Ingrid (1995). Von den Tugenden der Weiblichkeit. Zur geschlechtsspezifischen Arbeitsteilung in der politischen Kultur, in: Albrich, Thomas/Klaus Eisterer/Michael Gehler/Rolf Steininger (Hg.). (1995). Österreich in den Fünfzigern. Innsbrucker Forschungen zur Zeitgeschichte 11, Innsbruck–Wien, 35–52.

Dohnal, Johanna (2008). Innensichten österreichischer Frauenpolitiken. Innsbrucker Vorlesungen. Herausgegeben von Erika Thurner und Alexandra Weiss, Innsbruck–Wien–Bozen.

Dr.-Karl-Renner-Institut (Hg.). (1993). Beharrlichkeit, Anpassung und Widerstand. Die sozialdemokratische Frauenorganisation und ausgewählte Bereiche sozialdemokratischer Frauenpolitik. 1945–1990, Wien.

Feigl, Susanne (2002). Was gehen mich seine Knöpfe an? Johanna Dohnal. Eine Biografie, Wien.

Flossmann, Ursula/Oskar Lehner (Hg.). (2/1986). Frau. Recht. Gesellschaft. Seminar zur Frauengeschichte, Linz.

Hautmann, Hans/Rudolf Hautmann (1980). Die Gemeindebauten des Roten Wien 1919–1934, Wien.

Kreisky, Eva/Margit Niederhuber (Hg.). (1998). Johanna Dohnal. Eine andere Festschrift, Wiener Frauenverlag.

Lichtenberger-Fenz, Brigitte (1992). „Frauenarbeit mehrt den Wohlstand", in: Zeitgeschichte 19 (1992), H. 7/8, Wien, 224–241.

Mesner, Maria (1994). Frauensache? Zur Auseinandersetzung um den Schwangerschaftsabbruch in Österreich, Wien.

Maimann, Helene (1981). Mit uns zieht die neue Zeit. Arbeiterkultur in Österreich 1918–1934. Ausstellungskatalog, Wien.

Karl R. Stadler (1974). Opfer verlorener Zeiten. Die Geschichte der Schutzbund-Emigration 1934, Wien.

Thurner, Erika (1988). „Dann haben wir wieder unsere Arbeit gemacht." Frauenarbeit und Frauenleben nach dem Zweiten Weltkrieg, in: Zeitgeschichte 15 (1988), H. 9/10, Wien, 403–425.

Thurner, Erika (1990). „Nach ‚45 war man als ‚Rote/Roter' auch ein Mensch". Der Wiederaufbau der Salzburger Sozialdemokratie nach 1945, Wien–Zürich.

Thurner, Erika (2000). Nationale Identität und Geschlecht in Österreich nach 1945, Innsbruck–Wien–München.

Weinzierl, Erika (1975). Emanzipation? Österreichische Frauen im 20. Jahrhundert, Wien–München.

Johanna Dohnal, Seite 60 bis Seite 189

Dearing, Albin/Birgitt Haller (2000). Das österreichische Gewaltschutzgesetz, Juristische Schriftenreihe Band 163, Wien.

Egger, Renate/Elfriede Fröschl/Lisa Lercher/Rosa Logar/Hermine Sieder (1995). Gewalt gegen Frauen in der Familie, Wien.

Feigl, Susanne (1988). Männer-Esprit. Von jenseits des Schlagbaums. In: Lydia Willkop (Hg.): Die Hüter der Ordnung. Aus den Einrichtungen des Patriarchats, München 1988, 173–175.

Feigl, Susanne (1993). „Die besondere Arbeit unter den Frauen". Organisation und Agitation. In: Dr.-Karl-Renner-Institut (Hg.): Beharrlichkeit, Anpassung und Widerstand. Die Sozialdemokratische Frauenorganisation und ausgewählte Bereiche sozialdemokratischer Frauenpolitik. 1945–1990, Wien.

Feigl, Susanne (2002). Was gehen mich seine Knöpfe an? Johanna Dohnal. Eine Biografie, Wien.

Grabrucker, Marianne (1988). Quotierte Männerlogik. Plädoyer für die Gleichberechtigung der Männer. In: Lydia Willkop (Hg.): Die Hüter der Ordnung. Aus den Einrichtungen des Patriarchats, München, 109–119.

Irmtraut Karlsson (1988). Entstehungsgeschichten. In: Dies. (Hg.): Ein gebrochenes Tabu. Frauenhäuser in Österreich, Wien, 26–54.

Krizanic-Fallmann, Astrid (1993). „Mehr Frauen in die Politik!" Intentionen und Strategien. In: Dr.-Karl-Renner-Institut (Hg.): Beharrlichkeit, Anpassung und Widerstand. Die Sozialdemokratische Frauenorganisation und ausgewählte Bereiche sozialdemokratischer Frauenpolitik. 1945–1990, Wien, 515–603.

Kubes-Hofmann, Ursula (2005). Der Zug ins Blöde, in: [sic!]. Forum für feministische GangArten, Nr. 57.

Lehner, Karin (1989). Verpönte Eingriffe. Sozialdemokratische Reformbestrebungen zu den Abtreibungsbestimmungen in der Zwischenkriegszeit, Wien.

Mesner, Maria (1993). Vom § 144 zum § 97. Eine Reform mit Hindernissen. In: Dr.-Karl-Renner-Institut (Hg.): Beharrlichkeit, Anpassung und Widerstand. Die Sozialdemokratische Frauenorganisation und ausgewählte Bereiche sozialdemokratischer Frauenpolitik. 1945–1990, Wien, 377–513.

Pusch, Luise F. (1988). Zwei Gleichnisse von der Gleichstellung. In: Lydia Willkop (Hg.): Die Hüter der Ordnung. Aus den Einrichtungen des Patriarchats, München.

Rosenberger, Sieglinde K. (1997). Halbe-Halbe. Gegen die Privatisierung des Glücks durch Betreuungsarbeit. Vortrag vom 18. März 1997 am Renner-Institut Wien, veröffentlicht. In: AEP-Informationen. Feministische Zeitschrift für Politik und Gesellschaft, Nr. 2/1997.

Spiegel, Michaela (2005). Wiener DamenHaft. Ein nie geführtes Gespräch zwischen Johanna Dohnal, Lotte Ingrisch-Einem, Edith Klestil, Freda Meissner-Blau, Dr. Maria Schaumayer, Lotte Tobisch-Labotyn und Emmy Werner über weibliche Wege im Wien des 20. Jahrhunderts, Wien.

SPÖ-Frauen (1978). Protokoll der Bundesfrauenkonferenz der SPÖ 1978.

Stenografisches Protokoll (1986). 147. Sitzung des Nationalrates der Republik Österreich, XVI. Gesetzgebungsperiode, 25. Juni 1986.

Waschek, Hans/Irmtraut Karlsson (1989). Johanna ist fünfzig, Linz.

Zach, Angelika (1991). Zur Geschichte des österreichischen Staatssekretariats für allgemeine Frauenfragen. Entstehungsbedingungen, Gründung und Aktivitäten bis zum Ende der Alleinregierung der SPÖ 1983, Diplomarbeit, Wien.

Zeitschriften:
AUF – Eine Frauenzeitschrift. 1976, Nr. 7.
profil, 1977, Nr. 30, Nr. 32; 1979, Nr. 42

Alexandra Weiss, Seite 190 bis Seite 233

Adorno, Theodor W. (1997). Minima Moralia. Reflexionen aus dem beschädigten Leben, Frankfurt a. M.

Beck, Ulrich (1986). Risikogesellschaft. Auf dem Weg in eine andere Moderne, Frankfurt a. M.

Becker-Schmidt, Regina (2001). Was mit Macht getrennt ist, gehört gesellschaftlich zusammen. Zur Dialektik von Umverteilung und Anerkennung in Phänomenen sozialer Ungleichstellung. In: Gudrun-Axeli Knapp/Angelika Wetterer (Hg.): Soziale Verortung der Geschlechter. Gesellschaftstheorie und feministische Kritik, Münster, 91–132.

Boltanski, Luc/Ève Chiapello (2003 [1999]). Der neue Geist des Kapitalismus, Konstanz.

Bourdieu, Pierre (1997). Die fortschrittlichen Kräfte. In: Ders./Claude Debons/ Detlef Hensche/Burkhart Lutz u. a. (Hg.): Perspektiven des Protests. Initiativen für einen europäischen Wohlfahrtsstaat, Hamburg, 11–25.

Bröckling, Ulrich (2007). Das unternehmerische Selbst. Soziologie einer Subjektivierungsform, Frankfurt a. M.

Brückner, Margit (1994). Geschlecht und Öffentlichkeit. In: Dies./Birgit Meyer (Hg.): Die sichtbare Frau, Freiburg, 19–56.

Buci-Glucksmann, Christine/Göran Therborn (1982). Der sozialdemokratische Staat. Die „Keynesianisierung" der Gesellschaft, Hamburg.

Crouch, Colin (2008). Postdemokratie, Frankfurt a. M.

Dr.-Karl-Renner-Institut (Hg.) (1993). Beharrlichkeit, Anpassung und Widerstand. Die sozialdemokratische Frauenorganisation und ausgewählte Bereiche sozialdemokratischer Frauenpolitik. 1945–1990, Wien.

Federici, Silvia (2012). Aufstand aus der Küche. Reproduktionsarbeit im globalen Kapitalismus und die unvollendete feministische Revolution, Münster.

Feigl, Susanne (1993). „Die besondere Arbeit unter den Frauen." Organisation und Agitation. In Dies. (Hg.): Beharrlichkeit, Anpassung und Widerstand. Die sozialdemokratische Frauenorganisation und ausgewählte Bereiche sozialdemokratischer Frauenpolitik. 1945–1990, Wien, 7–174.

Fraser, Nancy (1997). Nach dem Familienlohn: Ein postindustrielles Gedankenexperiment. In: Dies (Hg.): Die halbierte Gerechtigkeit, Frankfurt a. M., 67–103.

Fraser, Nancy (2009). Feminismus, Kapitalismus und die List der Geschichte. In: Blätter für deutsche und internationale Politik, 8/2009, 43–57.

Fraser, Nancy (2017). Für eine neue Linke oder: Das Ende des progressiven Neoliberalismus. In: Blätter für deutsche und internationale Politik 2/2017, 71–76.

Geden, Oliver (2006). Diskursstrategien im Rechtspopulismus, Wiesbaden.

Giddens, Anthony (1999). Der Dritte Weg. Die Erneuerung der sozialen Demokratie, Frankfurt a. M.

Habermas, Jürgen (1981). Theorie des kommunikativen Handelns, 2 Bde., Frankfurt a. M.

Hayek, Friedrich August von (1945). Der Weg zur Knechtschaft, Erlenbach/Zürich.

Holland-Cunz, Barbara (2003). Die alte neue Frauenfrage, Frankfurt a. M.

Jelinek, Elfriede (1975). Die Liebhaberinnen, Hamburg.

Jenson, Jane (1995). Extending the Boundaris of Citizenship: Women's Movement of Western Europe. In: Amrita Basu (ed.): The Challenge of Local Feminism. Women's Movement in Global Perspective, Boulder/San Francisco/Oxford, 405–434.

Jenson, Jane (1997). Die Reinstitutionalisierung der Staatsbürgerschaft. In: Steffen Becker/ Thomas Sablowski/Wilhelm Schumm (Hg.): Jenseits der Nationalökonomie? Weltwirtschaft und Nationalstaat zwischen Globalisierung und Regionalisierung, Berlin, 232–247.

Karlsson, Irmtraut (Hg.) (1998). Frauen in Bewegung – Frauen in der SPÖ, Wien.

Köpl, Regina (1999). Das Ende der Bescheidenheit? 20 Jahre institutionelle Frauenpolitik in Österreich. In: Österreichische Zeitschrift für Politikwissenschaft (ÖZP), 1/1999, 63–74.

Kreisky, Eva (1997). Diskreter Maskulinismus. Über geschlechtsneutralen Schein politischer Idole, politischer Ideale und politischer Institutionen. In: Eva Kreisky/Birgit Sauer (Hg.): Das geheime Glossar der Politikwissenschaft. Geschlechtskritische Inspektionen der Kategorien einer Disziplin, Frankfurt a. M./ New York, 161–213.

Kreisky, Eva (2013). Vom goldenen Zeitalter der Frauenpolitik .... In: Maria Mesner/ Heidi Niederkofler (Hg.): Johanna Dohnal. Ein politisches Lesebuch, Wien 268–279.

Lemke, Thomas (1997). Eine Kritik der politischen Vernunft. Foucaults Analysen der modernen Gouvernmentalität, Hamburg.

Mahnkopf, Birgit (2000). Formel 1 der neuen Sozialdemokratie: Gerechtigkeit durch Ungleichheit. Zur Neuinterpretation der sozialen Frage im globalen Kapitalismus. In: Prokla, Jg. 30, H 4, 489–525.

Mairhuber, Ingrid (2013). Sozialpolitik als Frauenpolitik – das ‚schwere' Erbe von Johanna Dohnal. In: Maria Mesner/Heidi Niederkofler (Hg.). Johanna Dohnal. Ein politisches Lesebuch, Wien 113–132.

Malleier, Elisabeth (2003). Der „Bund für Männerrechte". Die Bewegung der „Männerrechtler" im Wien der Zwischenkriegszeit. In: Wiener Geschichtsblätter, Heft 3, 208–233.

Marcuse, Herbert (1981). Die Revolte der Lebenstriebe. In: Psychologie Heute-Redaktion (Hg.): Lebens-Wandel. Die Veränderung des Alltags, Weinheim/Basel.

Mayer, Stefanie/Birgit Sauer (2017). Kulturkampf 2.0. ‚Anti-Genderismus' als Strategie gegen Gleichstellung und sexuelle Rechte in Europa. In: Mario Candeias/ Alex Demirović (Hg.): Europe – what's left? Europäische Union zwischen Zerfall, Autoritarismus und demokratischer Erneuerung, Münster, 211–228.

Mayrhofer, Monika (2006). „Was Männer bewegt" – Neokonservative Männlichkeitspolitik in Österreich im Kontext der Einrichtung der Männerpolitischen Grundsatzabteilung. In: Feministische Studien 2/2006, 278–289.

Orloff, Ann Shola (1993). Gender and the social Rights of Citizenship: The Comparative Analysis of Gender Relations and Welfare States. In: American Sociological Review, Vol. 58, Nr. 3, June, 303–328.

Österreichischer Frauenring (2018). Repräsentation und Partizipation von Frauen im Bereich der Politik und Verbändesysteme – 2018 www.frauenring.at/sites/default/files/artikel/Frauenring_Frauen_Repraesentation.pdf (Zugriff 22.09.2018).

Pelinka, Anton/Sieglinde Rosenberger (2000). Österreichische Politik. Grundlagen – Strukturen – Trends, Wien.

Rosenberger, Sieglinde (1992). Frauenpolitik in Rot-Schwarz-Rot. Geschlechterverhältnisse als Gegenstand der österreichischen Politik, hrsg. von Anton Pelinka, Wien.

Rosenberger, Sieglinde (1996). „Lieber gleich-berechtigt als später". In: Reinhard Sieder/Heinz Steiner/Emmmerich Tálos (Hg.): Österreich 1945–1995. Gesellschaft – Politik – Kultur, Wien, 354–369.

Rosenberger,Sieglinde (1995). Frauenpolitik: Moderne zwischen Megatrends und Backlashes. In: ÖZP 1995/1, Wien, 35–51.

Sennett, Richard (1998). Der flexible Mensch. Die Kultur des neuen Kapitalismus, Berlin.

Stenographisches Protokoll (1988). 53. Sitzung des Nationalrates der Republik Österreich, XVII. Gesetzgebungsperiode, 10. März 1988.

Strobl, Ingrid (1989). Frausein allein ist kein Programm, Freiburg/Br.

Thurner, Erika (2000). Nationale Identität & Geschlecht in Österreich nach 1945, Innsbruck/Wien/München.

Weiss, Alexandra (2000). „Das warmschlagende Herz in die kühlen Bezirke des Verstandes einbringen". Frauen in politischen Parteien in den 50er und 60er Jahren in Tirol. In: Lisa Gensluckner et al. (Hg.): Tirol: Gegen den Strom. Gaismair-Jahrbuch 2001, Innsbruck/Wien/München, 41–51.

Weiss, Alexandra (2012). Regulation und Politisierung von Geschlechterverhältnissen im fordistischen und postfordistischen Kapitalismus, Münster.

Weiss, Alexandra (2013). „Geschlechterkampf" – Inszenierungen von Frauenmacht und Männnerleid. In: Biergit Riegraf et al. (Hg.): Geschlechterverhältnisse und neue Öffentlichkeit. Feministische Perspektiven, Münster, 37–57.

Weiss, Alexandra (2017). Sexualität – Klasse – Geschlecht. Sozialhistorisch-feministische Kontextualisierungen der Kinderbeobachtungsstation von Maria Nowak-Vogl, Kap. IV. In: Elisabeth Dietrich-Daum, Michaela Ralser, Dirk Rupnow (Hg.): Studie betreffend die Kinderbeobachtungsstation der Maria Nowak-Vogl – interdisziplinäre Zugänge, Innsbruck, 314–379.

Weiss, Alexandra (2018). Verlorene Klasse? Vom revolutionären Subjekt zur vergessenen Kategorie. In: Dies./Karin Liebhart (Hg.): Spuren des Widerständigen. Forschung für Emanzipation und Demokratie. Eine Festschrift für Erika Thurner, Innsbruck, 83–96.

Wetterer, Angelika (2003). Rhetorische Modernisierung: Das Verschwinden der Ungleichheit aus dem zeitgenössischen Differenzwissen. In: Gudrun-Axeli Knapp/Angelika Wetterer (Hg.), Achsen der Differenz. Gesellschaftstheorie und feministische Kritik II. Münster, 286–319.

Wrussnig, Kerstin (2009). „Wollen Sie ein Mann sein oder ein Weiberknecht?“ Zur Männerrechtsbewegung im Wien der Zwischenkriegszeit (Dipl.). Wien.

Interviews:
Gabriele Heinisch-Hosek, 04. September 2018, Wien
Helga Konrad, 03. September 2018, Wien
Christine Stromberger, 05. September 2018, Wien

Bildnachweis

Titelbild, Bilder Seiten 34 und 47:
Johanna Dohnal Archiv / Presseagentur Votava (www.imagno.com)

Bilder Seiten 14, 24, 25, 29, 49, 50 + 10/11, 53:
Johanna Dohnal Archiv (www.kreisky.org)

Bild Seiten 57 + 60/61:
Andrea Nagy

Bild Seite 201:
VGA Bildarchiv / Peter Lehner

Bild Seiten 211 + 190/191:
© *Petra Spiola*